新时代热词

（修订版）

《新时代热词》编写组◎编

人民日报出版社
北京

图书在版编目（CIP）数据

新时代热词 /《新时代热词》编写组编. -- 北京：人民日报出版社，2018.10（2024.4重印）
ISBN 978-7-5115-4833-7

Ⅰ. ①新… Ⅱ. ①新… Ⅲ. ①中国共产党—党员—思想政治教育—学习参考资料 Ⅳ. ①D261.42

中国版本图书馆CIP数据核字（2018）第075278号

书　　名：新时代热词
XINSHIDAI RECI
作　　者：《新时代热词》编写组

出 版 人：刘华新
责任编辑：程文静
版式设计：元泰书装

出版发行：人民日报出版社
社　　址：北京金台西路2号
邮政编码：100733
发行热线：（010）65369509 65369512 65363531 65363528
邮购热线：（010）65369530
编辑热线：（010）65363530
网　　址：www.peopledailypress.com
经　　销：新华书店
印　　刷：大厂回族自治县彩虹印刷有限公司
法律顾问：北京科宇律师事务所 010-83622312

开　　本：710mm×1000mm　1/16
字　　数：296千字
印　　张：19.25
版　　次：2018年6月第1版
印　　次：2024年4月第20次印刷

书　　号：ISBN 978-7-5115-4833-7-01
定　　价：52.00元

前　言

坚持不懈用习近平新时代中国特色社会主义思想凝心聚魂

思想是行动的先导，理论是实践的指南。马克思主义政党的先进性，首先表现为理论上的先进性。中国共产党成立以来，始终聚焦中国社会各个时期的主要矛盾，把马克思主义作为行动指南，不断解决前进道路上面临的重大问题，推动国家的发展进步，并在一百多年的奋斗实践中不断丰富和发展马克思主义，推进马克思主义中国化时代化。特别是党的十八大以来，我们党以全新的视野深化对共产党执政规律、社会主义建设规律、人类社会发展规律的认识，勇于进行理论探索和创新，取得一系列重大理论创新成果，创立了习近平新时代中国特色社会主义思想，实现了马克思主义中国化新的飞跃。

新时代以来，党和国家事业取得突破进展，经济社会实现高质量发展，全国各族人民生活水平大幅提升。十多年来，在习近平新时代中国特色社会主义思想引领下，我们党坚持以人民为中心的发展思想，坚持在发展中保障和改善民生，不断提升人民群众的生活水平。习近平总书记在湖南省花垣县十八洞村提出的“精准扶贫”理念，引领亿万人民打赢了人类历史上规模最大的脱贫攻坚战；在习近平生态文明思想的指引下，我们坚定不移走生态优先、绿色发展道路；从推动高质量发展到推进法治中国建设，从发展全过程人民民主到推进文化自信自强，从推进国家安全体系和能力现代化到推动构建人类命运共同体……新时代党的创新理论在党和国家工作各方面全过程得到生动实践，使我们经受住了来自政治、经济、意识形态、自然界等方面的风险挑战考验，党和国家事业取得历史性成就、发生历史性变革。

十多年来，祖国大地之所以取得日新月异的历史性变革，党和国家事业之所以取得彪炳史册的历史性成就，最根本在于有习近平总书记掌舵领航，有习近平新时代中国特色社会主义思想科学指引。实践证明，“两个确立”是党在新时代取得的重大政治成果，是推动党和国家事业取得历史性成就、发生历史性变革的决定性因素，是战胜一切艰难险阻、应对一切不确定性的最大确定性、最大底气、最大保证。忠诚拥护“两个确立”、坚决做到“两个维护”，是我们最深切的体会、最宝贵的经验，是必须始终坚持的最高政治原则和根本政治规矩，也是我们战胜前进道路上一切艰难险阻的信心所在、根基所在、力量所在。

新时代催生新思想，新征程呼唤新作为。习近平新时代中国特色社会主义思想是我们党武装头脑、指导实践、推动工作的“指南针”，是破解难题、攻坚克难的“金钥匙”，是抵御风险挑战、保证行稳致远的“定盘星”。在全面建设社会主义现代化国家新征程上，面对严峻复杂的国际形势和艰巨繁重的国内改革发展稳定任务，我们必须坚持不懈用习近平新时代中国特色社会主义思想凝心聚魂，把党的创新理论贯彻落实到党和国家工作各方面全过程，运用党的创新理论研究新情况、解决新问题、开创新局面。

奋进新征程，建功新时代。党的二十大号召全体党员务必不忘初心、牢记使命，务必谦虚谨慎、艰苦奋斗，务必敢于斗争、善于斗争，这是新时代坚持和发展中国特色社会主义的政治宣言和行动纲领，也是党中央向广大党员干部发出的政治动员和进军号令。我们要巩固拓展学习贯彻习近平新时代中国特色社会主义思想主题教育成果，建立健全以学铸魂、以学增智、以学正风、以学促干的长效机制，更加深刻领悟“两个确立”的决定性意义，更加自觉增强“四个意识”、坚定“四个自信”、做到“两个维护”，始终做习近平新时代中国特色社会主义思想的坚定信仰者和忠实实践者，切实把理论学习与调查研究、解决实际问题结合起来，把学习成果转化为推进党和国家工作高质量发展的工作思路与发展良策，真抓实干、奋发有为，以思想理念的新转变、工作思路的新拓展、发展路径的新突破，不断推动党和国家事业的发展开创新局面、谱写新篇章。

目录 CONTENTS

一、学习贯彻习近平新时代中国特色社会主义思想

二、奋进全面建设社会主义现代化国家新征程

三、新时代党的建设新的伟大工程

四、新时代中国特色社会主义经济建设

五、新时代中国特色社会主义政治建设

六、新时代中国特色社会主义文化建设

七、新时代中国特色社会主义社会建设

八、新时代中国特色社会主义生态文明建设

九、新时代国防和军队建设

十、新时代中国特色大国外交

十一、新时代党风廉政建设和反腐败斗争

一、学习贯彻习近平新时代中国特色社会主义思想

1. 习近平新时代中国特色社会主义思想

一、名词解析

习近平新时代中国特色社会主义思想是当代中国马克思主义、二十一世纪马克思主义，是中华文化和中国精神的时代精华，实现了马克思主义中国化时代化新的飞跃。从发展历程上来看，2017 年 10 月 18 日，中国共产党第十九次全国代表大会首次提出了习近平新时代中国特色社会主义思想。2017 年 10 月 24 日，中国共产党第十九次全国代表大会通过的关于《中国共产党章程（修正案）》的决议，将习近平新时代中国特色社会主义思想写入党章。2018 年 3 月 11 日，第十三届全国人民代表大会第一次会议通过的《中华人民共和国宪法修正案》，把习近平新时代中国特色社会主义思想载入《中华人民共和国宪法》。2021 年 11 月 11 日，《中共中央关于党的百年奋斗重大成就和历史经验的决议》在党的十九大报告提出的“八个明确”的基础上，用“十个明确”对习近平新时代中国特色社会主义思想的核心内容作了进一步概括。2022 年 10 月 16 日，中国共产党第二十次全国代表大会把习近平新时代中国特色社会主义思想的主要内容概括为“十个明确”“十四个坚持”“十三个方面成就”，用“六个必须坚持”概括了习近平新时代中国特色社会主义思想的世界观、方法论和贯穿其中的立场观点方法，标志着习近平新时代中国特色社会主义思想已经形成了具有严密逻辑、丰富内涵、完整系统的科学理论体系。

二、习近平总书记的相关重要论述

十八大以来，国内外形势变化和我国各项事业发展都给我们提出了一个重大时代课题，这就是必须从理论和实践结合上系统回答新时代坚持和发展什么样的中国特色社会主义、怎样坚持和发展中国特色社会主义，包括新时代坚持和发展中国特色社会主义的总目标、总任务、总体布局、战略布局和发展方向、发展方式、发展动力、战略步骤、外部条件、政治保证等基本问题，并且要根据新的实践对经济、政治、法治、科技、文化、教育、民生、民族、宗教、社会、生态文明、国家安全、国防和军队、“一国两制”和祖国统一、统一战线、外交、党的建设等各方面作出理论分析和政策指导，以利于更好坚持和发展中国特色社会主义。

围绕这个重大时代课题，我们党坚持以马克思列宁主义、毛泽东思想、邓小平理论、“三个代表”重要思想、科学发展观为指导，坚持解放思想、实事求是、与时俱进、求真务实，坚持辩证唯物主义和历史唯物主义，紧密结合新的时代条件和实践要求，以全新的视野深化对共产党执政规律、社会主义建设规律、人类社会发展规律的认识，进行艰辛理论探索，取得重大理论创新成果，形成了新时代中国特色社会主义思想。①

——2017 年 10 月 18 日，习近平同志在中国共产党第十九次全国代表大会上的报告

推进马克思主义中国化时代化是一个追求真理、揭示真理、笃行真理的过程。十八大以来，国内外形势新变化和实践新要求，迫切需要我们从理论和实践的结合上深入回答关系党和国家事业发展、党治国理政的一系列重大时代课题。我们党勇于进行理论探索和创新，以全新的视野深化对共产党执政规律、社会主义建设规律、人类社会发展规律的认识，取得重大理论创新成果，集中体现为新时代中国特色社会主义思想。十九大、十九届六中全会提出的“十个明确”“十四个坚持”“十三个方面成就”概括了这一思想的主要内容，必须长期坚持并不断丰富发展。②

——2022 年 10 月 16 日，习近平同志在中国共产党第二十次全国代表大会上的报告

三、背景、内容和意义

党的十八大以来，国内外形势新变化和实践新要求，迫切需要我们从理论和实践的结合上深入回答关系党和国家事业发展、党治国理政的一系列重大时代课题。从当今世界的整体来看，百年未有之大变局加速演进。从国内情况来看，中国特色社会主义进入新时代，中华民族伟大复兴进入

① 《习近平著作选读》第二卷，人民出版社 2023 年版，第 15-16 页。
② 《习近平著作选读》第一卷，人民出版社 2023 年版，第 14 页。

不可逆转的历史进程，中国社会主要矛盾发生了深刻的历史性变化，新时代中国共产党人承担着光荣而艰巨的使命任务，党和国家事业发展取得了举世瞩目的伟大成就，同时也面临着世所罕见的风险挑战。百年变局之下，中国发展的外部环境充满各种不稳定性、不确定性，与此同时，国内经济社会发展也面临一些突出问题，长期执政条件下党的建设新的伟大工程形势更加复杂、任务更加艰巨。在此情况下，中国向何处去，党和国家怎么办，成为必须深入思考和科学回答的重大时代课题。

面对当今时代发展提出的中国之问、世界之问、人民之问、时代之问，以习近平同志为主要代表的中国共产党人，紧紧抓住坚持和发展中国特色社会主义、实现中华民族伟大复兴这一主题，统筹把握中华民族伟大复兴战略全局和世界百年未有之大变局，深刻回答了“新时代坚持和发展什么样的中国特色社会主义、怎样坚持和发展中国特色社会主义”“建设什么样的社会主义现代化强国、怎样建设社会主义现代化强国”“建设什么样的长期执政的马克思主义政党、怎样建设长期执政的马克思主义政党”等重大时代课题，坚持把马克思主义基本原理同中国具体实际相结合、同中华优秀传统文化相结合，创立了习近平新时代中国特色社会主义思想，实现了马克思主义中国化新的飞跃。“十个明确”“十四个坚持”“十三个方面成就”“六个必须坚持”内在贯通、有机统一，凝结着我们党认识世界、改造世界的宝贵经验和重大成果，体现了理论和实际相结合、认识论和方法论相统一的鲜明特色，共同构成了习近平新时代中国特色社会主义思想的科学体系。

截至目前，在理论形态上，习近平新时代中国特色社会主义思想主要表现为以“1+6+1+N”为四梁八柱的开放理论体系。其中，“1”为习近平新时代中国特色社会主义思想，“6”为习近平强军思想、习近平经济思想、习近平外交思想、习近平生态文明思想、习近平法治思想、习近平文化思想，“1”为总体国家安全观，“N”为习近平总书记关于党的建设的重要思想、习近平总书记关于网络强国的重要思想、习近平总书记关于做好新时代党的统一战线工作的重要思想、习近平总书记关于加强和改进人民政协工作的重要思想、习近平总书记关于加强和改进民族工作的重要思想、习近平总书记关于加强和改进人民信访工作的重要思想、习近平总书记关于青年工作的重要思想等，以及习近平总书记关于党和国家其他工作的重要论述等。

习近平新时代中国特色社会主义思想，深刻回答了新的历史条件下坚持和发展中国特色社会主义的一系列重大理论和实践问题，提出了一系列新的重要思想、重要观点、重大判断、重大举措，集中展示了以习近平同志为核心的党中央治国理政新理念新思想新战略，具有很强的思想性、战略性、前瞻性、指导性，是我们推进中国特色社会主义伟大事业的理论保证，是我们坚持和发展中国特色社会主义的思想指南。要深入学习领会这一思想的时代背景、精神实质、丰富内涵和实践要求，深入领会贯穿其中的坚定信仰信念、鲜明人民立场、强烈历史担当、求真务实作风、勇于创新精神和科学方法论，切实把思想和行动统一到习近平新时代中国特色社会主义思想上来，把学习的成效转化为维护核心、看齐中央的政治自觉，转化为改造主观世界、锤炼坚强党性的思想自觉，转化为指导实践、推动工作的行动自觉。

2.“十个明确”

一、名词解析

2021 年 11 月 11 日，《中共中央关于党的百年奋斗重大成就和历史经验的决议》（以下简称《决议》）在党的十九大报告“八个明确”的基础上，用“十个明确”对习近平新时代中国特色社会主义思想的核心内容作了进一步概括，是党对中国特色社会主义建设规律认识深化和理论创新的重大成果。“十个明确”深刻回答了新时代坚持和发展中国特色社会主义的总目标、总任务、总体布局、战略布局和发展方向、发展方式、发展动力、战略步骤、外部条件、政治保证等一系列基本问题，在理论上回答了我们要坚持和发展的是什么样的社会主义，回答的是“是什么”的问题。“十个明确”是习近平新时代中国特色社会主义思想的主体内容，集中体现了这一思想体系的主要观点和基本精神，构成了这一思想体系的四梁八柱，发挥着统摄作用。

二、习近平总书记的相关重要论述

党的十八大以来，我们党领导人民自信自强、守正创新，取得了一系列重大理论成果、实践成果、制度成果。这些重要成果，体现在《决议》概括的“十个明确”上，体现在《决议》作出的新时代党和国家事业十三个方面重大成就的重要论述上，也体现在《决议》对中国共产党百年奋斗的历史意义、中国共产党百年奋斗的历史经验、新时代的中国共产党的阐述上。要贯通起来领会把握，不断提高政治判断力、政治领悟力、政治执行力，在新时代更好坚持和发展中国特色社会主义。①

——2021 年 11 月 11 日，习近平同志在中共十九届六中全会第二次全体会议上的讲话

比如，将党的十九大报告概括的“八个明确”拓展为“十个明确”。将“中国共产党领导”列为第一个“明确”；增加了第七个“明确”：必须坚持和完善社会主义基本经济制度，使市场在资源配置中起决定性作用，更好发挥政府作用，把握新发展阶段，贯彻新发展理念，构建新发展格局等内容；第十个“明确”：全面从严治党的战略方针，提出新时代党的建设总要求，以伟大自我革命引领伟大社会革命。此外，第二个“明确”，增加了“以中国式现代化推进中华民族伟大复兴”的表述；第三个“明确”增加了“发展全过程人民民主”“全体人民共同富裕取得更为明显的实质性进展”的表述。对这些新论断新表述，要深入学习领会，以利于更好认识和把握党的百年奋斗重大成就和历史经验。②

——2022 年 1 月 11 日，习近平同志在省部级主要领导干部学习贯彻党的十九届六中全会精神专题研讨班上的讲话

三、背景、内容和意义

党的十九届六中全会通过的《中共中央关于党的百年奋斗重大成就和历史经验的决议》，聚焦总结党的百年奋斗重大成就和历史经验，重点总

① 《习近平著作选读》第二卷，人民出版社 2023 年版，第 549-550 页。
② 习近平：《更好把握和运用党的百年奋斗历史经验》，《求是》2022 年第 13 期。

结新时代党和国家事业取得的历史性成就、发生的历史性变革和积累的新鲜经验，深入阐释了党的十八大以来形成的原创性思想、发生的变革性实践、取得的突破性进展和标志性成果。《决议》对习近平新时代中国特色社会主义思想核心内容进行凝练概括，丰富和发展了习近平新时代中国特色社会主义思想，由原来在党的十九大报告中的“八个明确”丰富发展为“十个明确”，反映了习近平新时代中国特色社会主义思想不断丰富发展的开放性特征、与时俱进的可贵品格、在实践中发展的理论本质。“十个明确”的内容为：

第一，明确中国特色社会主义最本质的特征是中国共产党领导，中国特色社会主义制度的最大优势是中国共产党领导，中国共产党是最高政治领导力量，全党必须增强“四个意识”、坚定“四个自信”、做到“两个维护”；

第二，明确坚持和发展中国特色社会主义，总任务是实现社会主义现代化和中华民族伟大复兴，在全面建成小康社会的基础上，分两步走在本世纪中叶建成富强民主文明和谐美丽的社会主义现代化强国，以中国式现代化推进中华民族伟大复兴；

第三，明确新时代我国社会主要矛盾是人民日益增长的美好生活需要和不平衡不充分的发展之间的矛盾，必须坚持以人民为中心的发展思想，发展全过程人民民主，推动人的全面发展、全体人民共同富裕取得更为明显的实质性进展；

第四，明确中国特色社会主义事业总体布局是经济建设、政治建设、文化建设、社会建设、生态文明建设五位一体，战略布局是全面建设社会主义现代化国家、全面深化改革、全面依法治国、全面从严治党四个全面；

第五，明确全面深化改革总目标是完善和发展中国特色社会主义制度、推进国家治理体系和治理能力现代化；

第六，明确全面推进依法治国总目标是建设中国特色社会主义法治体系、建设社会主义法治国家；

第七，明确必须坚持和完善社会主义基本经济制度，使市场在资源配置中起决定性作用，更好发挥政府作用，把握新发展阶段，贯彻创新、协调、绿色、开放、共享的新发展理念，加快构建以国内大循环为主体、国内国际双循环相互促进的新发展格局，推动高质量发展，统筹发展和安全；

第八，明确党在新时代的强军目标是建设一支听党指挥、能打胜仗、作风优良的人民军队，把人民军队建设成为世界一流军队；

第九，明确中国特色大国外交要服务民族复兴、促进人类进步，推动建设新型国际关系，推动构建人类命运共同体；

第十，明确全面从严治党的战略方针，提出新时代党的建设总要求，全面推进党的政治建设、思想建设、组织建设、作风建设、纪律建设，把制度建设贯穿其中，深入推进反腐败斗争，落实管党治党政治责任，以伟大自我革命引领伟大社会革命。

马克思主义理论在本质上是实践的，实践发展不停步，理论创新无止境。《决议》提出的“十个明确”是对新时代的实践总结，也是理论概括，是习近平新时代中国特色社会主义思想的精神实质、核心要义，充分彰显了坚持马克思主义理论创新和实践创新的有机统一，是新时代更好坚持和发展中国特色社会主义的理论指导和科学指南。

3.“十四个坚持”

一、名词解析

“十四个坚持”是习近平总书记 2017 年 10 月 18 日，在党的十九大报告中提出的新时代中国特色社会主义理论。“十四个坚持”是习近平新时代中国特色社会主义思想的重要组成部分，是在治国理政各方面作出的理论分析和政策指导，构成了新时代坚持和发展中国特色社会主义的基本方略。

二、习近平总书记的相关重要论述

全党要深刻领会新时代中国特色社会主义思想的精神实质和丰富内涵，在各项工作中全面准确贯彻落实。

（一）坚持党对一切工作的领导。党政军民学，东西南北中，党是领导一切的。必须增强政治意识、大局意识、核心意识、看齐意识，自觉维护党中央权威和集中统一领导，自觉在思想上政治上行动上同党中央保持高度一致，完善坚持党的领导的体制机制，坚持稳中求进工作总基调，统筹推进“五位一体”总体布局，协调推进“四个全面”战略布局，提高党把方向、谋大局、定政策、促改革的能力和定力，确保党始终总揽全局、协调各方。

（二）坚持以人民为中心。人民是历史的创造者，是决定党和国家前途命运的根本力量。必须坚持人民主体地位，坚持立党为公、执政为民，践行全心全意为人民服务的根本宗旨，把党的群众路线贯彻到治国理政全部活动之中，把人民对美好生活的向往作为奋斗目标，依靠人民创造历史伟业。

（三）坚持全面深化改革。只有社会主义才能救中国，只有改革开放才能发展中国、发展社会主义、发展马克思主义。必须坚持和完善中国特色社会主义制度，不断推进国家治理体系和治理能力现代化，坚决破除一切不合时宜的思想观念和体制机制弊端，突破利益固化的藩篱，吸收人类文明有益成果，构建系统完备、科学规范、运行有效的制度体系，充分发挥我国社会主义制度优越性。

（四）坚持新发展理念。发展是解决我国一切问题的基础和关键，发展必须是科学发展，必须坚定不移贯彻创新、协调、绿色、开放、共享的发展理念。必须坚持和完善我国社会主义基本经济制度和分配制度，毫不动摇巩固和发展公有制经济，毫不动摇鼓励、支持、引导非公有制经济发展，使市场在资源配置中起决定性作用，更好发挥政府作用，推动新型工业化、信息化、城镇化、农业现代化同步发展，主动参与和推动经济全球化进程，发展更高层次的开放型经济，不断壮大我国经济实力和综合国力。

（五）坚持人民当家作主。坚持党的领导、人民当家作主、依法治国有机统一是社会主义政治发展的必然要求。必须坚持中国特色社会主义政治发展道路，坚持和完善人民代表大会制度、中国共产党领导的多党合作和政治协商制度、民族区域自治制度、基层群众自治制度，巩固和发展最广泛的爱国统一战线，发展社会主义协商民主，健全民主制度，丰富民主形式，拓宽民主渠道，保证人民当家作主落实到国家政治生活和社会生活之中。

（六）坚持全面依法治国。全面依法治国是中国特色社会主义的本质要求和重要保障。必须把党的领导贯彻落实到依法治国全过程和各方面，坚定不移走中国特色社会主义法治道路，完善以宪法为核心的中国特色社会主义法律体系，建设中国特色社会主义法治体系，建设社会主义法治国家，发展中国特色社会主义法治理论，坚持依法治国、依法执政、依法行政共同推进，坚持法治国家、法治政府、法治社会一体建设，坚持依法治国和以德治国相结合，依法治国和依规治党有机统一，深化司法体制改革，提高全民族法治素养和道德素质。

（七）坚持社会主义核心价值体系。文化自信是一个国家、一个民族发展中更基本、更深沉、更持久的力量。必须坚持马克思主义，牢固树立共产主义远大理想和中国特色社会主义共同理想，培育和践行社会主义核心价值观，不断增强意识形态领域主导权和话语权，推动中华优秀传统文化创造性转化、创新性发展，继承革命文化，发展社会主义先进文化，不忘本来、吸收外来、面向未来，更好构筑中国精神、中国价值、中国力量，为人民提供精神指引。

（八）坚持在发展中保障和改善民生。增进民生福祉是发展的根本目的。必须多谋民生之利、多解民生之忧，在发展中补齐民生短板、促进社会公平正义，在幼有所育、学有所教、劳有所得、病有所医、老有所养、住有所居、弱有所扶上不断取得新进展，深入开展脱贫攻坚，保证全体人民在共建共享发展中有更多获得感，不断促进人的全面发展、全体人民共同富裕。建设平安中国，加强和创新社会治理，维护社会和谐稳定，确保国家长治久安、人民安居乐业。

（九）坚持人与自然和谐共生。建设生态文明是中华民族永续发展的千年大计。必须树立和践行绿水青山就是金山银山的理念，坚持节约资源和保护环境的基本国策，像对待生命一样对待生态环境，统筹山水林田湖草系统治理，实行最严格的生态环境保护制度，形成绿色发展方式和生活方式，坚定走生产发展、生活富裕、生态良好的文明发展道路，建设美丽中国，为人民创造良好生产生活环境，为全球生态安全作出贡献。

（十）坚持总体国家安全观。统筹发展和安全，增强忧患意识，做到居安思危，是我们党治国理政的一个重大原则。必须坚持国家利益至上，以人民安全为宗旨，以政治安全为根本，统筹外部安全和内部安全、国土安全和国民安全、传统安全和非传统安全、自身安全和共同安全，完善国家安全制度体系，加强国家安全能力建设，坚决维护国家主权、安全、发展利益。

（十一）坚持党对人民军队的绝对领导。建设一支听党指挥、能打胜仗、作风优良的人民军队，是实现"两个一百年"奋斗目标、实现中华民族伟大复兴的战略支撑。必须全面贯彻党领导人民军队的一系列根本原则和制度，确立新时代党的强军思想在国防和军队建设中的指导地位，坚持政治建军、改革强军、科技兴军、依法治军，更加注重聚焦实战，更加注重创新驱动，更加注重体系建设，更加注重集约高效，更加注重军民融合，实现党在新时代的强军目标。

（十二）坚持"一国两制"和推进祖国统一。保持香港、澳门长期繁荣稳定，实现祖国完全统一，是实现中华民族伟大复兴的必然要求。必须把维护中央对香港、澳门特别行政区全面管治权和保障特别行政区高度自治权有机结合起来，确保"一国两制"方针不会变、不动摇，确保"一国两制"实践不变形、不走样。必须坚持一个中国原则，坚持"九二共识"，推动两岸关系和平发展，深化两岸经济合作和文化往来，推动两岸同胞共同反对一切分裂国家的活动，共同为实现中华民族伟大复兴而奋斗。

（十三）坚持推动构建人类命运共同体。中国人民的梦想同各国人民的梦想息息相通，实现中国梦离不开和平的国际环境和稳定的国际秩序。必须统筹国内国际两个大局，始终不渝走和平发展道路、奉行互利共赢的开放战略，坚持正确义利观，树立共同、综合、合作、可持续的新安全观，谋求开放创新、包容互惠的发展前景，促进和而不同、兼收并蓄的文明交流，构筑尊崇自然、绿色发展的生态体系，始终做世界和平的建设者、全球发展的贡献者、国际秩序的维护者。

（十四）坚持全面从严治党。勇于自我革命，从严管党治党，是我们党最鲜明的品格。必须以党章为根本遵循，把党的政治建设摆在首位，思想建党和制度治党同向发力，统筹推进党的各项建设，抓住"关键少数"，坚持"三严三实"，坚持民主集中制，严肃党内政治生活，严明党的纪律，强化党内监督，发展积极健康的党内政治文化，全面净化党内政治生态，坚决纠正各种不正之风，以零容忍态度惩治腐败，不断增强党自我净化、自我完善、自我革新、自我提高的能力，始终保持党同人民群众的血肉联系。

以上十四条，构成新时代坚持和发展中国特色社会主义的基本方略。全党同志必须全面贯彻党的基本理论、基本路线、基本方略，更好引领党和人民事业发展。[①]

——2017 年 10 月 18 日，习近平同志在中国共产党第十九次全国代表大会上的报告

三、背景、内容和意义

“十四个坚持”根据中国特色社会主义进入新时代的发展要求，从经济、政治、法治、科技、文化、教育、民生、民族、宗教、社会、生态文明、国家安全、国防和军队、“一国两制”和祖国统一、统一战线、外交、党的建设等各个方面对怎样坚持和发展中国特色社会主义作出了理论分析和政策指导。

“十四个坚持”的内容，就是坚持党对一切工作的领导，坚持以人民为中心，坚持全面深化改革，坚持新发展理念，坚持人民当家作主，坚持全面依法治国，坚持社会主义核心价值体系，坚持在发展中保障和改善民生，坚持人与自然和谐共生，坚持总体国家安全观，坚持党对人民军队的绝对领导，坚持“一国两制”和推进祖国统一，坚持推动构建人类命运共同体，坚持全面从严治党。

从实践层面来讲，“十四个坚持”涵盖方方面面，构成了新时代坚持和发展中国特色社会主义的基本方略，为我们今后认识世界、指导实践及规划未来提供了一个具体的工作重心、实践路径和前进方向。在“十四个坚持”的基本方略中，既有总体性方略，又有各个领域、各个方面的具体性方略，回答了新时代怎样坚持和发展中国特色社会主义的理论、政策和方略问题，是新时代坚持和发展中国特色社会主义的理论指导和行动纲领。

① 《习近平著作选读》第二卷，人民出版社 2023 年版，第 17-22 页。

4.“十三个方面成就”

一、名词解析

“十三个方面成就”是中国共产党第十九届中央委员会第六次全体会议从十三个方面深刻总结党的十八大以来党和国家事业取得的历史性成就、发生的历史性变革，是习近平新时代中国特色社会主义思想的科学理论体系的重要组成部分。新时代党和国家事业十三个方面重大成就，指在坚持党的全面领导、全面从严治党、经济建设、全面深化改革开放、政治建设、全面依法治国、文化建设、社会建设、生态文明建设、国防和军队建设、维护国家安全、坚持“一国两制”和推进祖国统一、外交工作等党和国家事业十三个方面取得的历史性成就、发生的历史性变革。“十三个方面成就”对新时代伟大实践进行了科学总结，全景式地展示了习近平新时代中国特色社会主义思想的理论与实践成果。

二、习近平总书记的相关重要论述

党的十八大以来，我们党领导人民自信自强、守正创新，取得了一系列重大理论成果、实践成果、制度成果。这些重要成果，体现在《决议》（《中共中央关于党的百年奋斗重大成就和历史经验的决议》的简称——编者注）概括的“十个明确”上，体现在《决议》作出的新时代党和国家事业十三个方面重大成就的重要论述上，也体现在《决议》对中国共产党百年奋斗的历史意义、中国共产党百年奋斗的历史经验、新时代的中国共产党的阐述上。要贯通起来领会把握，不断提高政治判断力、政治领悟力、政治执行力，在新时代更好坚持和发展中国特色社会主义。[1]

——2021 年 11 月 11 日，习近平同志在中共十九届六中全会第二次全体会议上的讲话

① 《习近平著作选读》第二卷，人民出版社 2023 年版，第 549-550 页。

党的理论创新过程是一个总结经验、探求未知、发现真理的过程，就是一个把握事物之间内在联系、揭示客观规律、预见事物发展必然趋势的过程，由此形成的理论成果自然是一个科学系统、逻辑严密、有机统一的整体。新时代中国特色社会主义思想就是紧紧围绕回答新时代坚持和发展什么样的中国特色社会主义、怎样坚持和发展中国特色社会主义，建设什么样的社会主义现代化强国、怎样建设社会主义现代化强国，建设什么样的长期执政的马克思主义政党、怎样建设长期执政的马克思主义政党等重大时代课题，不断深化对人类社会发展规律、社会主义建设规律、共产党执政规律认识的理论成果。其内容涵盖改革发展稳定、内政外交国防、治党治国治军等方方面面，构成一个完整的科学体系。党的二十大报告明确指出，“十个明确”“十四个坚持”“十三个方面成就”概括了这一思想的主要内容。我们既要全面系统地学习掌握这些主要内容，又要整体把握这一思想的科学体系，做到融会贯通。对各领域提出的新理念、新思想、新战略，对各方面工作提出的具体要求，都要放在整个科学体系中来认识和把握，避免碎片化、片面性，不能只见树木、不见森林。①

——2023 年 3 月 30 日，习近平同志在二十届中央政治局第四次集体学习时的讲话

三、背景、内容和意义

马克思主义是实践的理论，理论和实践相结合是马克思主义的基本原则，也是我们党的优良作风。正是在科学理论指导下，采取一系列战略性举措，推进一系列变革性实践，实现一系列突破性进展，我们才能取得一系列标志性成果。“十三个方面成就”彰显了新时代的伟大成就和变革，这些既是习近平新时代中国特色社会主义思想指导的结果，又充分说明习近平新时代中国特色社会主义思想开辟了马克思主义中国化时代化新境界。“十三个方面成就”全景展示了以习近平同志为核心的党中央治国理政理念、成就和经验，既是习近平新时代中国特色社会主义思想指导的结果，又以一系列重要原创性成果丰富发展了这一重要思想。

① 习近平：《在二十届中央政治局第四次集体学习时的讲话》，《求是》2023 年第 10 期。

在内容上，“十三个方面成就”分别是：

在坚持党的全面领导上，党中央权威和集中统一领导得到有力保证，党的领导制度体系不断完善，党的领导方式更加科学，全党思想上更加统一、政治上更加团结、行动上更加一致，党的政治领导力、思想引领力、群众组织力、社会号召力显著增强。

在全面从严治党上，党的自我净化、自我完善、自我革新、自我提高能力显著增强，管党治党宽松软状况得到根本扭转，反腐败斗争取得压倒性胜利并全面巩固，党在革命性锻造中更加坚强。

在经济建设上，我国经济发展平衡性、协调性、可持续性明显增强，国家经济实力、科技实力、综合国力跃上新台阶，我国经济迈上更高质量、更有效率、更加公平、更可持续、更为安全的发展之路。

在全面深化改革开放上，党不断推动全面深化改革向广度和深度进军，中国特色社会主义制度更加成熟更加定型，国家治理体系和治理能力现代化水平不断提高，党和国家事业焕发出新的生机活力。

在政治建设上，积极发展全过程人民民主，我国社会主义民主政治制度化、规范化、程序化全面推进，中国特色社会主义政治制度优越性得到更好发挥，生动活泼、安定团结的政治局面得到巩固和发展。

在全面依法治国上，中国特色社会主义法治体系不断健全，法治中国建设迈出坚实步伐，党运用法治方式领导和治理国家的能力显著增强。

在文化建设上，我国意识形态领域形势发生全局性、根本性转变，全党全国各族人民文化自信明显增强，全社会凝聚力和向心力极大提升，为新时代开创党和国家事业新局面提供了坚强思想保证和强大精神力量。

在社会建设上，人民生活全方位改善，社会治理社会化、法治化、智能化、专业化水平大幅度提升，发展了人民安居乐业、社会安定有序的良好局面，续写了社会长期稳定的奇迹。

在生态文明建设上，党中央以前所未有的力度抓生态文明建设，美丽中国建设迈出重大步伐，我国生态环境保护发生历史性、转折性、全局性变化。

在国防和军队建设上，人民军队实现整体性革命性重塑、重整行装再出发，国防实力和经济实力同步提升，人民军队坚决履行新时代使命任务，以顽强斗争精神和实际行动捍卫了国家主权、安全、发展利益。

在维护国家安全上，国家安全得到全面加强，经受住了来自政治、经济、意识形态、自然界等方面的风险挑战考验，为党和国家兴旺发达、长治久安提供了有力保证。

在坚持“一国两制”和推进祖国统一上，党中央采取一系列标本兼治的举措，坚定落实“爱国者治港”“爱国者治澳”，推动香港局势实现由乱到治的重大转折，为推进依法治港治澳、促进“一国两制”实践行稳致远打下了坚实基础；坚持一个中国原则和“九二共识”，坚决反对“台独”分裂行径，坚决反对外部势力干涉，牢牢把握两岸关系主导权和主动权。

在外交工作上，中国特色大国外交全面推进，构建人类命运共同体成为引领时代潮流和人类前进方向的鲜明旗帜，我国外交在世界大变局中开创新局、在世界乱局中化危为机，我国国际影响力、感召力、塑造力显著提升。

“十三个方面成就”既是习近平新时代中国特色社会主义思想指导的结果，是对其精神实质的鲜明揭示，也是其具体内容的丰富发展。从时代发展看，“十三个方面成就”既是历史的，也是现实的，是正在发展着的。这“十三个方面成就”是党和人民共同创造的财富，必将在新时代的伟大实践中不断丰富和发展。

5.“六个必须坚持”

一、名词解析

党的二十大报告把习近平新时代中国特色社会主义思想的世界观和方法论系统概括为“六个必须坚持”，即必须坚持人民至上、必须坚持自信自立、必须坚持守正创新、必须坚持问题导向、必须坚持系统观念、必须坚持胸怀天下。这六个方面相互联系、彼此支撑，贯通了唯物论和辩证法、认识论和实践论、真理论和价值论，赋予了马克思主义世界观和方法论以新的时代内涵，彰显了习近平新时代中国特色社会主义思想的理论品格和鲜明特征，是习近平新时代中国特色社会主义思想的精髓和灵魂，为全面建设社会主义现代化国家提供了世界观和方法论指引。

二、习近平总书记的相关重要论述

实践没有止境，理论创新也没有止境。不断谱写马克思主义中国化时代化新篇章，是当代中国共产党人的庄严历史责任。继续推进实践基础上的理论创新，首先要把握好新时代中国特色社会主义思想的世界观和方法论，坚持好、运用好贯穿其中的立场观点方法。

——必须坚持人民至上。人民性是马克思主义的本质属性，党的理论是来自人民、为了人民、造福人民的理论，人民的创造性实践是理论创新的不竭源泉。一切脱离人民的理论都是苍白无力的，一切不为人民造福的理论都是没有生命力的。我们要站稳人民立场、把握人民愿望、尊重人民创造、集中人民智慧，形成为人民所喜爱、所认同、所拥有的理论，使之成为指导人民认识世界和改造世界的强大思想武器。

——必须坚持自信自立。中国人民和中华民族从近代以后的深重苦难走向伟大复兴的光明前景，从来就没有教科书，更没有现成答案。党的百年奋斗成功道路是党领导人民独立自主探索开辟出来的，马克思主义的中国篇章是中国共产党人依靠自身力量实践出来的，贯穿其中的一个基本点就是中国的问题必须从中国基本国情出发，由中国人自己来解答。我们要坚持对马克思主义的坚定信仰、对中国特色社会主义的坚定信念，坚定道路自信、理论自信、制度自信、文化自信，以更加积极的历史担当和创造精神为发展马克思主义作出新的贡献，既不能刻舟求剑、封闭僵化，也不能照抄照搬、食洋不化。

——必须坚持守正创新。我们从事的是前无古人的伟大事业，守正才能不迷失方向、不犯颠覆性错误，创新才能把握时代、引领时代。我们要以科学的态度对待科学、以真理的精神追求真理，坚持马克思主义基本原理不动摇，坚持党的全面领导不动摇，坚持中国特色社会主义不动摇，紧跟时代步伐，顺应实践发展，以满腔热忱对待一切新生事物，不断拓展认识的广度和深度，敢于说前人没有说过的新话，敢于干前人没有干过的事情，以新的理论指导新的实践。

——必须坚持问题导向。问题是时代的声音，回答并指导解决问题是理论的根本任务。今天我们所面临问题的复杂程度、解决问题的艰巨程度明显加大，给理论创新提出了全新要求。我们要增强问题意识，聚焦实践遇到的新问题、改革发展稳定存在的深层次问题、人民群众急难愁盼问题、国际变局中的重大问题、党的建设面临的突出问题，不断提出真正解决问题的新理念新思路新办法。

——必须坚持系统观念。万事万物是相互联系、相互依存的。只有用普遍联系的、全面系统的、发展变化的观点观察事物，才能把握事物发展规律。我国是一个发展中大国，仍处于社会主义初级阶段，正在经历广泛而深刻的社会变革，推进改革发展、调整利益关系往往牵一发而动全身。我们要善于通过历史看现实、透过现象看本质，把握好全局和局部、当前和长远、宏观和微观、主要矛盾和次要矛盾、特殊和一般的关系，不断提高战略思维、历史思维、辩证思维、系统思维、创新思维、法治思维、底线思维能力，为前瞻性思考、全局性谋划、整体性推进党和国家各项事业提供科学思想方法。

——必须坚持胸怀天下。中国共产党是为中国人民谋幸福、为中华民族谋复兴的党，也是为人类谋进步、为世界谋大同的党。我们要拓展世界眼光，深刻洞察人类发展进步潮流，积极回应各国人民普遍关切，为解决人类面临的共同问题作出贡献，以海纳百川的宽阔胸襟借鉴吸收人类一切优秀文明成果，推动建设更加美好的世界。[①]

——2022年10月16日，习近平同志在中国共产党第二十次全国代表大会上的报告

同时，学深悟透新时代中国特色社会主义思想，还必须把握这一思想的世界观、方法论和贯穿其中的立场观点方法。党的二十大报告提出了继续推进理论创新的科学方法，即必须坚持人民至上、必须坚持自信自立、必须坚持守正创新、必须坚持问题导向、必须坚持系统观念、必须坚持胸怀天下。这“六个必须坚持”，也是新时代中国特色社会主义思想的立场观点方法的重要体现。只有准确把握包括“六个必须坚持”在内的新时代

① 《习近平著作选读》第一卷，人民出版社2023年版，第15-18页。

中国特色社会主义思想的立场观点方法，才能更好领会这一思想的精髓要义，才能把思想方法搞对头，认识问题才站得高，分析问题才看得深，开展工作也才能把得准，确保张弛有度、收放自如。在实际工作中，一些领导干部判断形势不准确，应对风险不主动，处理复杂矛盾问题顾此失彼、进退失据，往往都同没有把握好党的创新理论的精髓要义密切相关。①

——2023 年 3 月 30 日，习近平同志在二十届中央政治局第四次集体学习时的讲话

三、背景、内容和意义

党的二十大报告指出，继续推进实践基础上的理论创新，首先要把握好习近平新时代中国特色社会主义思想的世界观和方法论，坚持好、运用好贯穿其中的立场观点方法。对此，党的二十大报告从六个方面作出概括，强调必须坚持人民至上、坚持自信自立、坚持守正创新、坚持问题导向、坚持系统观念、坚持胸怀天下。“六个必须坚持”不仅从世界观的视角充分彰显了习近平新时代中国特色社会主义思想的原创性贡献，而且从方法论的高度深刻阐述了新时代推进党的理论创新的科学路径，为继续推进党的理论创新解决了“桥和船”的问题。

习近平新时代中国特色社会主义思想的世界观和方法论不是从天而降、一蹴而就的，而是在马克思主义中国化时代化的实践过程中逐渐形成的，是在继续推进实践基础上的理论创新过程中逐步完善的。党的十九大首次提出“习近平新时代中国特色社会主义思想”的概念，并阐述了其思想精髓和核心要义；党的二十大报告不仅论述了这一新思想的丰富内涵和科学体系，而且突出强调了其世界观和方法论以及立场观点方法，并用“六个必须坚持”来加以阐释概括。“六个必须坚持”相辅相成，构成相互联系、内在统一的有机整体，贯穿于习近平新时代中国特色社会主义思想的“十个明确”“十四个坚持”“十三个方面成就”的全部内容之中，是对习近平新时代中国特色社会主义思想立场观点方法的科学总结、思想凝练和哲学概括，为我们深刻理解习近平新时代中国特色社会主义思想提供了“金钥

① 习近平：《在二十届中央政治局第四次集体学习时的讲话》，《求是》2023 年第 10 期。

匙”。我们要在学习贯彻中认真领会“六个必须坚持”，努力把握党的创新理论的道理学理哲理，做到知其言更知其义、知其然更知其所以然，不断用其武装头脑、指导实践、推动工作、促进发展。

习近平新时代中国特色社会主义思想的形成、丰富和发展，始终坚持马克思辩证唯物主义和历史唯物主义，贯穿着马克思主义的立场观点方法，是运用马克思主义世界观和方法论指导当代中国伟大实践的光辉典范。“六个必须坚持”相互联系、内在统一，蕴含着丰富的理论内涵和巨大的实践意义，揭示了党的十八大以来我们党进行理论创新的重要经验，提出了继续推进理论创新的根本要求，进一步筑牢了全党统一思想、统一意志、统一行动的思想基础。只有准确把握包括“六个必须坚持”在内的习近平新时代中国特色社会主义思想的立场观点方法，才能更好领会新时代党的创新理论的精髓要义，才能把思想方法搞对头，认识问题才站得高，分析问题才看得深，开展工作也才能把得准。

6.“三大时代课题”

一、名词解析

党的十九届六中全会通过的《中共中央关于党的百年奋斗重大成就和历史经验的决议》在党的十九大报告基础上，把“一个时代课题”拓展为“三大时代课题”：新时代坚持和发展什么样的中国特色社会主义、怎样坚持和发展中国特色社会主义，建设什么样的社会主义现代化强国、怎样建设社会主义现代化强国，建设什么样的长期执政的马克思主义政党、怎样建设长期执政的马克思主义政党。

二、习近平总书记的相关重要论述

党的十八大以来，党全面审视国际国内新的形势，从理论和实践结合上系统回答了新时代坚持和发展什么样的中国特色社会主义、怎样坚持和发展中国特色社会主义，建设什么样的社会主义现代化强国、怎样建设社会主义现代化强国，建设什么样的长期执政的马克思主义政党、怎样建设长期执政的马克思主义政党等重大时代课题，为推动党和国家事业取得历史性成就、发生历史性变革提供了科学理论指导。[①]

——2022年1月11日，习近平同志在省部级主要领导干部学习贯彻党的十九届六中全会精神专题研讨班上的讲话

党的理论创新过程是一个总结经验、探求未知、发现真理的过程，就是一个把握事物之间内在联系、揭示客观规律、预见事物发展必然趋势的过程，由此形成的理论成果自然是一个科学系统、逻辑严密、有机统一的整体。新时代中国特色社会主义思想就是紧紧围绕回答新时代坚持和发展什么样的中国特色社会主义、怎样坚持和发展中国特色社会主义，建设什么样的社会主义现代化强国、怎样建设社会主义现代化强国，建设什么样的长期执政的马克思主义政党、怎样建设长期执政的马克思主义政党等重大时代课题，不断深化对人类社会发展规律、社会主义建设规律、共产党执政规律认识的理论成果。[②]

——2023年3月30日，习近平同志在二十届中央政治局第四次集体学习时的讲话

三、背景、内容和意义

新时代重大时代课题，是党立足于新时代在实现中华民族伟大复兴的历史进程中必须从理论和实践的结合上加以解决的核心问题。党的十八大以来，以习近平同志为主要代表的中国共产党人，顺应时代发展，从理论和实践结合上系统回答了新时代坚持和发展什么样的中国特色社会主义、怎样坚持和发展中国特色社会主义，建设什么样的社会主义现代化强国、怎样建设社会主义现代化强国，建设什么样的长期执政的马克思主义政党、怎样建设长期执政的马克思主义政党等重大时代课题，创立了习近平新时代中国特色社会主义思想，实现了马克思主义中国化新的飞跃。这“三大时代课题”，是站在新时代历史节点上向中国共产党人提出的“时代三问”，是理解习近平新时代中国特色社会主义思想的“理论之眼”。

① 习近平：《更好把握和运用党的百年奋斗历史经验》，《求是》2022年第13期。
② 习近平：《在二十届中央政治局第四次集体学习时的讲话》，《求是》2023年第10期。

在“三大时代课题”中，“坚持和发展什么样的中国特色社会主义、怎样坚持和发展中国特色社会主义”讲的是方向性质问题，“建设什么样的社会主义现代化强国、怎样建设社会主义现代化强国”讲的是目标路径问题，“建设什么样的长期执政的马克思主义政党、怎样建设长期执政的马克思主义政党”讲的是力量保证问题。“三大时代课题”是对中国特色社会主义这一思想主题的具体化，体现了党重视和善于运用历史规律的高度政治自觉，展现了党牢记初心使命、继往开来的自信担当，为新形势下广大党员干部指明了前进方向、提供了根本遵循。

这“三大时代课题”，既体现了党的十九大以来我们党推进理论和实践创新取得的最新成果，也为广大党员、干部学习领会习近平新时代中国特色社会主义思想的精神实质和核心要义提供了“金钥匙”。全面把握“三大时代课题”的科学内涵及其内在联系，对于深入学习贯彻习近平新时代中国特色社会主义思想，加深对中国之路、中国之治、中国之理的理解，不断开拓全面建设社会主义现代化国家新局面，具有十分重要的理论意义和实践意义。

7.“六个是”的科学定位

一、名词解析

党的二十大党章修正案在十九大通过的党章修正案基础上，对习近平新时代中国特色社会主义思想的定位进行了完善，指出：“习近平新时代中国特色社会主义思想是对马克思列宁主义、毛泽东思想、邓小平理论、‘三个代表’重要思想、科学发展观的继承和发展，是当代中国马克思主义、二十一世纪马克思主义，是中华文化和中国精神的时代精华，是党和人民实践经验和集体智慧的结晶，是中国特色社会主义理论体系的重要组成部分，是全党全国人民为实现中华民族伟大复兴而奋斗的行动指南，必须长期坚持并不断发展。”这“六个是”，是对习近平新时代中国特色社会主义思想的科学定位。

二、习近平总书记的相关重要论述

新时代中国特色社会主义思想，是对马克思列宁主义、毛泽东思想、邓小平理论、“三个代表”重要思想、科学发展观的继承和发展，是马克思主义中国化最新成果，是党和人民实践经验和集体智慧的结晶，是中国特色社会主义理论体系的重要组成部分，是全党全国人民为实现中华民族伟大复兴而奋斗的行动指南，必须长期坚持并不断发展。[①]

——2017年10月18日，习近平同志在中国共产党第十九次全国代表大会上的报告

以史为鉴、开创未来，必须继续推进马克思主义中国化。马克思主义是我们立党立国的根本指导思想，是我们党的灵魂和旗帜。中国共产党坚持马克思主义基本原理，坚持实事求是，从中国实际出发，洞察时代大势，把握历史主动，进行艰辛探索，不断推进马克思主义中国化时代化，指导中国人民不断推进伟大社会革命。中国共产党为什么能，中国特色社会主义为什么好，归根到底是因为马克思主义行！

新的征程上，我们必须坚持马克思列宁主义、毛泽东思想、邓小平理论、“三个代表”重要思想、科学发展观，全面贯彻新时代中国特色社会主义思想，坚持把马克思主义基本原理同中国具体实际相结合、同中华优秀传统文化相结合，用马克思主义观察时代、把握时代、引领时代，继续发展当代中国马克思主义、二十一世纪马克思主义！[②]

——2021年7月1日，习近平同志在庆祝中国共产党成立100周年大会上的讲话

三、背景、内容和意义

党的二十大党章修正案指出：“十八大以来，以习近平同志为主要代表的中国共产党人，坚持把马克思主义基本原理同中国具体实际相结合、同中华优秀传统文化相结合，科学回答了新时代坚持和发展什么样的中国特色社会主义、怎样坚持和发展中国特色社会主义等重大时代课题，创立了

① 《习近平著作选读》第二卷，人民出版社2023年版，第17页。
② 《习近平著作选读》第二卷，人民出版社2023年版，第483页。

习近平新时代中国特色社会主义思想。习近平新时代中国特色社会主义思想是对马克思列宁主义、毛泽东思想、邓小平理论、‘三个代表’重要思想、科学发展观的继承和发展，是当代中国马克思主义、二十一世纪马克思主义，是中华文化和中国精神的时代精华，是党和人民实践经验和集体智慧的结晶，是中国特色社会主义理论体系的重要组成部分，是全党全国人民为实现中华民族伟大复兴而奋斗的行动指南，必须长期坚持并不断发展。在习近平新时代中国特色社会主义思想指导下，中国共产党领导全国各族人民，统揽伟大斗争、伟大工程、伟大事业、伟大梦想，推动中国特色社会主义进入新时代，实现第一个百年奋斗目标，开启了实现第二个百年奋斗目标新征程。”

在党的二十大党章修正案中，我们党用“六个是”的重要判断全面阐释了习近平新时代中国特色社会主义思想的科学定位，并将其写入党章之中。其中，“习近平新时代中国特色社会主义思想是对马克思列宁主义、毛泽东思想、邓小平理论、‘三个代表’重要思想、科学发展观的继承和发展”“是中国特色社会主义理论体系的重要组成部分”，这两大判断阐释了习近平新时代中国特色社会主义思想的继承性和科学性。“是当代中国马克思主义、二十一世纪马克思主义，是中华文化和中国精神的时代精华”，这两大判断阐释的是习近平新时代中国特色社会主义思想的时代性。“是党和人民实践经验和集体智慧的结晶”，这一判断阐明的是习近平新时代中国特色社会主义思想的人民性。“是全党全国人民为实现中华民族伟大复兴而奋斗的行动指南，必须长期坚持并不断发展”，这一判断阐明了习近平新时代中国特色社会主义思想的实践性和开放性。

中国特色社会主义进入新时代这十多年来，党和国家事业取得历史性成就、发生历史性变革，实现中华民族伟大复兴进入不可逆转的历史进程，根本在于以习近平同志为核心的党中央坚强领导，在于习近平新时代中国特色社会主义思想科学指引。党的二十大党章修正案进一步充实了习近平新时代中国特色社会主义思想历史性贡献的表述，就是要阐明这一科学思想的真理力量，表明党章修正案对习近平新时代中国特色社会主义思想的定位建立在新时代伟大变革的实践基础之上，具有无可辩驳的指导力和说服力，经得起历史和实践的检验。

8.“两个确立”

一、名词解析

“两个确立”是指：确立习近平同志党中央的核心、全党的核心地位，确立习近平新时代中国特色社会主义思想的指导地位。中国共产党第十九届中央委员会第六次全体会议公报首次提出，党确立习近平同志党中央的核心、全党的核心地位，确立习近平新时代中国特色社会主义思想的指导地位，反映了全党全军全国各族人民共同心愿，对新时代党和国家事业发展、对推进中华民族伟大复兴历史进程具有决定性意义。

二、习近平总书记的相关重要论述

中国共产党是中国特色社会主义事业的领导核心，处在总揽全局、协调各方的地位。在当今中国，没有大于中国共产党的政治力量或其他什么力量。党政军民学，东西南北中，党是领导一切的，是最高的政治领导力量。中国共产党是执政党，党的领导是做好党和国家各项工作的根本保证，是我国政治稳定、经济发展、民族团结、社会稳定的根本点，绝对不能有丝毫动摇。

我国社会主义政治制度优越性的一个突出特点是党总揽全局、协调各方的领导核心作用，形象地说是“众星捧月”，这个“月”就是中国共产党。在国家治理体系的大棋局中，党中央是坐镇中军帐的“帅”，车马炮各展其长，一盘棋大局分明。如果中国出现了各自为政、一盘散沙的局面，不仅我们确定的目标不能实现，而且必定会产生灾难性后果。中国近代以后到新中国成立之前的一百多年历史已经充分证明了这一点。①

——2015 年 2 月 2 日，习近平同志在省部级主要领导干部学习贯彻党的十八届四中全会精神全面推进依法治国专题研讨班上的讲话

① 《习近平著作选读》第一卷，人民出版社 2023 年版，第 192 页。

我们创立了新时代中国特色社会主义思想，明确坚持和发展中国特色社会主义的基本方略，提出一系列治国理政新理念新思想新战略，实现了马克思主义中国化时代化新的飞跃，坚持不懈用这一创新理论武装头脑、指导实践、推动工作，为新时代党和国家事业发展提供了根本遵循。①

——2022 年 10 月 16 日，习近平同志在中国共产党第二十次全国代表大会上的报告

三、背景、内容和意义

中国共产党是代表中国最广大人民根本利益的马克思主义政党。确立和维护马克思主义政党的领导核心，是马克思主义建党学说的一个基本观点；用科学的理论武装全党，是马克思主义政党走向成熟的一个重要标志。在百余年奋斗历程中，我们党始终高度重视领导核心和科学理论在推动历史前进中的重大作用。我们党之所以能够历经艰难困苦而不断发展壮大，取得革命、建设、改革的伟大胜利和辉煌成就，很重要的历史经验就是确立和维护坚强领导核心、坚持科学理论指导。这是党的历史带给我们的深刻启示。

坚强的领导核心和科学的理论指导，是关乎党和国家前途命运、党和人民事业成败的根本性问题。党的十八大以来，党和国家事业取得历史性成就、发生历史性变革，根本在于有以习近平同志为核心的党中央领航掌舵，有习近平新时代中国特色社会主义思想指引航向。正是因为我们党确立习近平同志党中央的核心、全党的核心地位，确立习近平新时代中国特色社会主义思想的指导地位，才能开创中国特色社会主义新时代，推动中华民族伟大复兴进入不可逆转的历史进程。

“两个确立”是党的十九届六中全会通过的《中共中央关于党的百年奋斗重大成就和历史经验的决议》作出的重大政治判断，是对贯通历史与现实的必然逻辑和客观规律的深刻总结，是历史的选择、时代的呼唤、人民的愿望，是新征程上赢得更大胜利和荣光的根本保证。走好全面建设社会主义现代化国家、实现第二个百年奋斗目标新的赶考之路，必须深刻领

① 《习近平著作选读》第一卷，人民出版社 2023 年版，第 5-6 页。

悟“两个确立”的决定性意义，坚决把“两个确立”体现到实际行动中，真抓实干、久久为功，努力创造无愧于党、无愧于人民、无愧于时代的业绩。

9.“两个结合”

一、名词解析

2021年7月1日，习近平总书记在庆祝中国共产党成立100周年大会上的重要讲话中首次提出“两个结合”，即“坚持把马克思主义基本原理同中国具体实际相结合、同中华优秀传统文化相结合”。“两个结合”是我们党在探索中国特色社会主义道路中得出的规律性认识，是当代中国马克思主义理论的又一重大创新，是我们取得成功的最大法宝。

二、习近平总书记的相关重要论述

中国共产党人深刻认识到，只有把马克思主义基本原理同中国具体实际相结合、同中华优秀传统文化相结合，坚持运用辩证唯物主义和历史唯物主义，才能正确回答时代和实践提出的重大问题，才能始终保持马克思主义的蓬勃生机和旺盛活力。

坚持和发展马克思主义，必须同中国具体实际相结合。我们坚持以马克思主义为指导，是要运用其科学的世界观和方法论解决中国的问题，而不是要背诵和重复其具体结论和词句，更不能把马克思主义当成一成不变的教条。我们必须坚持解放思想、实事求是、与时俱进、求真务实，一切从实际出发，着眼解决新时代改革开放和社会主义现代化建设的实际问题，不断回答中国之问、世界之问、人民之问、时代之问，作出符合中国实际和时代要求的正确回答，得出符合客观规律的科学认识，形成与时俱进的理论成果，更好指导中国实践。

坚持和发展马克思主义，必须同中华优秀传统文化相结合。只有植根本国、本民族历史文化沃土，马克思主义真理之树才能根深叶茂。中华优秀传统文化源远流长、博大精深，是中华文明的智慧结晶，其中蕴含的天下为公、民为邦本、为政以德、革故鼎新、任人唯贤、天人合一、自强不息、厚德载物、讲信修睦、亲仁善邻等，是中国人民在长期生产生活中积累的宇宙观、天下观、社会观、道德观的重要体现，同科学社会主义价值观主张具有高度契合性。我们必须坚定历史自信、文化自信，坚持古为今用、推陈出新，把马克思主义思想精髓同中华优秀传统文化精华贯通起来、同人民群众日用而不觉的共同价值观念融通起来，不断赋予科学理论鲜明的中国特色，不断夯实马克思主义中国化时代化的历史基础和群众基础，让马克思主义在中国牢牢扎根。①

——2022 年 10 月 16 日，习近平同志在中国共产党第二十次全国代表大会上的报告

三、背景、内容和意义

“两个结合”，是中国共产党百年奋斗得出的历史经验总结，也是取得百年辉煌成就的密钥，蕴含着丰富而深刻的思想内涵。中国共产党自成立之日起，既是中国先进文化的积极引领者和践行者，又是中华优秀传统文化的忠实传承者和弘扬者。我们党在推进马克思主义基本原理同中国具体实际相结合的实践中，始终传承发展中华优秀传统文化。党的创新理论成果，既体现了马克思主义基本原理，又包含了中华民族的优秀思想和中国共产党人的实践经验。习近平新时代中国特色社会主义思想是马克思主义基本原理同中国具体实际相结合、同中华优秀传统文化相结合的重大成果，是坚持“两个结合”的光辉典范。

习近平总书记提出的“两个结合”，是对党长期以来传承发展中华优秀传统文化的宝贵经验的科学总结，是对“马克思主义基本原理同中国具体实际相结合”的拓展和深化，是一个重大理论创新。2023 年 6 月 2 日，习近平总书记在文化传承发展座谈会上的重要讲话中指出：“在五千多年中华文明深厚基础上开辟和发展中国特色社会主义，把马克思主义基本原理同中国具体实际、同中华优秀传统文化相结合是必由之路。这是我们在探

① 《习近平著作选读》第一卷，人民出版社 2023 年版，第 14-15 页。

索中国特色社会主义道路中得出的规律性的认识，是我们取得成功的最大法宝。”马克思主义深刻改变了中国，中国也极大丰富了马克思主义。我们党在推进“两个结合”的历史进程中，用马克思主义真理的力量激活了中华民族历经几千年创造的伟大文明，使古老的中华文明再次焕发出蓬勃生机和活力。同时，中华优秀传统文化也使马克思主义获得丰富的文化滋养，使马克思主义具有了鲜明的中国特色、中国风格和中国气派。经由这种“结合”，马克思主义同中华民族辉煌灿烂的文明史更紧密地联结在一起，更深地扎根于中国的土地之上、扎根于亿万中国人民的心中。中华优秀传统文化也在这种“结合”中开启了从传统走向现代的历程，迸发出强大的精神力量，展现出内在魅力和时代风采。在当代中国，发展面向现代化、面向世界、面向未来的，民族的科学的大众的社会主义文化，就是培育和创造新时代中国特色社会主义文化，为中国式现代化凝心聚力、培根铸魂。

10. 归根到底是两个“行”

一、名词解析

归根到底是两个“行”，即归根到底是马克思主义行，是中国化时代化的马克思主义行。由习近平总书记在党的二十大报告首次提出。

二、习近平总书记的相关重要论述

马克思主义是我们立党立国、兴党兴国的根本指导思想。实践告诉我们，中国共产党为什么能，中国特色社会主义为什么好，归根到底是马克思主义行，是中国化时代化的马克思主义行。拥有马克思主义科学理论指导是我们党坚定信仰信念、把握历史主动的根本所在。①

——2022 年 10 月 16 日，习近平同志在中国共产党第二十次全国代表大会上的报告

① 《习近平著作选读》第一卷，人民出版社 2023 年版，第 14 页。

注重总结历史经验是党的优良传统。关于这次全会为什么要以党的百年奋斗重大成就和历史经验为主题，《决议》(《中共中央关于党的百年奋斗重大成就和历史经验的决议》的简称——编者注）概括为“三个需要”，即这是在建党百年历史条件下开启全面建设社会主义现代化国家新征程、在新时代坚持和发展中国特色社会主义的需要；是增强“四个意识”、坚定“四个自信”、做到“两个维护”，确保全党步调一致向前进的需要；是推进党的自我革命、提高全党斗争本领和应对风险挑战能力、永葆党的生机活力、团结带领全国各族人民为实现中华民族伟大复兴的中国梦而继续奋斗的需要。要教育引导全党深刻认识这次全会总结党的百年历史的重大意义，进一步弄清楚中国共产党为什么能、马克思主义为什么行、中国特色社会主义为什么好的历史逻辑、理论逻辑、实践逻辑。[①]

——2021 年 11 月 11 日，习近平同志在中共十九届六中全会第二次全体会议上的讲话

三、背景、内容和意义

党的十八大以来，以习近平同志为核心的党中央团结带领人民采取一系列战略性举措，推进一系列变革性实践，实现一系列突破性进展，取得一系列标志性成果，党和国家事业取得历史性成就、发生历史性变革，推动我国迈上全面建设社会主义现代化国家新征程。“归根到底是马克思主义行，是中国化时代化的马克思主义行”，这两个“行”，揭示了“中国共产党为什么能，中国特色社会主义为什么好”的内在密码。

两个“行”是我们党对马克思主义指导地位作出的富有新意的阐述，是党不断推进马克思主义中国化时代化得出的科学结论，既揭示了坚持科学理论的重大意义，又昭示了坚持理论创新的重大意义，两者相辅相成、相互贯通、缺一不可。第一个“行”，指出了拥有马克思主义科学理论指导是我们党坚定信仰信念、把握历史主动的根本所在。第二个“行”告诉我们，马克思主义要保持蓬勃生机和旺盛生命力，必须因地制宜、常用常新。必须发扬历史主动精神，与时俱进推进理论创新。

① 《习近平著作选读》第二卷，人民出版社 2023 年版，第 548-549 页。

十多年来，我们党以中国化时代化的马克思主义为理论指引和实践遵循，对新时代党和国家事业发展作出科学完整的战略部署，提出一系列治国理政的新理念新思想新战略新举措，并紧紧围绕社会主要矛盾和发展布局推进各项工作，不断丰富和发展人类文明新形态。新时代新征程，我们要深刻把握两个“行”所包含的思想要义和实践要求，深入学习贯彻马克思主义中国化时代化最新成果，为全面建设社会主义现代化国家、全面推进中华民族伟大复兴提供坚强思想保证和巩固理论武装。

11. 马克思主义中国化的三次飞跃

一、名词解析

党的十九届六中全会审议通过的《中共中央关于党的百年奋斗重大成就和历史经验的决议》强调指出：毛泽东思想的创立是马克思主义中国化的第一次历史性飞跃；中国特色社会主义理论体系的形成实现了马克思主义中国化新的飞跃；习近平新时代中国特色社会主义思想的创立实现了马克思主义中国化新的飞跃。至此，马克思主义中国化实现了三次飞跃。

二、习近平总书记的相关重要论述

这次全会决议，对百年奋斗历程中党不断推进马克思主义中国化时代化作了全面总结，强调毛泽东思想是马克思列宁主义在中国的创造性运用和发展，是马克思主义中国化的第一次历史性飞跃；强调在改革开放实践中创立了邓小平理论、形成了“三个代表”重要思想和科学发展观，形成了中国特色社会主义理论体系，实现了马克思主义中国化新的飞跃；强调进入新时代党提出一系列原创性的治国理政新理念新思想新战略，创立了新时代中国特色社会主义思想，实现了马克思主义中国化新的飞跃。全会决议在总结党的百年奋斗历史经验时强调，党之所以能够领导人民在一次次求索、一次次挫折、一次次开拓中完成中国其他各种政治力量不可能完成的艰巨任务，根本在于坚持把马克思主义基本原理同中国具体实际相结合、同中华优秀传统文化相结合，坚持实践是检验真理的唯一标准，坚持一切从实际出发，及时回答时代之问、人民之问，不断推进马克思主义中国化时代化。注重分析研究和总结党在百年奋斗历程中对马克思主义的中国化时代化，是贯穿全会决议的一个重要内容，我们一定要深入学习、全面领会。①

——2022 年 1 月 11 日，习近平同志在省部级主要领导干部学习贯彻党的十九届六中全会精神专题研讨班上的讲话

三、背景、内容和意义

中国共产党自成立以来，始终把为中国人民谋幸福、为中华民族谋复兴作为自己的初心使命，始终坚持共产主义理想和社会主义信念，团结带领全国各族人民为争取民族独立、人民解放和实现国家富强、人民幸福而不懈奋斗。中国共产党的历史就是一部不断推进马克思主义中国化的历史，就是一部不断推进理论创新、进行理论创造的历史。

在新民主主义革命与社会主义革命和建设的过程中，以毛泽东同志为主要代表的中国共产党人，把马克思列宁主义基本原理同中国具体实际相结合，创立了毛泽东思想，取得了革命与建设的一系列重大成就，实现了马克思主义中国化的第一次伟大飞跃。

党的十一届三中全会以来，党带领全国人民迈进了改革开放和社会主义现代化建设新时期。在深入推进社会主义建设的征程上，我们党始终将马克思主义基本原理与中国具体实际进行有机结合，在继承并发展毛泽东思想的基础上，不断解放思想、实事求是、与时俱进、开拓创新，开辟了中国特色社会主义康庄大道，形成了包括邓小平理论、“三个代表”重要思想、科学发展观等重要理论成果的中国特色社会主义理论体系，实现了马克思主义中国化新的飞跃。

党的十八大以来，中国特色社会主义进入新时代。实现第一个百年奋斗目标、开启实现第二个百年奋斗目标新征程、努力实现中华民族伟大复兴中国梦是党和国家面临的主要任务。以习近平同志为主要代表的中国共

① 习近平：《更好把握和运用党的百年奋斗历史经验》，《求是》2022 年第 13 期。

产党人，坚持把马克思主义基本原理同中国具体实际相结合、与中华优秀传统文化相结合，在坚持毛泽东思想、邓小平理论、“三个代表”重要思想、科学发展观的基础上，贯彻党的基本路线方针政策，结合治国理政、管党治党的成功经验，创立了习近平新时代中国特色社会主义思想，实现了马克思主义中国化新的飞跃。

二、奋进全面建设社会主义现代化国家新征程

12. 统筹“两个大局”

一、名词解析

统筹“两个大局”是指胸怀国内国际两个大局，即一个是中华民族伟大复兴战略全局，一个是世界百年未有之大变局，这“两个大局”是我们谋划工作的基本出发点。

二、习近平总书记的相关重要论述

当今世界正经历百年未有之大变局，我国正处于实现中华民族伟大复兴关键时期，我们党正带领人民进行具有许多新的历史特点的伟大斗争，形势环境变化之快、改革发展稳定任务之重、矛盾风险挑战之多、对我们党治国理政考验之大前所未有。我们党作为百年大党，要始终得到人民拥护和支持，书写中华民族千秋伟业，必须始终牢记初心和使命，坚决清除一切弱化党的先进性、损害党的纯洁性的因素，坚决割除一切滋生在党的肌体上的毒瘤，坚决防范一切违背初心和使命、动摇党的根基的危险。①

——2020 年 1 月 8 日，习近平同志在“不忘初心、牢记使命”主题教育总结大会上的讲话

十九大以来的五年，是极不寻常、极不平凡的五年。党中央统筹中华民族伟大复兴战略全局和世界百年未有之大变局，召开七次全会，分别就宪法修改，深化党和国家机构改革，坚持和完善中国特色社会主义制度、推进国家治理体系和治理能力现代化，制定“十四五”规划和二〇三五年远景目标，全面总结党的百年奋斗重大成就和历史经验等重大问题作出决定和决议，就党和国家事业发展作出重大战略部署，团结带领全党全军全国各族人民有效应对严峻复杂的国际形势和接踵而至的巨大风险挑战，以

① 习近平：《在“不忘初心、牢记使命”主题教育总结大会上的讲话》，《人民日报》2020 年 1 月 9 日第 2 版。

奋发有为的精神把新时代中国特色社会主义不断推向前进。[①]

——2022 年 10 月 16 日，习近平同志在中国共产党第二十次全国代表大会上的报告

三、背景、内容和意义

实现中华民族伟大复兴是近代以来无数仁人志士的梦想。近代以来，无数中华儿女为了实现这一梦想进行了不屈不挠的斗争，付出了巨大的努力和牺牲。世界百年未有之大变局，总的来说就是当前国际格局和国际体系正在发生深刻调整，全球治理体系正在发生深刻变革，国际力量对比正在发生近代以来最具革命性的变化。

“两个大局”是重大战略判断，统筹“两个大局”，则是以习近平同志为核心的党中央，在当前国内外风险挑战明显增多的复杂局面面前，主动应对风险挑战、着力破解复杂局面的宏伟战略实践。中华民族伟大复兴战略全局，世界百年未有之大变局，二者的辩证统一体现在“两个大局”是互相促进、互相统一，而不是相互矛盾和排斥的。“两个大局”二者相互交织、相互作用、融合交汇，为我们顺势而为、因势利导，抓住机遇、化解风险，提供了可以大有作为的空间。

把“两个大局”作为谋划工作的基本出发点，是因为“两个大局”是基于对国情世情的深刻认识做出的准确判断。当前，我国仍处于发展的重要战略机遇期，但面临的国际形势日趋错综复杂。我们要清醒认识国际国内各种不利因素的长期性、复杂性，妥善做好应对各种困难局面的准备。最重要的还是做好我们自己的事情。要统筹研究部署，协同推进改革发展稳定各项工作，谋定而后动，厚积而薄发，更加主动办好自己的事情。

中国的发展离不开世界，同样，当今世界也需要中国。中华民族伟大复兴梦想的实现绝对不是在闭关锁国和封闭的环境下能够实现的，这个伟大的梦想、这个战略全局，是在世界百年未有之大变局的大环境下形成和展开的。推进中华民族伟大复兴的战略全局，必须放在世界百年未有之大变局的背景下来运筹规划，运用好世界大变局给中国发展提供的重要战略

① 《习近平著作选读》第一卷，人民出版社 2023 年版，第 2 页。

机遇期，整体推进中华民族伟大复兴的战略全局。

13. 推进“两个布局”

一、名词解析

“两个布局”分别是指“五位一体”总体布局和“四个全面”战略布局，这是新时代中国特色社会主义事业的基本布局。当前，“五位一体”总体布局是指经济建设、政治建设、文化建设、社会建设、生态文明建设，“四个全面”战略布局是指全面建设社会主义现代化国家、全面深化改革、全面依法治国、全面从严治党。

二、习近平总书记的相关重要论述

新的征程上，我们必须坚持党的基本理论、基本路线、基本方略，统筹推进“五位一体”总体布局、协调推进“四个全面”战略布局，全面深化改革开放，立足新发展阶段，完整、准确、全面贯彻新发展理念，构建新发展格局，推动高质量发展，推进科技自立自强，保证人民当家作主，坚持依法治国，坚持社会主义核心价值体系，坚持在发展中保障和改善民生，坚持人与自然和谐共生，协同推进人民富裕、国家强盛、中国美丽。[①]

——2021 年 7 月 1 日，习近平同志在庆祝中国共产党成立一百周年大会上的讲话

我们对新时代党和国家事业发展作出科学完整的战略部署，提出实现中华民族伟大复兴的中国梦，以中国式现代化推进中华民族伟大复兴，统揽伟大斗争、伟大工程、伟大事业、伟大梦想，明确“五位一体”总体布局和“四个全面”战略布局，确定稳中求进工作总基调，统筹发展和安全，明确我国社会主要矛盾是人民日益增长的美好生活需要和不平衡不充分的发展之间的矛盾，并紧紧围绕这个社会主要矛盾推进各项工作，不断丰富

① 《习近平著作选读》第二卷，人民出版社 2023 年版，第 484 页。

和发展人类文明新形态。①

——2022年10月16日，习近平同志在中国共产党第二十次全国代表大会上的报告

三、背景、内容和意义

党的十八大以来，我们党形成并积极推进经济建设、政治建设、文化建设、社会建设、生态文明建设五位一体的总体布局，形成并积极推进全面建成小康社会（在完成全面建成小康社会奋斗目标后，变为全面建设社会主义现代化国家奋斗目标）、全面深化改革、全面依法治国、全面从严治党的战略布局，在此基础上，进一步强调要统筹推进“五位一体”总体布局和协调推进“四个全面”战略布局。

“五位一体”和“四个全面”两大“布局”统筹联动、协同推进，是党中央适应我国发展新要求，站在时代前沿作出的战略运筹。我们要从实现“两个一百年”奋斗目标、实现中华民族伟大复兴的战略高度，从党中央治国理政的宏大视角，科学认识和把握这两大“布局”的内在联系，协调贯彻好“五位一体”总体布局和“四个全面”战略布局。“五位一体”总体布局和“四个全面”战略布局，不是相互割裂、相互孤立的，而是相互联系、相互支撑的有机整体，统一于坚持和发展中国特色社会主义的宏伟蓝图，统一于国家由大向强发展关键阶段的历史进程，统一于党中央治国理政的战略设计。

改革开放以来，中国各方面体制机制的转变发生了深刻改变，发展方式和发展理念发生了深刻变革，发展质量和效益发生了根本性转变。在新时代协同推进“两个布局”的过程中必须紧扣社会主要矛盾变化的主题，充分发挥我国社会主义制度的优越性。“四个全面”战略布局，作为党中央治国理政的新战略，需要通过经济建设、政治建设、文化建设、社会建设、生态文明建设这“五位一体”来贯彻体现；作为当前党和国家事业发展中必须解决好的主要矛盾，也都需要在统筹推进“五位一体”的实践中来突破。

① 《习近平著作选读》第一卷，人民出版社2023年版，第6页。

14. 一个中心任务

一、名词解析

2022年10月16日，习近平总书记在中国共产党第二十次全国代表大会上作报告时指出，从现在起，中国共产党的中心任务就是团结带领全国各族人民全面建成社会主义现代化强国、实现第二个百年奋斗目标，以中国式现代化全面推进中华民族伟大复兴，这也是新时代新征程中国共产党的使命任务。

二、习近平总书记的相关重要论述

从现在起，中国共产党的中心任务就是团结带领全国各族人民全面建成社会主义现代化强国、实现第二个百年奋斗目标，以中国式现代化全面推进中华民族伟大复兴。[①]

——2022年10月16日，习近平同志在中国共产党第二十次全国代表大会上的报告

党的二十大明确，从现在起，中国共产党的中心任务就是团结带领全国各族人民全面建成社会主义现代化强国、实现第二个百年奋斗目标，以中国式现代化全面推进中华民族伟大复兴。在新中国成立特别是改革开放以来长期探索和实践基础上，经过党的十八大以来在理论和实践上的创新突破，我们党成功推进和拓展了中国式现代化。中国式现代化，是中国共产党领导的社会主义现代化，既有各国现代化的共同特征，更有基于自己国情的中国特色。党的二十大对中国式现代化的本质要求作出科学概括。这个概括是党深刻总结我国和世界其他国家现代化建设的历史经验，对我国这样一个东方大国如何加快实现现代化在认识上不断深入、战略上不断完善、实践上不断丰富而形成的思想理论结晶，我们要深刻领会、系统把

① 《习近平著作选读》第一卷，人民出版社2023年版，第18页。

握，特别是要把这个本质要求落实到各项工作之中。全党要坚持党的基本理论、基本路线、基本方略不动摇，坚定道路自信、理论自信、制度自信、文化自信，坚持独立自主、自力更生，坚持道不变、志不改，既不走封闭僵化的老路，也不走改旗易帜的邪路，坚定不移走好自己的路，心无旁骛做好自己的事，坚持把国家和民族发展放在自己力量的基点上，坚持把中国发展进步的命运牢牢掌握在自己手中。要拓展世界眼光，坚持对外开放，积极学习借鉴世界各国现代化的成功经验，在交流互鉴中不断拓展中国式现代化的广度和深度。[①]

——2022 年 10 月 23 日，习近平同志在党的二十届一中全会上的讲话

三、背景、内容和意义

发展是党执政兴国的第一要务。为中国人民谋幸福、为中华民族谋复兴必须谋发展，没有发展，一切都无从谈起。只有推动经济持续健康发展，才能筑牢国家繁荣富强、人民幸福安康、社会和谐稳定的物质基础。新时代新征程，习近平总书记始终坚持把实现人民对美好生活的向往作为奋斗目标，持之以恒推动实现中华民族复兴伟大梦想，宣示了新时代中国共产党人的初心使命，彰显了我们党一心一意谋发展、聚精会神搞建设的坚定决心。

党的二十大对中国共产党的中心任务作出了新的部署，体现了党对新时代我国主要矛盾发生变化后工作方向的战略调整。这一变化具有决定性的、极其深远的意义。从内涵上看，中国共产党的“中心任务”的发展方向是“全面建成社会主义现代化强国”，出发点和落脚点是“团结带领全国各族人民”，奋斗路径是“中国式现代化”，最终目标是“全面推进中华民族伟大复兴”。

今天，我们比历史上任何时期都更接近、更有信心和能力实现中华民族伟大复兴的目标。明确党在新时代新征程中心任务的最终目标，踔厉奋发，自强不息，勇毅前行，定能实现伟大的中国梦。新时代新征程上，我们务必不忘初心、牢记使命，务必谦虚谨慎、艰苦奋斗，务必敢于斗争、善于斗争，为全面推进中华民族伟大复兴而团结奋斗。

① 习近平：《为实现党的二十大确定的目标任务而团结奋斗》，《求是》2023 年第 1 期。

15. 发扬“斗争精神”

一、名词解析

斗争精神是中国共产党在革命、建设和改革实践中不断铸就与涵养的宝贵精神品质，敢于斗争、善于斗争是我们党不断赢得胜利的重要法宝。“坚持敢于斗争”是总结党的百年奋斗实践得出的重要历史经验。

二、习近平总书记的相关重要论述

面对新形势新挑战，要发扬斗争精神，既要敢于斗争，又要善于斗争，在事关中国特色社会主义前途命运的大是大非问题上坚定不移，在改革发展稳定工作中敢于碰硬，在全面从严治党上敢于动硬，在维护国家核心利益上敢于针锋相对，不在困难面前低头，不在挑战面前退缩，不拿原则做交易，不在任何压力下吞下损害中华民族根本利益的苦果。①

——2016 年 12 月 26 日，习近平同志主持中共十八届中央政治局民主生活会时讲话的要点

斗争精神、斗争本领，不是与生俱来的。领导干部要经受严格的思想淬炼、政治历练、实践锻炼，在复杂严峻的斗争中经风雨、见世面、壮筋骨，真正锻造成为烈火真金。要学懂弄通做实党的创新理论，掌握马克思主义立场观点方法，夯实敢于斗争、善于斗争的思想根基，理论上清醒，政治上才能坚定，斗争起来才有底气、才有力量。要坚持在重大斗争中磨砺，越是困难大、矛盾多的地方，越是形势严峻、情况复杂的时候，越能练胆魄、磨意志、长才干。领导干部要主动投身到各种斗争中去，在大是大非面前敢于亮剑，在矛盾冲突面前敢于迎难而上，在危机困难面前敢于挺身而出，在歪风邪气面前敢于坚决斗争。②

——2019 年 9 月 3 日，习近平同志在二〇一九年秋季学期中共中央党校（国家行政学院）中青年干部培训班开班式上讲话的要点

① 《习近平著作选读》第一卷，人民出版社 2023 年版，第 551 页。
② 《习近平著作选读》第二卷，人民出版社 2023 年版，第 259 页。

三、背景、内容和意义

党的十八大报告提出，坚持和发展中国特色社会主义是一项长期而艰巨的历史任务，必须准备进行具有许多新的历史特点的伟大斗争。党的十九大报告提出，实现伟大梦想，必须进行伟大斗争。我们党要团结带领人民有效应对重大挑战、抵御重大风险、克服重大阻力、解决重大矛盾，必须进行具有许多新的历史特点的伟大斗争。2019 年 1 月 21 日，习近平总书记在省部级主要领导干部坚持底线思维着力防范化解重大风险专题研讨班上强调指出，各级领导班子和领导干部要加强斗争历练，增强斗争本领，永葆斗争精神，以“踏平坎坷成大道，斗罢艰险又出发”的顽强意志，应对好每一场重大风险挑战，切实把改革发展稳定各项工作做实做好。在党的二十大上，习近平总书记又专门强调，坚持发扬斗争精神，增强全党全国各族人民的志气、骨气、底气，不信邪、不怕鬼、不怕压，知难而进、迎难而上，统筹发展和安全，全力战胜前进道路上各种困难和挑战，依靠顽强斗争打开事业发展新天地。

之所以要反复强调斗争精神，是因为中华民族伟大复兴，绝不是轻轻松松、敲锣打鼓就能实现的，实现伟大梦想必须进行伟大斗争。在前进道路上我们面临的风险考验只会越来越复杂，甚至会遇到难以想象的惊涛骇浪。在新时代的新长征路上，还有许多“雪山”“草地”需要跨越，还有许多“娄山关”“腊子口”需要征服，一切贪图安逸、不愿继续艰苦奋斗的想法都是要不得的，一切骄傲自满、不愿继续开拓前进的想法都是要不得的，全党必须勇于进行具有许多新的历史特点的伟大斗争。

“大事难事看担当，逆境顺境看襟度。”斗争精神、斗争本领，不是与生俱来的。领导干部要经受严格的思想淬炼、政治历练、实践锻炼，在复杂严峻的斗争中经风雨、见世面、壮筋骨，真正锻造成为烈火真金。新形势下，我国面临复杂多变的发展和安全环境，广大党员干部要以强烈的政治责任感和历史使命感，安不忘危、存不忘亡、乐不忘忧，时刻保持警醒，不断振奋精神，保持只争朝夕、奋发有为的奋斗姿态和越是艰险越向前的斗争精神，努力创造经得起实践、人民、历史检验的实绩。

16. 国家治理体系和治理能力现代化

一、名词解析

国家治理体系和治理能力是一个国家制度和制度执行能力的集中体现。国家治理体系是在党领导下管理国家的制度体系，包括经济、政治、文化、社会、生态文明和党的建设等各领域体制机制、法律法规安排，也就是一整套紧密相连、相互协调的国家制度；国家治理能力则是运用国家制度管理社会各方面事务的能力，包括改革发展稳定、内政外交国防、治党治国治军等各个方面。国家治理体系和治理能力是一个有机整体，相辅相成，有了好的国家治理体系才能提高治理能力，提高国家治理能力才能充分发挥国家治理体系的效能。

二、习近平总书记的相关重要论述

推进国家治理体系和治理能力现代化，就是要适应时代变化，既改革不适应实践发展要求的体制机制、法律法规，又不断构建新的体制机制、法律法规，使各方面制度更加科学、更加完善，实现党、国家、社会各项事务治理制度化、规范化、程序化。要更加注重治理能力建设，增强按制度办事、依法办事意识，善于运用制度和法律治理国家，把各方面制度优势转化为管理国家的效能，提高党科学执政、民主执政、依法执政水平。①

——2013 年 11 月 12 日，习近平同志在中共十八届三中全会第二次全体会议上的讲话

一个国家选择什么样的国家制度和国家治理体系，是由这个国家的历史文化、社会性质、经济发展水平决定的。中国特色社会主义制度和国家治理体系不是从天上掉下来的，而是在中国的社会土壤中生长起来的，是经过革命、建设、改革长期实践形成的，是马克思主义基本原理同中国具

① 《习近平著作选读》第一卷，人民出版社 2023 年版，第 180 页。

体实际相结合的产物，是理论创新、实践创新、制度创新相统一的成果，凝结着党和人民的智慧，具有深刻的历史逻辑、理论逻辑、实践逻辑。①

——2019 年 10 月 31 日，习近平同志在中共十九届四中全会第二次全体会议上的讲话

三、背景、内容和意义

坚持和完善中国特色社会主义制度、推进国家治理体系和治理能力现代化，是关系党和国家事业兴旺发达、国家长治久安、人民幸福安康的重大问题。制度优势是一个国家的最大优势，制度竞争是国家间最根本的竞争。制度稳则国家稳。新中国成立 70 多年来，中华民族之所以能迎来从站起来、富起来到强起来的伟大飞跃，最根本的是因为党领导人民建立和完善了中国特色社会主义制度，形成和发展了党的领导和经济、政治、文化、社会、生态文明、军事、外事等各方面制度，不断加强和完善国家治理。

一个国家选择什么样的制度和治理体系，是由这个国家的历史传承、文化传统、经济社会发展水平决定的，是由这个国家的人民决定的。中国特色社会主义制度正是中国共产党和中国人民在长期实践探索中形成的科学制度体系。新中国成立 70 多年来，中国共产党领导中国人民，创造了世所罕见的经济快速发展奇迹和社会长期稳定奇迹，这是我们坚定中国特色社会主义道路自信、理论自信、制度自信、文化自信的基本依据。

随着中国特色社会主义进入新时代，我国发展处于新的历史方位，我国社会主要矛盾已经转化为人民日益增长的美好生活需要和不平衡不充分的发展之间的矛盾，我国国家治理面临许多新任务新要求，必然要求中国特色社会主义制度和国家治理体系更加完善、不断发展。制度更加成熟更加定型是一个动态过程，治理能力现代化也是一个动态过程，不可能一蹴而就，也不可能一劳永逸。我们提出的国家制度和国家治理体系建设的目标必须随着实践发展而与时俱进，既不能过于理想化、急于求成，也不能盲目自满、故步自封。

坚持和完善中国特色社会主义制度、推进国家治理体系和治理能力现

① 《习近平著作选读》第二卷，人民出版社 2023 年版，第 277 页。

代化，是全党的一项重大战略任务。党的二十大提出，我国在国家治理上的发展目标是，到二〇三五年，我国基本实现国家治理体系和治理能力现代化，全过程人民民主制度更加健全，基本建成法治国家、法治政府、法治社会。我们相信，到新中国成立100年时，我们会全面实现国家治理体系和治理能力现代化，使中国特色社会主义制度更加巩固、优越性充分展现，中国国际地位和影响进一步提高，在全球治理中将发挥更大作用。

17. 提高“七大思维”

一、名词解析

提高“七大思维”能力是指不断提高战略思维、历史思维、辩证思维、系统思维、创新思维、法治思维、底线思维能力。这“七大思维”能力不仅是新时代广大领导干部需要掌握的领导思维本领，更是从中国道路、中国实践中升华凝练而成的具有时代前瞻性、理论原创性与实践引领性的中国化时代化马克思主义的方法论。

二、习近平总书记的相关重要论述

领导干部要加强理论修养，深入学习马克思主义基本理论，学懂弄通做实新时代中国特色社会主义思想，掌握贯穿其中的辩证唯物主义的世界观和方法论，提高战略思维、历史思维、辩证思维、创新思维、法治思维、底线思维能力，善于从纷繁复杂的矛盾中把握规律，不断积累经验、增长才干。要完善风险防控机制，建立健全风险研判机制、决策风险评估机制、风险防控协同机制、风险防控责任机制，主动加强协调配合，坚持一级抓一级、层层抓落实。①

——2019年1月21日，习近平同志在省部级主要领导干部坚持底线思维着力防范化解重大风险专题研讨班上讲话的要点

① 《习近平著作选读》第二卷，人民出版社2023年版，第248页。

万事万物是相互联系、相互依存的。只有用普遍联系的、全面系统的、发展变化的观点观察事物，才能把握事物发展规律。我国是一个发展中大国，仍处于社会主义初级阶段，正在经历广泛而深刻的社会变革，推进改革发展、调整利益关系往往牵一发而动全身。我们要善于通过历史看现实、透过现象看本质，把握好全局和局部、当前和长远、宏观和微观、主要矛盾和次要矛盾、特殊和一般的关系，不断提高战略思维、历史思维、辩证思维、系统思维、创新思维、法治思维、底线思维能力，为前瞻性思考、全局性谋划、整体性推进党和国家各项事业提供科学思想方法。①

——2022 年 10 月 16 日，习近平同志在中国共产党第二十次全国代表大会上的报告

三、背景、内容和意义

随着中国特色社会主义进入新时代，习近平总书记从全面提高执政本领尤其是政治领导本领的高度，向全党提出了提高战略思维、历史思维、辩证思维、系统思维、创新思维、法治思维、底线思维七大思维能力的重大战略要求。

1. 提高战略思维能力。战略思维能力是高瞻远瞩、统揽全局，善于把握事物发展总体趋势和方向的能力。提高战略思维能力必须有大局意识、前瞻意识、战略管控意识，增强战略定力，把握好当前和长远的关系，有效进行全局谋划和长远谋划。

2. 提高历史思维能力。历史思维能力是以史为鉴、知古鉴今，善于运用历史眼光认识发展规律、把握前进方向、指导现实工作的能力。提高历史思维能力必须尊重历史，掌握历史唯物主义的基本原理，善于通过历史看现实，贯通过去、现在和未来，坚决反对历史虚无主义。

3. 提高辩证思维能力。辩证思维是以矛盾为基础，从普遍联系、变化发展和对立统一的视角观察、分析和解决问题的思维。辩证思维能力就是承认矛盾、分析矛盾、解决矛盾，善于抓住关键、找准重点、洞察事物发展规律的能力。提高辩证思维能力必须把握好主要矛盾和次要矛盾、特殊

① 《习近平著作选读》第一卷，人民出版社 2023 年版，第 17 页。

和一般的关系，善于透过现象看本质。

4. 提高系统思维能力。系统思维能力是既统揽全局、统筹规划，又善于在重点突破中推动事物协调发展的能力。提高系统思维能力必须把握好全局和局部、宏观和微观的关系，注重事物整体协同。

5. 提高创新思维能力。创新思维能力就是破除迷信、超越陈规，善于因时制宜、知难而进、开拓创新的能力。提高创新思维能力必须具有开拓进取、勇于担当的意识，注重进行思想理论武装，正确处理继承与创新的关系。

6. 提高法治思维能力。法治思维是以法治作为判断是非和处理事务标准的思维。法治思维能力是运用法治思维和法治方式深化改革、推动发展、化解矛盾、维护稳定的能力。提高法治思维能力必须具有尊法学法守法用法的意识，善于运用法治方式治国理政，保障整个经济社会系统在法治轨道上良性运行。

7. 提高底线思维能力。底线思维能力是判断可能出现的最坏结果，未雨绸缪做好准备，以便从容应对的能力。提高底线思维能力必须居安思危，做最坏的打算，朝最好的方向努力，防范和化解风险，保障整个经济社会系统平稳运行。

从关系上看，七大思维中，坚持系统思维是基础、坚持战略思维是统领、坚持历史思维是前提、坚持辩证思维是根本、坚持创新思维是关键、坚持法治思维是尺度、坚持底线思维是保障。它们相互呼应、相互关联，统一于坚持和发展中国特色社会主义、建设社会主义现代化强国、建设长期执政的马克思主义政党和实现中华民族伟大复兴的历史实践之中。

18. 提高“七种能力”

一、名词解析

习近平总书记在2020年秋季学期中央党校（国家行政学院）中青年干部培训班开班式上发表重要讲话，要求干部特别是年轻干部要提高“七种能力”，即政治能力、调查研究能力、科学决策能力、改革攻坚能力、应急处突能力、群众工作能力、抓落实能力。

二、习近平总书记的相关重要论述

在领导干部的所有能力中，政治能力是第一位的。大家都担任领导职务，负责一方面工作，必须做到观察分析形势要把握政治因素，筹划推动工作要落实政治要求，处理解决问题要防范政治风险。要自觉尊崇党章、模范践行党章、忠诚捍卫党章，严格执行新形势下党内政治生活若干准则，坚决杜绝“七个有之”，做到“五个必须”，严格执行民主集中制，在守纪律、讲规矩上作表率，自觉做政治上的明白人、老实人，绝不做两面派、两面人。①

——2018年1月5日，习近平同志在新进中央委员会的委员、候补委员和省部级主要领导干部学习贯彻习近平新时代中国特色社会主义思想和党的十九大精神研讨班上的讲话

历史总是在不断解决问题中前进的。我们党领导人民干革命、搞建设、抓改革，都是为了解决我国的实际问题。提高解决实际问题能力是应对当前复杂形势、完成艰巨任务的迫切需要，也是年轻干部成长的必然要求。面对复杂形势和艰巨任务，我们要在危机中育先机、于变局中开新局，干部特别是年轻干部要提高政治能力、调查研究能力、科学决策能力、改革攻坚能力、应急处突能力、群众工作能力、抓落实能力，勇于直面问题，想干事、能干事、干成事，不断解决问题、破解难题。②

——2020年10月10日，习近平同志在二〇二〇年秋季学期中央党校（国家行政学院）中青年干部培训班开班式上发表重要讲话强调

三、背景、内容和意义

新时代意味着新使命，意味着新要求。在全面实现中华民族伟大复兴新征程上，需要迫切提高我们党的执政能力和领导水平，特别是要提高“七

① 《习近平著作选读》第二卷，人民出版社2023年版，第108页。

② 《习近平在中央党校（国家行政学院）中青年干部培训班开班式上发表重要讲话强调年轻干部要提高解决实际问题能力想干事能干事干成事》，《人民日报》2020年10月11日第1版。

种能力”。

一要提高政治能力。在干部干好工作所需的各种能力中，政治能力是第一位的。有了过硬的政治能力，才能做到自觉在思想上政治上行动上同党中央保持高度一致，在任何时候任何情况下都能“不畏浮云遮望眼”“乱云飞渡仍从容”。提高政治能力，首先要把握正确政治方向，坚持中国共产党领导和我国社会主义制度。在这个问题上，决不能有任何迷糊和动摇。要不断提高政治敏锐性和政治鉴别力，观察分析形势首先要把握政治因素，特别是要能够透过现象看本质，做到眼睛亮、见事早、行动快。提高政治能力必须对党的政治纪律和政治规矩怀有敬畏之心。要自觉加强政治历练，增强政治自制力，始终做政治上的“明白人”“老实人”。要注重提高马克思主义理论水平，学深悟透，融会贯通，掌握辩证唯物主义和历史唯物主义，掌握贯穿其中的马克思主义立场观点方法，掌握中国化的马克思主义，做马克思主义的坚定信仰者、忠实实践者。

二要提高调查研究能力。调查研究是做好工作的基本功。一定要学会调查研究，在调查研究中提高工作本领。调查研究要经常化。要坚持到群众中去、到实践中去，倾听基层干部群众所想所急所盼，了解和掌握真实情况，不能走马观花、蜻蜓点水，一得自矜、以偏概全。对调研得来的大量材料和情况，要认真研究分析，由此及彼、由表及里。对经过充分研究、比较成熟的调研成果，要及时上升为决策部署，转化为具体措施；对尚未研究透彻的调研成果，要更深入地听取意见，完善后再付诸实施；对已经形成举措、落实落地的调研成果，要及时跟踪评估，视情况调整优化。

三要提高科学决策能力。做到科学决策，首先要有战略眼光，看得远、想得深。领导干部想问题、作决策，一定要对国之大者心中有数，多打大算盘、算大账，少打小算盘、算小账，善于把地区和部门的工作融入党和国家事业大棋局，做到既为一域争光、更为全局添彩。要深入研究、综合分析，看事情是否值得做、是否符合实际等，全面权衡，科学决断。作决策一定要开展可行性研究，多方听取意见，综合评判，科学取舍，使决策符合实际情况。

四要提高改革攻坚能力。面向未来，我们要全面推进党和国家各项工作，尤其是贯彻新发展理念、构建新发展格局、推动高质量发展，继续走在时代前列，仍然要以全面深化改革添动力、求突破。改革必须有勇气和决心，保持越是艰险越向前的刚健勇毅。要把干事热情和科学精神结合起来，使出台的各项改革举措符合客观规律、符合工作需要、符合群众利益。改革攻坚要有正确方法，坚持创新思维，跟着问题走、奔着问题去，准确识变、科学应变、主动求变，在把握规律的基础上实现变革创新。要尊重群众首创精神，把加强顶层设计和坚持问计于民统一起来，从生动鲜活的基层实践中汲取智慧。要注重增强系统性、整体性、协同性，使各项改革举措相互配合、相互促进、相得益彰。

五要提高应急处突能力。预判风险是防范风险的前提，把握风险走向是谋求战略主动的关键。要增强风险意识，下好先手棋、打好主动仗，做好随时应对各种风险挑战的准备。要努力成为所在工作领域的行家里手，不断提高应急处突的见识和胆识，对可能发生的各种风险挑战，要做到心中有数、分类施策、精准拆弹，有效掌控局势、化解危机。要紧密结合应对风险实践，查找工作和体制机制上的漏洞，及时予以完善。

六要提高群众工作能力。要坚持从群众中来、到群众中去，真正成为群众的贴心人。要心中有群众，时刻把群众安危冷暖放在心上，认真落实党中央各项惠民政策，把小事当作大事来办，切实解决群众“急难愁盼”的问题。要落实党中央关于逐步实现全体人民共同富裕的要求，带领群众艰苦奋斗、勤劳致富，在收入、就业、教育、社保、医保、卫生、住房等方面不断取得实实在在的成果。要注意宣传群众、教育群众，用群众喜闻乐见、易于接受的方法开展工作，提高群众思想觉悟，让他们心热起来、行动起来。要自觉运用法治思维和法治方式深化改革、推动发展、化解矛盾，维护社会公平正义。

七要提高抓落实能力。干事业不能做样子，必须脚踏实地，抓工作落实要以上率下、真抓实干。特别是主要领导干部，既要带领大家一起定好盘子、理清路子、开对方子，又要做到重要任务亲自部署、关键环节亲自把关、落实情况亲自督查，不能高高在上、凌空蹈虚，不能只挂帅不出征。干事业就要有钉钉子精神，抓铁有痕、踏石留印，稳扎稳打向前走，过了一山再登一峰，跨过一沟再越一壑，不断通过化解难题开创工作新局面。

19. 增强“八种本领”

一、名词解析

党的十九大报告提出，全党需要全面增强八个方面执政本领，即学习本领、政治领导本领、改革创新本领、科学发展本领、依法执政本领、群众工作本领、狠抓落实本领、驾驭风险本领。

二、习近平总书记的相关重要论述

领导十三亿多人的社会主义大国，我们党既要政治过硬，也要本领高强。要增强学习本领，在全党营造善于学习、勇于实践的浓厚氛围，建设马克思主义学习型政党，推动建设学习大国。增强政治领导本领，坚持战略思维、创新思维、辩证思维、法治思维、底线思维，科学制定和坚决执行党的路线方针政策，把党总揽全局、协调各方落到实处。增强改革创新本领，保持锐意进取的精神风貌，善于结合实际创造性推动工作，善于运用互联网技术和信息化手段开展工作。增强科学发展本领，善于贯彻新发展理念，不断开创发展新局面。增强依法执政本领，加快形成覆盖党的领导和党的建设各方面的党内法规制度体系，加强和改善对国家政权机关的领导。增强群众工作本领，创新群众工作体制机制和方式方法，推动工会、共青团、妇联等群团组织增强政治性、先进性、群众性，发挥联系群众的桥梁纽带作用，组织动员广大人民群众坚定不移跟党走。增强狠抓落实本领，坚持说实话、谋实事、出实招、求实效，把雷厉风行和久久为功有机结合起来，勇于攻坚克难，以钉钉子精神做实做细做好各项工作。增强驾驭风险本领，健全各方面风险防控机制，善于处理各种复杂矛盾，勇于战胜前进道路上的各种艰难险阻，牢牢把握工作主动权。[①]

——2017年10月18日，习近平同志在中国共产党第十九次全国代表大会上的报告

俗话说，软肩膀挑不起硬担子。无论是干事创业还是攻坚克难，不仅需要宽肩膀，也需要铁肩膀；不仅需要政治过硬，也需要本领高强。党和国家事业越发展，对领导干部的能力要求必然越高，所以党的十九大对领导干部提出了全面增强执政本领的要求。

大家作为中央委员会的成员和省部级主要领导干部，要自觉对照这个要求，补强本领上短板、能力上不足。能力不是一劳永逸、一蹴而就的，必须持续升级、不断扩容。我们要增强学习新知识、掌握新本领的自觉性和紧迫感，重新学习，不断掌握新知识、熟悉新领域、开拓新视野，全面提高领导能力和执政水平，否则就无法适应世界的变化，无法应对形势和任务发展带来的新挑战。

绳短不能汲深井，浅水难以负大舟。对领导干部来说，把握全局、谋划发展的战略能力是十分重要的。在党的七大上，毛泽东同志说了这样一段话："坐在指挥台上，如果什么也看不见，就不能叫领导。坐在指挥台上，只看见地平线上已经出现的大量的普遍的东西，那是平平常常的，也不能算领导。只有当着还没有出现大量的明显的东西的时候，当桅杆顶刚刚露出的时候，就能看出这是要发展成为大量的普遍的东西，并能掌握住它，这才叫领导。"形成和提升这方面的能力，就要全面掌握辩证唯物主义和历史唯物主义的世界观和方法论。这是领导干部练就过硬本领的法宝，每个领导干部都要好好学习，全面掌握，提升能力。[②]

——2018年1月5日，习近平同志在新进中央委员会的委员、候补委员和省部级主要领导干部学习贯彻习近平新时代中国特色社会主义思想和党的十九大精神研讨班上的讲话

三、背景、内容和意义

习近平总书记在党的十九大报告中，明确提出了当前领导干部需要全

① 《习近平著作选读》第二卷，人民出版社2023年版，第56页。
② 《习近平著作选读》第二卷，人民出版社2023年版，第109-110页。

面增强的“八种本领”，即学习本领、政治领导本领、改革创新本领、科学发展本领、依法执政本领、群众工作本领、狠抓落实本领、驾驭风险本领。这“八种本领”构成了一个科学的体系，具有清晰的逻辑关系和丰富的内涵。

一要增强学习本领。世情、国情、党情总是在不断发展变化，新情况新问题每时每刻都在出现，各种困难、风险、挑战层出不穷。面对日益复杂的形势和问题，唯有努力增强学习本领，才能避免“本领恐慌”。增强本领的途径就是学习和实践。增强学习本领的核心是学习贯彻习近平新时代中国特色社会主义思想。在当前历史条件下，学习本领的主要内容包括掌握科学的学习方法和学习科学的理论知识，并善于通过自己的思考提高认识、增长智慧、指导实践、推动工作，做到以学习促进实际工作水平和解决问题能力的提高，在学习的过程中增强“八种本领”。

二要增强政治领导本领。旗帜鲜明讲政治是我们党作为马克思主义政党的根本要求，政治过硬是领导干部安身立命之本。全党同志特别是高级干部要加强党性锻炼，不断提高政治觉悟和政治能力，把对党忠诚、为党分忧、为党尽职、为民造福作为根本政治担当，永葆共产党人政治本色。要提升政治领导水平，领导干部要善于把方向、谋大局，把党的路线、方针、政策贯彻到谋划工作、制定决策和解决问题之中，加强党的建设，在各个方面确保党统揽全局的领导地位不动摇。

三要增强改革创新本领。增强改革创新本领，重点是保持锐意进取的精神风貌，既结合实际又创造性地推动工作。世界形势正在深刻变化，科学技术飞速发展，互联网、大数据、人工智能等，给我们提出了许多新的课题和挑战。创新是引领发展的第一动力，实现治理体系和治理能力现代化，就必须增强改革创新本领，克服消极懈怠、故步自封的思想，保持锐意进取的精神风貌，把党建设成为始终走在时代前列、人民衷心拥护、勇于自我革命、经得起各种风浪考验、朝气蓬勃的马克思主义执政党。

四要增强科学发展本领。增强科学发展本领，关键在于贯彻新发展理念，推动高质量发展，不断开创科学发展新局面，保持我国经济社会健康可持续发展是解决一切问题的基础和关键，发展必须是科学发展。因此，我们必须坚定不移贯彻创新、协调、绿色、开放、共享的新发展理念，增强科学发展本领，着力解决好发展不平衡不充分问题，大力提升发展质量和效益，不断开创发展新局面，更好满足人民在经济、政治、文化、社会、生态等方面日益增长的需要，更好推动人的全面发展、社会全面进步。

五要增强依法执政本领。全面依法治国是国家治理的一场深刻革命，必须坚持依法治国、依法执政、依法行政共同推进，坚持法治国家、法治政府、法治社会一体建设，坚持依法治国和以德治国相结合，依法治国和依规治党有机统一。这就要求党员干部不断增强依法执政本领，加快形成覆盖党的领导和党的建设各方面的党内法规制度体系，加强和改善对国家政权机关的领导。提高领导干部运用法治思维和法治方式深化改革、推动发展、化解矛盾、维护稳定能力。健全依法决策机制，构建决策科学、执行坚决、监督有力的权力运行机制。

六要增强群众工作本领。增强群众工作本领，要求领导干部在新形势下坚持党的群众路线，坚持以人民为中心，必须坚持立党为公、执政为民，践行全心全意为人民服务的根本宗旨，把党的群众路线贯彻到治国理政全部活动之中，把人民对美好生活的向往作为奋斗目标，依靠人民创造历史伟业。坚持把人民群众的小事当作自己的大事，从人民群众关心的事情做起，从让人民群众满意的事情做起，带领人民不断创造美好生活。

七要增强狠抓落实本领。抓落实，是我们党执政能力的重要展现，也是对各级领导干部工作能力的重要检验。“一分部署，九分落实。”为此，必须坚持说实话、谋实事、出实招、求实效，把雷厉风行和久久为功有机结合起来，勇于攻坚克难，以钉钉子精神做实做细做好各项工作。领导干部在抓落实过程中，必须具有知难而进、锲而不舍的奋斗精神，多干打基础、利长远的事，做出经得起实践、人民、历史检验的实绩。

八要增强驾驭风险本领。驾驭风险本领的关键在于完善风险防控的机制和提高处理复杂矛盾的能力。我们党要团结带领人民有效应对重大挑战、抵御重大风险、克服重大阻力、解决重大矛盾，必须进行具有许多新的历史特点的伟大斗争。这就要求我们增强驾驭风险本领，不断提高攻坚克难、化解矛盾、驾驭复杂局面的能力，健全各方面风险防控机制，善于处理各种复杂矛盾，勇于战胜前进道路上的各种艰难险阻，牢牢把握工作主动权，更好地把中国特色社会主义事业推向前进。

20. 世所罕见的“两大奇迹”

一、名词解析

新中国成立70多年来，我们党领导人民创造了世所罕见的两大奇迹：一是经济快速发展奇迹，二是社会长期稳定奇迹。

二、习近平总书记的相关重要论述

新中国成立七十年来，我们党领导人民创造了世所罕见的两大奇迹。一是经济快速发展奇迹。我国大踏步赶上时代，用几十年时间走完了发达国家几百年走过的工业化进程，跃升为世界第二大经济体，综合国力、科技实力、国防实力、文化影响力、国际影响力显著提升，人民生活显著改善，中华民族以崭新姿态屹立于世界的东方。二是社会长期稳定奇迹。我国长期保持社会和谐稳定、人民安居乐业，成为国际社会公认的最有安全感的国家之一。可以说，在人类文明发展史上，除了中国特色社会主义制度和国家治理体系外，没有任何一种国家制度和国家治理体系能够在这样短的历史时期内创造出我国取得的经济快速发展、社会长期稳定这样的奇迹。①

——2019年10月31日，习近平同志在中共十九届四中全会第二次全体会议上的讲话

我们党领导人民不仅创造了世所罕见的经济快速发展和社会长期稳定两大奇迹，而且成功走出了中国式现代化道路，创造了人类文明新形态。这些前无古人的创举，破解了人类社会发展的诸多难题，摒弃了西方以资本为中心的现代化、两极分化的现代化、物质主义膨胀的现代化、对外扩张掠夺的现代化老路，拓展了发展中国家走向现代化的途径，为人类对更

① 《习近平著作选读》第二卷，人民出版社2023年版，第282-283页。

好社会制度的探索提供了中国方案。[①]

——2021 年 11 月 11 日，习近平同志在中共十九届六中全会第二次全体会议上的讲话

三、背景、内容和意义

新中国成立以来，党带领人民不断探索社会主义道路，建立和完善社会主义制度，取得经济、政治、文化、社会等一系列重大成就，综合国力大幅提升，国际影响力大幅提升，中华民族迎来了从站起来、富起来到强起来的伟大飞跃。党的十九届四中全会将 70 年来的伟大成就概括为“两大奇迹”，即“世所罕见的经济快速发展奇迹和社会长期稳定奇迹”。这“两大奇迹”成为新中国成立 70 年来我们党执政成就和国家治理成效的重大标志，成为我国国家制度和国家治理体系具有多方面显著优势的生动体现。

经济快速发展的奇迹主要体现在：新中国成立 70 年特别是改革开放新时期和党的十八大以来，我国用几十年时间走完了发达国家几百年走过的工业化进程，社会生产力得到极大解放和发展，经济实力和综合国力显著增强。我国经济总量已稳居世界第二，并成为世界第一制造业大国、第一大货物贸易国、第一大外汇储备国、第二大外国直接投资目的地国和来源国。改革开放 40 多年来，我国经济增长对世界经济增长的年均贡献率达 18% 左右。

社会长期稳定奇迹主要体现在：新中国成立 70 年特别是改革开放新时期和党的十八大以来，我们国家既经历了巨大的经济社会变迁，也经受了不少重大考验。改革开放之前，经受了抗美援朝战争、三年困难时期、“文化大革命”、河北唐山地震等重大考验。改革开放之后，又经受了 1989 年国内政治风波、1997 年亚洲金融危机、1998 年特大洪灾、2003 年非典重大疫情、2008 年四川汶川特大地震和国际金融危机等重大考验。在党中央坚强领导下，依靠全国各族人民共同努力奋斗，我们党和国家不但胜利渡过了这些难关，而且有力巩固了人民政权、持续保持了国家政治和社会大局稳定，并取得革命、建设、改革的一系列重大成就。

---

① 《习近平著作选读》第二卷，人民出版社 2023 年版，第 553 页。

我们党领导人民实现的这开创性、历史性的“两大奇迹”充分表明，中国特色社会主义制度和国家治理体系是能够持续推动国家发展进步、保持社会长期稳定的制度和治理体系，是能够造福全国各族人民、深得全国各族人民拥护的制度和治理体系。

21. 中国之治

一、名词解析

中国之治，是指新中国成立以来，中国共产党领导人民治理国家的中国治理体制和中国治理道路。中国之治，是历史上从没有过的新型国家治理体系，体现着对解决人类面临共同问题的中国智慧，更具有中国气派、中国特色、中国风格。

二、习近平总书记的相关重要论述

坚持构建自我净化、自我完善、自我革新、自我提高的制度规范体系，为推进伟大自我革命提供制度保障。我们健全党和国家监督制度，以党内监督为主导，发挥巡视监督利剑作用和派驻监督探头作用，推进纪律检查体制、国家监察体制、审计统计监督体制改革，推动各项监督贯通协同，实现党内监督全覆盖、对公职人员监察全覆盖。坚持制度治党、依规治党，健全党的组织法规、领导法规、自身建设法规、监督保障法规，让制度“长牙”、“带电”。经过新时代全面从严治党的革命性锻造，我们形成了比较完善的党内法规体系，构建起党统一领导、全面覆盖、权威高效的监督体系，营造了尊崇制度、遵守制度的良好氛围，推动各方面制度更加成熟定型，形成了中国共产党之治、中国之治的独特优势。①

——2022 年 1 月 18 日，习近平同志在中共第十九届中央纪律检查委员会第六次全体会议上的讲话

① 《习近平著作选读》第二卷，人民出版社 2023 年版，第 591-592 页。

三、背景、内容和意义

2019 年 11 月 5 日，党的十九届四中全会通过了《中共中央关于坚持和完善中国特色社会主义制度、推进国家治理体系和治理能力现代化若干重大问题的决定》，深刻阐释了坚持和完善中国特色社会主义制度、推进国家治理体系和治理能力现代化的重大意义和总体要求，并对坚持和完善党的领导制度体系等 13 个方面的制度作出战略部署。这 13 个方面的制度安排，正是中国之治的制度根据和根本体现。

相对于“西方之治”，中国之治体现着对解决人类面临共同问题的中国智慧，更具有中国气派、中国特色、中国风格。中国的高效治理，具有明显制度优势和强大自我完善能力，实现了人类历史上罕有的持续 70 多年的经济快速发展和社会进步，引领中国走向人民当家作主、人人全面发展的理想图景。中国之治得益于中国制度科学管用，具有合实际、合规律、合目的的制度逻辑。合实际，是指中国制度符合中国历史实际、国情实际和时代实际；合规律，是指中国制度符合经济社会发展规律和制度发展规律，能够集中力量办大事，充分发挥优势和潜力；合目的，是指中国制度始终坚持以人民为中心，保障人民当家作主，在促进人的全面发展中解放和发展生产力。

中国之治是历史上从没有过的新型国家治理体系。它不是凭空照搬的“飞来峰”，不是简单延续中国历史传统的母版，不是简单套用马克思主义的模板，不是其他国家社会主义实践的再版，也不是国外现代化发展的翻版，而是立足党的领导和社会主义制度这个本根，吸收了古今中外一切有益经验，是先进国家治理理论和实践的集大成者。中国提出的推进国家治理体系和治理能力现代化，是继“四个现代化”之后提出的第五个现代化。实现“四化”主要是在经济技术层面赶上世界，避免被“开除地球球籍”；推进国家治理体系和国家治理能力现代化，则是要充分地发挥中国特色社会主义的制度优势，更好地集中力量办大事，让经济和社会发展更好地满足人民群众的新需要。

22. 中国制度的十三个“显著优势”

一、名词解析

党的十九届四中全会指出，中国国家制度和国家治理体系具有多方面的显著优势，具体体现为十三个“显著优势”。这十三个“显著优势”是对中国国家治理的制度经验的系统总结，涵盖政治制度、经济制度、文化制度、民生制度、人才制度、军事制度、外交制度等多个领域，是支撑中国之治的基础性制度安排，也是中华民族伟大复兴的基本制度支撑。

二、习近平总书记的相关重要论述

我国国家制度和国家治理体系之所以具有多方面的显著优势，很重要的一点就在于我们党在长期实践探索中，坚持把马克思主义基本原理同中国具体实际相结合，把开拓正确道路、发展科学理论、建设有效制度有机统一起来，用中国化的马克思主义、发展着的马克思主义指导国家制度和国家治理体系建设，不断深化对共产党执政规律、社会主义建设规律、人类社会发展规律的认识，及时把成功的实践经验转化为制度成果，使我国国家制度和国家治理体系既体现了科学社会主义基本原则，又具有鲜明的中国特色、民族特色、时代特色。[①]

——2019 年 10 月 31 日，习近平同志在中共十九届四中全会第二次全体会议上的讲话

衡量一个国家的制度是否成功、是否优越，一个重要方面就是看其在重大风险挑战面前，能不能号令四面、组织八方共同应对。我国社会主义制度具有非凡的组织动员能力、统筹协调能力、贯彻执行能力，能够充分发挥集中力量办大事、办难事、办急事的独特优势，这次抗疫斗争有力彰显了我国国家制度和国家治理体系的优越性。历史和现实都告诉我们，只

① 《习近平著作选读》第二卷，人民出版社 2023 年版，第 280-281 页。

要坚持和完善中国特色社会主义制度、推进国家治理体系和治理能力现代化，善于运用制度力量应对风险挑战冲击，我们就一定能够经受住一次次压力测试，不断化危为机、浴火重生。[①]

——2020年9月8日，习近平同志在全国抗击新冠肺炎疫情表彰大会上的讲话

三、背景、内容和意义

2019年10月31日，中国共产党第十九届中央委员会第四次全体会议通过的《中共中央关于坚持和完善中国特色社会主义制度推进国家治理体系和治理能力现代化若干重大问题的决定》指出，我国国家制度和国家治理体系具有多方面的显著优势，主要是：

1. 坚持党的集中统一领导，坚持党的科学理论，保持政治稳定，确保国家始终沿着社会主义方向前进的显著优势；

2. 坚持人民当家作主，发展人民民主，密切联系群众，紧紧依靠人民推动国家发展的显著优势；

3. 坚持全面依法治国，建设社会主义法治国家，切实保障社会公平正义和人民权利的显著优势；

4. 坚持全国一盘棋，调动各方面积极性，集中力量办大事的显著优势；

5. 坚持各民族一律平等，铸牢中华民族共同体意识，实现共同团结奋斗、共同繁荣发展的显著优势；

6. 坚持公有制为主体、多种所有制经济共同发展和按劳分配为主体、多种分配方式并存，把社会主义制度和市场经济有机结合起来，不断解放和发展社会生产力的显著优势；

7. 坚持共同的理想信念、价值理念、道德观念，弘扬中华优秀传统文化、革命文化、社会主义先进文化，促进全体人民在思想上精神上紧紧团结在一起的显著优势；

8. 坚持以人民为中心的发展思想，不断保障和改善民生、增进人民福祉，走共同富裕道路的显著优势；

① 《习近平著作选读》第二卷，人民出版社2023年版，第348-349页。

9. 坚持改革创新、与时俱进，善于自我完善、自我发展，使社会始终充满生机活力的显著优势；

10. 坚持德才兼备、选贤任能，聚天下英才而用之，培养造就更多更优秀人才的显著优势；

11. 坚持党指挥枪，确保人民军队绝对忠诚于党和人民，有力保障国家主权、安全、发展利益的显著优势；

12. 坚持“一国两制”，保持香港、澳门长期繁荣稳定，促进祖国和平统一的显著优势；

13. 坚持独立自主和对外开放相统一，积极参与全球治理，为构建人类命运共同体不断作出贡献的显著优势。

党的十九届四中全会系统概括的我国国家制度和国家治理体系十三个方面的“显著优势”，是我们党领导人民创造经济快速发展和社会长期稳定奇迹的根本保障，是我们坚定中国特色社会主义道路自信、理论自信、制度自信、文化自信的基本依据，反映了我们党在改革发展稳定、内政外交国防、治党治国治军的各个方面的制度创新成果。

我们党要团结带领人民群众完成党中央确立的各项目标，实现国家治理体系和治理能力现代化，必须毫不动摇把这十三个方面的制度优势坚持好、发展好、完善好。坚持和完善中国特色社会主义制度、推进国家治理体系和治理能力现代化，把我国制度优势更好转化为国家治理效能，就能确保我国政治稳定、经济发展、文化繁荣、民族团结、人民幸福、社会安宁、国家统一，朝着全面实现中华民族伟大复兴的目标奋勇前进。

23.“坚持和完善”十三个制度体系

一、名词解析

党的十九届四中全会第一次系统描绘了中国特色社会主义制度体系的丰富内涵，将其概括为十三个“坚持和完善”。这十三个“坚持和完善”构成一个严密完整的科学制度体系，为我们指明了前行的方向，明确了前进的坐标。

二、习近平总书记的相关重要论述

中国特色社会主义制度是一个严密完整的科学制度体系，起四梁八柱作用的是根本制度、基本制度、重要制度，其中具有统领地位的是党的领导制度。党的领导制度是我国的根本领导制度。党的十八大以来，我们鲜明提出“中国特色社会主义最本质的特征是中国共产党领导，中国特色社会主义制度的最大优势是中国共产党领导，党是最高政治领导力量”。这次全会强调，“必须坚持党政军民学、东西南北中，党是领导一切的，坚决维护党中央权威，健全总揽全局、协调各方的党的领导制度体系，把党的领导落实到国家治理各领域各方面各环节”。这是党领导人民进行革命、建设、改革最可宝贵的经验。我们推进各方面制度建设、推动各项事业发展、加强和改进各方面工作，都必须坚持党的领导，自觉贯彻党总揽全局、协调各方的根本要求。

这次全会总结实践经验，在我们党已经明确的根本制度、基本制度、重要制度的基础上作出一些新的概括，比如，把社会主义基本经济制度确定为“公有制为主体、多种所有制经济共同发展，按劳分配为主体、多种分配方式并存，社会主义市场经济体制等社会主义基本经济制度”，明确提出“坚持马克思主义在意识形态领域指导地位的根本制度”，对中国特色社会主义法治体系、中国特色社会主义行政体制、繁荣发展社会主义先进文化的制度、统筹城乡的民生保障制度、共建共治共享的社会治理制度、生态文明制度体系、党对人民军队的绝对领导制度、“一国两制”制度体系、党和国家监督体系等也进一步作出阐述。[①]

——2019 年 10 月 31 日，习近平同志在中共十九届四中全会第二次全体会议上的讲话

三、背景、内容和意义

党的十九届四中全会提出坚持和完善中国特色社会主义制度、推进国

① 《习近平著作选读》第二卷，人民出版社 2023 年版，第 284-285 页。

家治理体系和治理能力现代化的总体目标，归纳了十三个方面的“显著优势”，作出了十三个“坚持和完善”的决策部署，为中国特色社会主义赋予了强大动力和坚定信心。这十三个“坚持和完善”的制度体系是：

1. 坚持和完善党的领导制度体系，提高党科学执政、民主执政、依法执政水平；

2. 坚持和完善人民当家作主制度体系，发展社会主义民主政治；

3. 坚持和完善中国特色社会主义法治体系，提高党依法治国、依法执政能力；

4. 坚持和完善中国特色社会主义行政体制，构建职责明确、依法行政的政府治理体系；

5. 坚持和完善社会主义基本经济制度，推动经济高质量发展；

6. 坚持和完善繁荣发展社会主义先进文化的制度，巩固全体人民团结奋斗的共同思想基础；

7. 坚持和完善统筹城乡的民生保障制度，满足人民日益增长的美好生活需要；

8. 坚持和完善共建共治共享的社会治理制度，保持社会稳定、维护国家安全；

9. 坚持和完善生态文明制度体系，促进人与自然和谐共生；

10. 坚持和完善党对人民军队的绝对领导制度，确保人民军队忠实履行新时代使命任务；

11. 坚持和完善“一国两制”制度体系，推进祖国和平统一；

12. 坚持和完善独立自主的和平外交政策，推动构建人类命运共同体；

13. 坚持和完善党和国家监督体系，强化对权力运行的制约和监督。

中国共产党领导是中国特色社会主义最本质的特征，是中国特色社会主义制度的最大优势，党是最高政治领导力量。党的十九届四中全会把“坚持和完善党的领导制度体系”放在十三个“坚持和完善”的首位，体现出党的领导制度体系的重要性。党的领导制度是国家的根本领导制度，它统领和贯穿其他十二个方面的制度，把坚持和完善党的领导制度体系作为主题，就是抓住了“中国之治”的关键与根本。

中国特色社会主义制度是党和人民在长期实践探索中形成的科学制度

体系，我国国家治理一切工作和活动都依照中国特色社会主义制度展开，我国国家治理体系和治理能力是中国特色社会主义制度及其执行能力的集中体现。十三个“坚持和完善”全面回答了在我国国家制度和国家治理上，应该“坚持和巩固什么、完善和发展什么”这个重大政治问题，具有丰富的理论内涵和重要的实践价值，为未来党的建设和国家的发展奠定了制度基础，确定了前进方向。

24. 中华民族伟大复兴的三大里程碑

一、名词解析

中华民族伟大复兴的三大里程碑分别是建立中国共产党、成立中华人民共和国、推进改革开放和中国特色社会主义事业，由习近平总书记在2018年12月18日庆祝改革开放40周年大会上首次提出。

二、习近平总书记的相关重要论述

建立中国共产党、成立中华人民共和国、推进改革开放和中国特色社会主义事业，是五四运动以来我国发生的三大历史性事件，是近代以来实现中华民族伟大复兴的三大里程碑。[①]

——2018年12月18日，习近平同志在庆祝改革开放40周年大会上的讲话

三、背景、内容和意义

建立中国共产党、成立中华人民共和国、推进改革开放和中国特色社会主义事业，这三大历史性事件、三大里程碑，不仅指出了近代以来中国走过的三大重要时间节点，而且揭示了实现中华民族伟大复兴的内在逻辑。三大历史性事件、三大里程碑，贯穿的一条鲜明主线就是实现中华民族伟大复兴，揭示的一个伟大真理就是中国化马克思主义是实现中华民族伟大

① 习近平：《在庆祝改革开放40周年大会上的讲话》，《人民日报》2018年12月19日第2版。

复兴的科学指南，昭示的一个基本结论就是中国共产党领导是实现中华民族伟大复兴的根本政治保证，为中华民族走向新的辉煌指明了方向。

1921 年中国共产党的成立，是在苦难和屈辱中挣扎的中国爆响的第一声春雷，成为中华民族复兴征程中的一大里程碑。从此，中国革命的面貌焕然一新，中国人民的命运、中华民族的命运发生了根本性改变。建立中国共产党，创立毛泽东思想，成功开辟一条符合中国国情、具有鲜明中国特色的革命道路，为成立中华人民共和国准备了政治条件、思想前提、实践基础。

1949 年中华人民共和国的成立，开辟了中华民族走向复兴的历史新纪元。成立中华人民共和国，确立社会主义基本制度，是中国历史上最深刻最伟大的社会变革，为在新的历史时期开创中国特色社会主义提供了宝贵经验、理论准备、物质基础，为当代中国一切发展进步奠定了根本政治前提和制度基础。

改革开放 40 多年来，中华民族迎来了从站起来、富起来到强起来的伟大飞跃，中国特色社会主义迎来了从创立、发展到完善的伟大飞跃，中国人民迎来了从温饱不足到小康富裕的伟大飞跃。推进改革开放和中国特色社会主义事业，形成中国特色社会主义理论体系尤其是习近平新时代中国特色社会主义思想，指引党和国家事业取得历史性成就、发生历史性变革，中国特色社会主义阔步进入新时代，中华民族伟大复兴进入新征程。

25. 中华民族的三次伟大飞跃

一、名词解析

中华民族的三次伟大飞跃是指新中国成立后，中华民族迎来了从站起来、富起来到强起来的伟大飞跃。

二、习近平总书记的相关重要论述

中国特色社会主义进入新时代，意味着近代以来久经磨难的中华民族迎来了从站起来、富起来到强起来的伟大飞跃，迎来了实现中华民族伟大复兴的光明前景；意味着科学社会主义在二十一世纪的中国焕发出强大生机活力，在世界上高高举起了中国特色社会主义伟大旗帜；意味着中国特色社会主义道路、理论、制度、文化不断发展，拓展了发展中国家走向现代化的途径，给世界上那些既希望加快发展又希望保持自身独立性的国家和民族提供了全新选择，为解决人类问题贡献了中国智慧和中国方案。①

——2017 年 10 月 18 日，习近平同志在中国共产党第十九次全国代表大会上的报告

新时代十年的伟大变革，在党史、新中国史、改革开放史、社会主义发展史、中华民族发展史上具有里程碑意义。走过百年奋斗历程的中国共产党在革命性锻造中更加坚强有力，党的政治领导力、思想引领力、群众组织力、社会号召力显著增强，党同人民群众始终保持血肉联系，中国共产党在世界形势深刻变化的历史进程中始终走在时代前列，在应对国内外各种风险和考验的历史进程中始终成为全国人民的主心骨，在坚持和发展中国特色社会主义的历史进程中始终成为坚强领导核心。中国人民的前进动力更加强大、奋斗精神更加昂扬、必胜信念更加坚定，焕发出更为强烈的历史自觉和主动精神，中国共产党和中国人民正信心百倍推进中华民族从站起来、富起来到强起来的伟大飞跃。改革开放和社会主义现代化建设深入推进，书写了经济快速发展和社会长期稳定两大奇迹新篇章，我国发展具备了更为坚实的物质基础、更为完善的制度保证，实现中华民族伟大复兴进入了不可逆转的历史进程。科学社会主义在二十一世纪的中国焕发出新的蓬勃生机，中国式现代化为人类实现现代化提供了新的选择，中国共产党和中国人民为解决人类面临的共同问题提供更多更好的中国智慧、中国方案、中国力量，为人类和平与发展崇高事业作出新的更大的贡献！②

——2022 年 10 月 16 日，习近平同志在中国共产党第二十次全国代表大会上的报告

① 《习近平著作选读》第二卷，人民出版社 2023 年版，第 9 页。
② 《习近平著作选读》第一卷，人民出版社 2023 年版，第 13 页。

三、背景、内容和意义

新中国成立已经70多年了，经过70多年砥砺奋进，我们的国家发生了天翻地覆的变化，中华民族迎来了从站起来、富起来到强起来的伟大飞跃。无论是在中华民族历史上，还是在世界历史上，这都是一部感天动地的奋斗史诗。“从站起来、富起来到强起来的伟大飞跃”的重要论断，既简明扼要地概括了近代以来中国实现飞跃的历史进程，又深刻揭示了中国特色社会主义不断开辟发展新境界的历史意义。

1921年，中国共产党一经成立，就确立了马克思主义理论的指导地位，把实现共产主义作为党的最高理想和最终目标，义无反顾地肩负起实现中华民族伟大复兴的历史使命。从此，中国人民有了坚强的领导核心，中国革命有了正确的前进方向，中国的命运迎来光明前景。1949年建立了中华人民共和国，宣告中国人民“站起来了”，实现了中华民族伟大复兴的初始目标——民族独立和人民解放，实现了中国从几千年封建专制政治向人民民主的伟大飞跃。

1978年，以邓小平同志为主要代表的中国共产党人，把党和国家工作重心转移到经济建设上来，实行改革开放的伟大战略决策，合乎时代潮流、顺应人民意愿，初步回答了“什么是社会主义、怎样建设社会主义”的问题，创立了邓小平理论，找到了建设有中国特色社会主义的道路，翻开了中国特色社会主义发展崭新的一页，让党和人民事业始终充满奋勇前进的强大动力。改革开放作为马克思主义中国化历史性飞跃的实践成果，引领中国人民走上了中国特色社会主义的康庄大道，实现了从站起来到富起来的伟大转变，迎来了中华民族伟大复兴的光明前景，迈向中华民族伟大复兴更高的目标——国家繁荣富强、人民共同富裕。

党的十八大以来，中国实现了深层次、根本性的历史性变革，取得了历史性成就。以习近平同志为核心的党中央团结带领全国各族人民攻坚克难、开拓创新，不断深化对新时代中国特色社会主义建设规律的认识，创立了习近平新时代中国特色社会主义思想。这是中国特色社会主义理论体系的最新成果，实现了党在指导思想上的与时俱进。中国特色社会主义进入新时代，意味着近代以来久经磨难的中华民族迎来了从站起来、富起来到强起来的伟大飞跃，迎来了实现中华民族伟大复兴的光明前景。

26. 以史为鉴、开创未来的“九个必须”

一、名词解析

在庆祝中国共产党成立100周年大会上，习近平总书记鲜明提出以史为鉴、开创未来“九个必须”的根本要求，即必须坚持中国共产党坚强领导，必须团结带领中国人民不断为美好生活而奋斗，必须继续推进马克思主义中国化，必须坚持和发展中国特色社会主义，必须加快国防和军队现代化，必须不断推动构建人类命运共同体，必须进行具有许多新的历史特点的伟大斗争，必须加强中华儿女大团结，必须不断推进党的建设新的伟大工程。

二、习近平总书记的相关重要论述

初心易得，始终难守。以史为鉴，可以知兴替。我们要用历史映照现实、远观未来，从中国共产党的百年奋斗中看清楚过去我们为什么能够成功、弄明白未来我们怎样才能继续成功，从而在新的征程上更加坚定、更加自觉地牢记初心使命、开创美好未来。

——以史为鉴、开创未来，必须坚持中国共产党坚强领导。办好中国的事情，关键在党。中华民族近代以来一百八十多年的历史、中国共产党成立以来一百年的历史、中华人民共和国成立以来七十多年的历史都充分证明，没有中国共产党，就没有新中国，就没有中华民族伟大复兴。历史和人民选择了中国共产党。中国共产党领导是中国特色社会主义最本质的特征，是中国特色社会主义制度的最大优势，是党和国家的根本所在、命脉所在，是全国各族人民的利益所系、命运所系。

新的征程上，我们必须坚持党的全面领导，不断完善党的领导，增强“四个意识”、坚定“四个自信”、做到“两个维护”，牢记“国之大者”，不断提高党科学执政、民主执政、依法执政水平，充分发挥党总揽全局、协调各方的领导核心作用！

——以史为鉴、开创未来，必须团结带领中国人民不断为美好生活而奋斗。江山就是人民、人民就是江山，打江山、守江山，守的是人民的心。中国共产党根基在人民、血脉在人民、力量在人民。中国共产党始终代表最广大人民根本利益，与人民休戚与共、生死相依，没有任何自己特殊的利益，从来不代表任何利益集团、任何权势团体、任何特权阶层的利益。任何想把中国共产党同中国人民分割开来、对立起来的企图，都是绝不会得逞的！九千五百多万中国共产党人不答应！十四亿多中国人民也不答应！

新的征程上，我们必须紧紧依靠人民创造历史，坚持全心全意为人民服务的根本宗旨，站稳人民立场，贯彻党的群众路线，尊重人民首创精神，践行以人民为中心的发展思想，发展全过程人民民主，维护社会公平正义，着力解决发展不平衡不充分问题和人民群众急难愁盼问题，推动人的全面发展、全体人民共同富裕取得更为明显的实质性进展！

——以史为鉴、开创未来，必须继续推进马克思主义中国化。马克思主义是我们立党立国的根本指导思想，是我们党的灵魂和旗帜。中国共产党坚持马克思主义基本原理，坚持实事求是，从中国实际出发，洞察时代大势，把握历史主动，进行艰辛探索，不断推进马克思主义中国化时代化，指导中国人民不断推进伟大社会革命。中国共产党为什么能，中国特色社会主义为什么好，归根到底是因为马克思主义行！

新的征程上，我们必须坚持马克思列宁主义、毛泽东思想、邓小平理论、“三个代表”重要思想、科学发展观，全面贯彻新时代中国特色社会主义思想，坚持把马克思主义基本原理同中国具体实际相结合、同中华优秀传统文化相结合，用马克思主义观察时代、把握时代、引领时代，继续发展当代中国马克思主义、二十一世纪马克思主义！

——以史为鉴、开创未来，必须坚持和发展中国特色社会主义。走自己的路，是党的全部理论和实践立足点，更是党百年奋斗得出的历史结论。中国特色社会主义是党和人民历经千辛万苦、付出巨大代价取得的根本成就，是实现中华民族伟大复兴的正确道路。我们坚持和发展中国特色社会主义，推动物质文明、政治文明、精神文明、社会文明、生态文明协调发展，创造了中国式现代化新道路，创造了人类文明新形态。

新的征程上，我们必须坚持党的基本理论、基本路线、基本方略，统筹推进“五位一体”总体布局、协调推进“四个全面”战略布局，全面深化改革开放，立足新发展阶段，完整、准确、全面贯彻新发展理念，构建新发展格局，推动高质量发展，推进科技自立自强，保证人民当家作主，坚持依法治国，坚持社会主义核心价值体系，坚持在发展中保障和改善民生，坚持人与自然和谐共生，协同推进人民富裕、国家强盛、中国美丽。

中华民族拥有在五千多年历史演进中形成的灿烂文明，中国共产党拥有百年奋斗实践和七十多年执政兴国经验，我们积极学习借鉴人类文明的一切有益成果，欢迎一切有益的建议和善意的批评，但我们绝不接受“教师爷”般颐指气使的说教！中国共产党和中国人民将在自己选择的道路上昂首阔步走下去，把中国发展进步的命运牢牢掌握在自己手中！

——以史为鉴、开创未来，必须加快国防和军队现代化。强国必须强军，军强才能国安。坚持党指挥枪、建设自己的人民军队，是党在血与火的斗争中得出的颠扑不破的真理。人民军队为党和人民建立了不朽功勋，是保卫红色江山、维护民族尊严的坚强柱石，也是维护地区和世界和平的强大力量。

新的征程上，我们必须全面贯彻新时代党的强军思想，贯彻新时代军事战略方针，坚持党对人民军队的绝对领导，坚持走中国特色强军之路，全面推进政治建军、改革强军、科技强军、人才强军、依法治军，把人民军队建设成为世界一流军队，以更强大的能力、更可靠的手段捍卫国家主权、安全、发展利益！

——以史为鉴、开创未来，必须不断推动构建人类命运共同体。和平、和睦、和谐是中华民族五千多年来一直追求和传承的理念，中华民族的血液中没有侵略他人、称王称霸的基因。中国共产党关注人类前途命运，同世界上一切进步力量携手前进，中国始终是世界和平的建设者、全球发展的贡献者、国际秩序的维护者！

新的征程上，我们必须高举和平、发展、合作、共赢旗帜，奉行独立自主的和平外交政策，坚持走和平发展道路，推动建设新型国际关系，推动构建人类命运共同体，推动共建“一带一路”高质量发展，以中国的新发展为世界提供新机遇。中国共产党将继续同一切爱好和平的国家和人民一道，弘扬和平、发展、公平、正义、民主、自由的全人类共同价值，坚持合作、不搞对抗，坚持开放、不搞封闭，坚持互利共赢、不搞零和博弈，反对霸权主义和强权政治，推动历史车轮向着光明的目标前进！

中国人民是崇尚正义、不畏强暴的人民，中华民族是具有强烈民族自豪感和自信心的民族。中国人民从来没有欺负、压迫、奴役过其他国家人民，过去没有，现在没有，将来也不会有。同时，中国人民也绝不允许任何外来势力欺负、压迫、奴役我们，谁妄想这样干，必将在十四亿多中国人民用血肉筑成的钢铁长城面前碰得头破血流！

——以史为鉴、开创未来，必须进行具有许多新的历史特点的伟大斗争。敢于斗争、敢于胜利，是中国共产党不可战胜的强大精神力量。实现伟大梦想就要顽强拼搏、不懈奋斗。今天，我们比历史上任何时期都更接近、更有信心和能力实现中华民族伟大复兴的目标，同时必须准备付出更为艰巨、更为艰苦的努力。

新的征程上，我们必须增强忧患意识、始终居安思危，贯彻总体国家安全观，统筹发展和安全，统筹中华民族伟大复兴战略全局和世界百年未有之大变局，深刻认识我国社会主要矛盾变化带来的新特征新要求，深刻认识错综复杂的国际环境带来的新矛盾新挑战，敢于斗争，善于斗争，逢山开道、遇水架桥，勇于战胜一切风险挑战！

——以史为鉴、开创未来，必须加强中华儿女大团结。在百年奋斗历程中，中国共产党始终把统一战线摆在重要位置，不断巩固和发展最广泛的统一战线，团结一切可以团结的力量、调动一切可以调动的积极因素，最大限度凝聚起共同奋斗的力量。爱国统一战线是中国共产党团结海内外全体中华儿女实现中华民族伟大复兴的重要法宝。

新的征程上，我们必须坚持大团结大联合，坚持一致性和多样性统一，加强思想政治引领，广泛凝聚共识，广聚天下英才，努力寻求最大公约数、画出最大同心圆，形成海内外全体中华儿女心往一处想、劲往一处使的生动局面，汇聚起实现民族复兴的磅礴力量！

——以史为鉴、开创未来，必须不断推进党的建设新的伟大工程。勇于自我革命是中国共产党区别于其他政党的显著标志。我们党历经千锤百炼而朝气蓬勃，一个很重要的原因就是我们始终坚持党要管党、全面从严治党，不断应对好自身在各个历史时期面临的风险考验，确保我们党在世界形势深刻变化的历史进程中始终走在时代前列，在应对国内外各种风险挑战的历史进程中始终成为全国人民的主心骨！

新的征程上，我们要牢记打铁必须自身硬的道理，增强全面从严治党永远在路上的政治自觉，以党的政治建设为统领，继续推进新时代党的建设新的伟大工程，不断严密党的组织体系，着力建设德才兼备的高素质干部队伍，坚定不移推进党风廉政建设和反腐败斗争，坚决清除一切损害党的先进性和纯洁性的因素，清除一切侵蚀党的健康肌体的病毒，确保党不变质、不变色、不变味，确保党在新时代坚持和发展中国特色社会主义的历史进程中始终成为坚强领导核心！①

——2021年7月1日，习近平同志在庆祝中国共产党成立一百周年大会上的讲话

三、背景、内容和意义

2021年7月1日，在庆祝中国共产党成立100周年大会上，习近平总书记发表重要讲话，回顾我们党百年奋斗的光辉历程，展望中华民族伟大复兴的光明前景，系统阐述以史为鉴、开创未来必须牢牢把握的“九个必须”经验启示和根本要求，为新征程上党和国家各项事业发展明确了前进方向。讲话视野宏阔、思想深刻、内涵丰富、振奋人心，充分展现了中国共产党人的初心使命和历史担当，是一篇充满真理力量的马克思主义纲领性文献，必将凝聚起9800多万名党员、14亿多中国人民奋进新征程、再创新辉煌的磅礴力量。

初心易得，始终难守。“九个必须”是对我们党百年奋斗历程的深刻总结，科学回答了党和国家事业发展的领导核心、价值追求、理论指导、战略支撑、外部环境和力量来源等一系列重大问题，具有很强的思想性、针对性和指导性。这“九个必须”揭示了过去我们为什么能够成功、未来我们怎样才能继续成功的深刻道理，必将激励全党在新征程上更加坚定、

① 《习近平著作选读》第二卷，人民出版社2023年版，第481-487页。

更加自觉地牢记初心使命、开创美好未来。

27. “十个坚持”的历史经验

一、名词解析

“十个坚持”的历史经验，指在坚持党的领导、坚持人民至上、坚持理论创新、坚持独立自主、坚持中国道路、坚持胸怀天下、坚持开拓创新、坚持敢于斗争、坚持统一战线、坚持自我革命十个方面的宝贵历史经验。

二、习近平总书记的相关重要论述

《决议》(《中共中央关于党的百年奋斗重大成就和历史经验的决议》的简称——编者注)概括的“十个坚持”的历史经验是相互贯通、相辅相成的整体，是百年来党领导人民艰辛探索、接续奋斗理论和实践的科学总结，必须倍加珍惜，毫不动摇坚持，与时俱进发展。要把这“十个坚持”同我在庆祝中国共产党成立一百周年大会上的讲话提出的“九个必须”等结合起来，一体学习理解、一体贯彻落实。要把党的历史经验作为正确判断形势、科学预见未来、把握历史主动的重要思想武器，更好观察时代、把握时代、引领时代。要把党的历史经验作为想问题、作决策、办事情的重要遵循，善于从历史经验中增强赢得主动、赢得优势、赢得未来的定力、魄力、能力。要把党的历史经验作为判断重大政治是非的重要依据，在方向性、原则性问题上自觉对标对表。要把党的历史经验作为加强党性修养的重要指引，善于运用贯穿其中的马克思主义立场、观点、方法，改造主观世界，坚定理想信念，不断提高广大党员、干部特别是领导干部的政治觉悟、思想境界、道德水平。①

——2021 年 11 月 11 日，习近平同志在中共十九届六中全会第二次全体会议上的讲话

① 《习近平著作选读》第二卷，人民出版社 2023 年版，第 550 页。

三、背景、内容和意义

党的十九届六中全会通过的《中共中央关于党的百年奋斗重大成就和历史经验的决议》，对我们党百年奋斗的历史经验作了高度概括总结，凝练了带有根本性和长远指导作用的十条历史经验，即坚持党的领导、坚持人民至上、坚持理论创新、坚持独立自主、坚持中国道路、坚持胸怀天下、坚持开拓创新、坚持敢于斗争、坚持统一战线、坚持自我革命。

“十个坚持”是系统完整、相互贯通的统一体，深刻揭示了党和人民事业不断成功的根本保证，揭示了党始终立于不败之地的力量源泉，揭示了党始终掌握历史主动的根本原因，揭示了党永葆先进性和纯洁性、始终走在时代前列的根本途径，进一步深化了对共产党执政规律、社会主义建设规律、人类社会发展规律的认识。这些经过长期实践积累的宝贵经验，既是“过去我们为什么能够成功”的深刻总结，更是“未来我们怎样才能继续成功”的行动指南，激励我们以更加昂扬的姿态奋进新征程、建功新时代。

党的十九届六中全会以宏阔的历史视角和深厚的历史智慧，全面总结了党领导人民进行伟大奋斗的“十个坚持”宝贵历史经验，为全党以史为鉴、开创未来注入强大思想动力。“十个坚持”是党和人民共同创造的精神财富，更是我们党引领中国未来的科学指引，必须倍加珍惜、长期坚持，在新时代实践中不断丰富和发展。

28. 新时代十年的“三件大事”与“三个历史性胜利”

一、名词解析

新时代十年的“三件大事”分别为：一是迎来中国共产党成立一百周年，二是中国特色社会主义进入新时代，三是完成脱贫攻坚、全面建成小康社会的历史任务，实现第一个百年奋斗目标；“三个历史性胜利”分别为：一是中国共产党和中国人民团结奋斗赢得的历史性胜利，二是彪炳中华民族发展史册的历史性胜利，三是对世界具有深远影响的历史性胜利。

二、习近平总书记的相关重要论述

十八大召开至今已经十年了。十年来，我们经历了对党和人民事业具有重大现实意义和深远历史意义的三件大事：一是迎来中国共产党成立一百周年，二是中国特色社会主义进入新时代，三是完成脱贫攻坚、全面建成小康社会的历史任务，实现第一个百年奋斗目标。这是中国共产党和中国人民团结奋斗赢得的历史性胜利，是彪炳中华民族发展史册的历史性胜利，也是对世界具有深远影响的历史性胜利。①

——2022 年 10 月 16 日，习近平同志在中国共产党第二十次全国代表大会上的报告

三、背景、内容和意义

深刻把握新时代的“三件大事”和“三个历史性胜利”，对我们深化对新时代十年伟大变革的重要认识、奋进全面建设社会主义现代化国家新征程具有极为重大的意义。

新时代十年经历的“三件大事”具有重大现实意义和深远历史意义，把握这“三件大事”，需要我们以宏阔视野观察，特别是要放在百年历史大格局中，放在近代以来中国人民的艰辛探索史中，放在社会主义曲折发展史中，放在人类文明发展史中，这样的观察才会全面辩证和客观准确。这“三件大事”清楚表明：中国共产党始终是中国特色社会主义事业的坚强领导核心，始终是全国人民最可靠、最坚强的主心骨；中国特色社会主义的成功充分证明了“归根到底是马克思主义行，是中国化时代化的马克思主义行”的深刻道理，充分证明了中国特色社会主义道路是实现中华民族伟大复兴的唯一正确道路；第一个百年奋斗目标如期实现，充分证明了全党全军全国各族人民只要紧密团结在以习近平同志为核心的党中央周围，就一定能够通过团结奋斗实现第二个百年奋斗目标，全面建成社会主义现代化强国。

---

① 《习近平著作选读》第一卷，人民出版社 2023 年版，第 4 页。

“三件大事”所体现的“三个历史性胜利”，既是我们党经过百年奋斗用伟大成就给出的历史性结论，也是党的十八大以来以习近平同志为主要代表的中国共产党人面对国内外形势新变化和实践新要求，从理论和实践的结合上深入回答关系党和国家事业发展、党治国理政面临的一系列重大时代课题所给出的生动答案。这些历史性结论和生动答案，无不透出新时代党的领袖掌舵领航的伟力和新时代党的创新理论的指引力。新时代十年的伟大变革及其所取得的“历史性胜利”，是在以习近平同志为核心的党中央坚强领导下、在习近平新时代中国特色社会主义思想指引下全党全国各族人民团结奋斗取得的。党确立习近平同志党中央的核心、全党的核心地位，确立习近平新时代中国特色社会主义思想的指导地位，反映了全党全军全国各族人民共同心愿，对新时代党和国家事业发展、对推进中华民族伟大复兴历史进程具有决定性意义。

29. 坚持“五个必由之路”

一、名词解析

“五个必由之路”是指：坚持党的全面领导是坚持和发展中国特色社会主义的必由之路，中国特色社会主义是实现中华民族伟大复兴的必由之路，团结奋斗是中国人民创造历史伟业的必由之路，贯彻新发展理念是新时代我国发展壮大的必由之路，全面从严治党是党永葆生机活力、走好新的赶考之路的必由之路。

二、习近平总书记的相关重要论述

回顾新时代党和人民奋进历程，我们更加坚定了以下重要认识。一是坚持党的全面领导是坚持和发展中国特色社会主义的必由之路。只要坚定不移坚持党的全面领导、维护党中央权威和集中统一领导，我们就一定能够确保全党全国拥有团结奋斗的强大政治凝聚力、发展自信心，集聚起守正创新、共克时艰的强大力量，形成风雨来袭时全体人民最可靠的主心骨。

二是中国特色社会主义是实现中华民族伟大复兴的必由之路。只要始终不渝走中国特色社会主义道路，我们就一定能够不断实现人民对美好生活的向往，不断推进全体人民共同富裕。三是团结奋斗是中国人民创造历史伟业的必由之路。只要在党的领导下全国各族人民团结一心、众志成城，敢于斗争、善于斗争，我们就一定能够战胜前进道路上的一切困难挑战，继续创造令人刮目相看的新的奇迹。四是贯彻新发展理念是新时代我国发展壮大的必由之路。只要完整、准确、全面贯彻新发展理念，加快构建新发展格局，推动高质量发展，加快实现科技自立自强，我们就一定能够不断提高我国发展的竞争力和持续力，在日趋激烈的国际竞争中把握主动、赢得未来。五是全面从严治党是党永葆生机活力、走好新的赶考之路的必由之路。办好中国的事情，关键在党、关键在全面从严治党。只要大力弘扬伟大建党精神，不忘初心使命，勇于自我革命，不断清除一切损害党的先进性和纯洁性的有害因素，不断清除一切侵蚀党的健康肌体的病原体，我们就一定能够确保党不变质、不变色、不变味。①

——2022 年 3 月 5 日，习近平同志在参加十三届全国人大五次会议内蒙古代表团审议时的讲话要点

时代呼唤着我们，人民期待着我们，唯有矢志不渝、笃行不怠，方能不负时代、不负人民。全党必须牢记，坚持党的全面领导是坚持和发展中国特色社会主义的必由之路，中国特色社会主义是实现中华民族伟大复兴的必由之路，团结奋斗是中国人民创造历史伟业的必由之路，贯彻新发展理念是新时代我国发展壮大的必由之路，全面从严治党是党永葆生机活力、走好新的赶考之路的必由之路。这是我们在长期实践中得出的至关紧要的规律性认识，必须倍加珍惜、始终坚持，咬定青山不放松，引领和保障中国特色社会主义巍巍巨轮乘风破浪、行稳致远。②

——2022 年 10 月 16 日，习近平同志在中国共产党第二十次全国代表大会上的报告

① 习近平：《新时代党和人民奋进的必由之路》，《求是》2023 年第 5 期。
② 《习近平著作选读》第一卷，人民出版社 2023 年版，第 57 页。

三、背景、内容和意义

“五个必由之路”系统回答了新时代谁来领导、走什么路、以什么样的精神状态、秉持什么发展理念、怎样锻造坚强政党等一系列重大问题。“五个必由之路”的重大论断贯通历史、现实和未来，是我们党在长期实践中得出的至关紧要的规律性认识，具有重大政治意义、理论意义、实践意义。

“五个必由之路”是我们在长期实践中得出的规律性认识。关于第一个“必由之路”，中国共产党的领导是中国特色社会主义最本质的特征，是党和国家事业不断发展的“定海神针”。关于第二个“必由之路”，历史和现实都告诉我们，只有社会主义才能救中国，只有中国特色社会主义才能发展中国，只有坚持和发展中国特色社会主义才能实现中华民族伟大复兴。关于第三个“必由之路”，团结奋斗是党带领全国各族人民在新征程上攻坚克难、克敌制胜的重要法宝。关于第四个“必由之路”，新发展理念集中反映了我们党对经济社会发展规律认识的深化。只要完整、全面、准确贯彻新发展理念，就能实现高质量发展。关于第五个“必由之路”，全面从严治党开辟了百年大党自我革命新境界，确保党永葆生机活力。“必由之路”就是胜利之路，“中国号”巨轮一定能乘风破浪、行稳致远。

30.“三新一高”发展要求

一、名词解析

“三新一高”是以习近平同志为核心的党中央洞察世情国情党情，着眼实现中华民族伟大复兴提出的重大战略思想、作出的重大战略部署，具体是指立足新发展阶段、贯彻新发展理念、构建新发展格局、推动高质量发展。

二、习近平总书记的相关重要论述

总之，进入新发展阶段、贯彻新发展理念、构建新发展格局，是由我国经济社会发展的理论逻辑、历史逻辑、现实逻辑决定的，三者紧密关联。进入新发展阶段明确了我国发展的历史方位，贯彻新发展理念明确了我国现代化建设的指导原则，构建新发展格局明确了我国经济现代化的路径选择。把握新发展阶段是贯彻新发展理念、构建新发展格局的现实依据，贯彻新发展理念为把握新发展阶段、构建新发展格局提供了行动指南，构建新发展格局则是应对新发展阶段机遇和挑战、贯彻新发展理念的战略选择。①

——2021 年 1 月 11 日，习近平同志在省部级主要领导干部学习贯彻党的十九届五中全会精神专题研讨班上的讲话

高质量发展是全面建设社会主义现代化国家的首要任务。发展是党执政兴国的第一要务。没有坚实的物质技术基础，就不可能全面建成社会主义现代化强国。必须完整、准确、全面贯彻新发展理念，坚持社会主义市场经济改革方向，坚持高水平对外开放，加快构建以国内大循环为主体、国内国际双循环相互促进的新发展格局。②

——2022 年 10 月 16 日，习近平同志在中国共产党第二十次全国代表大会上的报告

三、背景、内容和意义

2020 年 10 月，党的十九届五中全会提出“三新一高”的要求。第一个“新”是准确把握新发展阶段。党的十九届五中全会提出，全面建成小康社会、实现第一个百年奋斗目标之后，我们要乘势而上开启全面建设社会主义现代化国家新征程、向第二个百年奋斗目标进军，这标志着我国进入了一个新发展阶段。第二个“新”是全面贯彻新发展理念。2015 年，党的十八届五中全会明确了创新、协调、绿色、开放、共享的新发展理念。其中，创新解决发展动力问题，协调解决发展不平衡问题，绿色推进人与自然和谐共生，开放解决内外联动问题，共享解决社会公平正义问题。第三个“新”是构建新发展格局。加快构建以国内大循环为主体、国内国际双循环相互促进的新发展格局，是“十四五”规划《建议》提出的一项关

① 《习近平著作选读》第二卷，人民出版社 2023 年版，第 413-414 页。
② 《习近平著作选读》第一卷，人民出版社 2023 年版，第 23 页。

系我国发展全局的重大战略任务。第四个“高”是大力推动高质量发展。高质量发展是以创新为第一动力、协调为内生特点、绿色为普遍形态、开放为必由之路、共享为根本目的的发展。

从关系上看，“新发展阶段、新发展理念、新发展格局”与“高质量发展”之间具有系统的、内在的逻辑关系：新发展阶段揭示了我国所处的时代方位，表明我国已经完成全面建成小康社会的历史任务，进入全面建设社会主义现代化国家的新阶段；新发展理念为高质量发展提供方向，创新、协调、绿色、开放、共享的新发展理念要继续坚持；新发展格局明确战略重点，要形成强大国内市场，畅通国内大循环，促进国内国际双循环。一言以蔽之，新阶段界定了历史方位，新理念坚持了指导方针，新格局指明了改革方向。新阶段、新理念、新格局又统一于全面建设社会主义现代化国家的新征程中。学习贯彻党的二十大精神，其核心要义就是要牢牢把握“新发展阶段、新发展理念、新发展格局”的内在关系和实践要求，坚定不移走高质量发展之路。

31. 中国式现代化

一、名词解析

“中国式现代化”是习近平总书记在庆祝中国共产党成立 100 周年大会上提出的重要论断。中国式现代化是中国共产党领导的社会主义现代化，既有各国现代化的共同特征，更有基于自己国情的中国特色。

二、习近平总书记的相关重要论述

从现在起，中国共产党的中心任务就是团结带领全国各族人民全面建成社会主义现代化强国、实现第二个百年奋斗目标，以中国式现代化全面推进中华民族伟大复兴。

在新中国成立特别是改革开放以来长期探索和实践基础上，经过十八大以来在理论和实践上的创新突破，我们党成功推进和拓展了中国式现代化。[①]

——2022 年 10 月 16 日，习近平同志在中国共产党第二十次全国代表大会上的报告

一个国家选择什么样的现代化道路，是由其历史传统、社会制度、发展条件、外部环境等诸多因素决定的。国情不同，现代化途径也会不同。实践证明，一个国家走向现代化，既要遵循现代化一般规律，更要符合本国实际，具有本国特色。中国式现代化既有各国现代化的共同特征，更有基于自己国情的鲜明特色。党的二十大报告明确概括了中国式现代化 5 个方面的中国特色，深刻揭示了中国式现代化的科学内涵。这既是理论概括，也是实践要求，为全面建成社会主义现代化强国、实现中华民族伟大复兴指明了一条康庄大道。[②]

——2023 年 2 月 7 日，习近平同志在新进中央委员会的委员、候补委员和省部级主要领导干部学习贯彻习近平新时代中国特色社会主义思想和党的二十大精神研讨班上的讲话

三、背景、内容和意义

习近平总书记在党的二十大报告中全面系统深入地阐述了中国式现代化的科学内涵，即中国式现代化的中国特色、本质要求和重大原则。这是对党的现代化理论的一个重大丰富和发展，是党的二十大报告的一个重大亮点，也是一个重大创新点。认真学习、深刻理解、准确把握这一重大论断，对于动员全党全国各族人民在新时代新征程夺取中国特色社会主义新胜利，全面建设社会主义现代化国家、全面推进中华民族伟大复兴，具有重大的现实意义和深远的历史意义。

中国式现代化具有五个方面的中国特色。第一，中国式现代化是人口规模巨大的现代化。我国十四亿多人口整体迈进现代化社会，其规模超过现有发达国家人口的总和，将彻底改写现代化的世界版图，在人类历史上是一件有深远影响的大事。中国式现代化其艰巨性和复杂性前所未有，发展途径和推进方式也必然具有自己的特点。第二，中国式现代化是全体人

① 《习近平著作选读》第一卷，人民出版社 2023 年版，第 18 页。

② 习近平：《中国式现代化是强国建设、民族复兴的康庄大道》，《求是》2023 年第 16 期。

民共同富裕的现代化。共同富裕是中国特色社会主义的本质要求，也是一个长期的历史过程。中国式现代化坚持以人民为中心的发展思想，自觉主动解决地区差距、城乡差距、收入分配差距，促进社会公平正义，逐步实现全体人民共同富裕，坚决防止两极分化。第三，中国式现代化是物质文明和精神文明相协调的现代化。物质富足、精神富有是社会主义现代化的根本要求。物质贫困不是社会主义，精神贫乏也不是社会主义。我们说的共同富裕是全体人民共同富裕，是人民群众物质生活和精神生活都富裕，不是少数人的富裕，也不是整齐划一的平均主义。中国式现代化坚持社会主义核心价值观，加强理想信念教育，弘扬中华优秀传统文化，增强人民精神力量，促进物的全面丰富和人的全面发展。第四，中国式现代化是人与自然和谐共生的现代化。人与自然是生命共同体。我们坚持可持续发展，坚持节约优先、保护优先、自然恢复为主的方针，像保护眼睛一样保护自然和生态环境，坚定不移走生产发展、生活富裕、生态良好的文明发展道路，实现中华民族永续发展。第五，中国式现代化是走和平发展道路的现代化。我国不走一些国家通过战争、殖民、掠夺等方式实现现代化的老路，那种损人利己、充满血腥罪恶的老路给广大发展中国家人民带来深重苦难。我们坚定站在历史正确的一边、站在人类文明进步的一边，高举和平、发展、合作、共赢旗帜，在坚定维护世界和平与发展中谋求自身发展，又以自身发展更好维护世界和平与发展。

中国式现代化具有自己的本质要求。这个本质要求有九个方面，这就是：坚持中国共产党领导，坚持中国特色社会主义，实现高质量发展，发展全过程人民民主，丰富人民精神世界，实现全体人民共同富裕，促进人与自然和谐共生，推动构建人类命运共同体，创造人类文明新形态。

在前进的道路上，推进中国式现代化，总结历史和现实经验，遵循客观发展规律，我们必须牢牢把握五个重大原则：一是坚持和加强党的全面领导，二是坚持中国特色社会主义道路，三是坚持以人民为中心的发展思想，四是坚持深化改革开放，五是坚持发扬斗争精神。

32. 牢记“三个务必”

一、名词解析

“三个务必”，即务必不忘初心、牢记使命，务必谦虚谨慎、艰苦奋斗，务必敢于斗争、善于斗争，由习近平总书记在党的二十大报告首次提出。

二、习近平总书记的相关重要论述

中国共产党已走过百年奋斗历程。我们党立志于中华民族千秋伟业，致力于人类和平与发展崇高事业，责任无比重大，使命无上光荣。全党同志务必不忘初心、牢记使命，务必谦虚谨慎、艰苦奋斗，务必敢于斗争、善于斗争，坚定历史自信，增强历史主动，谱写新时代中国特色社会主义更加绚丽的华章。①

——2022 年 10 月 16 日，习近平同志在中国共产党第二十次全国代表大会上的报告

一是凝心铸魂筑牢根本。要教育引导广大党员、干部经受思想淬炼、精神洗礼，坚定对马克思主义的信仰、对中国特色社会主义的信念、对实现中华民族伟大复兴中国梦的信心，弘扬伟大建党精神，务必不忘初心、牢记使命，务必谦虚谨慎、艰苦奋斗，务必敢于斗争、善于斗争，筑牢信仰之基、补足精神之钙、把稳思想之舵。②

——2023 年 4 月 3 日，习近平同志在学习贯彻习近平新时代中国特色社会主义思想主题教育工作会议上的讲话

三、背景、内容和意义

习近平总书记在党的二十大报告中提出，“全党同志务必不忘初心、

① 《习近平著作选读》第一卷，人民出版社 2023 年版，第 1-2 页。

② 习近平：《在学习贯彻习近平新时代中国特色社会主义思想主题教育工作会议上的讲话》，《求是》2023 年第 9 期。

牢记使命，务必谦虚谨慎、艰苦奋斗，务必敢于斗争、善于斗争”。这“三个务必”是基于对党所处历史方位、面临形势任务、党情国情世情发展变化进行深刻分析作出的重大论断，彰显了百年大党新时代赶考的清醒和坚定，对于坚定历史自信、增强历史主动、奋力谱写新时代中国特色社会主义更加绚丽的华章具有深远的历史意义和重大的现实意义。

中国共产党一经诞生，就把为中国人民谋幸福、为中华民族谋复兴确立为自己的初心使命。在百年奋斗历程中，党始终践行党的初心使命，团结带领全国各族人民书写了中华民族几千年历史上最恢宏的史诗，中华民族伟大复兴展现出前所未有的光明前景。前进道路上，我们要紧紧围绕新时代新征程中国共产党的使命任务，牢记中国共产党是什么、要干什么这个根本问题，坚定理想信念，坚守初心使命，坚持以人民为中心的发展思想，以咬定青山不放松的执着奋力实现既定目标，让现代化建设成果更多更公平惠及全体人民。

艰苦奋斗是我们党的政治本色和优良传统。一路走来，中国人民自力更生、艰苦奋斗，创造了举世瞩目的中国奇迹。党的十八大以来，以习近平同志为核心的党中央团结带领全党全国各族人民自信自强、守正创新、艰苦奋斗，创造了新时代中国特色社会主义的伟大成就，实现中华民族伟大复兴进入了不可逆转的历史进程。同时我们清醒地认识到，完成脱贫攻坚、全面建成小康社会的历史任务，实现第一个百年奋斗目标，这只是迈向中华民族伟大复兴的关键一步，我们决不能骄傲自满、止步不前；全面建设社会主义现代化国家，是一项伟大而艰巨的事业，前途光明，任重道远。面对更加光荣的使命、更加艰巨的任务，全党必须继续谦虚谨慎、艰苦奋斗，全力办好自己的事，以“赶考”的清醒和坚定答好新时代的问卷。

敢于斗争、敢于胜利，是党和人民不可战胜的强大精神力量。党和人民取得的一切成就，都是通过斗争取得的。进入新时代，党和国家面临的形势之复杂、斗争之严峻、改革发展稳定任务之艰巨世所罕见、史所罕见。我们党紧紧依靠人民，有效应对严峻复杂的国际形势和接踵而至的巨大风险挑战，以奋发有为的精神把新时代中国特色社会主义不断推向前进，攻克了一个个看似不可攻克的难关险阻。我们党依靠斗争走到今天，也必然要依靠斗争赢得未来。新时代新征程上，增强忧患意识，坚持底线思维，发扬斗争精神，增强志气、骨气、底气，不信邪、不怕鬼、不怕压，知难而进、迎难而上，全力战胜前进道路上各种困难和挑战，我们就一定能够依靠顽强斗争打开事业发展新天地，把中国发展进步的命运牢牢掌握在自己手中。

这“三个务必”，充分彰显了百年大党坚定的战略自信和高度的战略清醒，充分彰显了中国共产党人自警自励的政治智慧和求真务实的政治品格，充分体现了新时代中国共产党人强烈的历史自觉和责任担当，鼓舞和激励着全党全国各族人民牢记空谈误国、实干兴邦，坚定信心、同心同德，埋头苦干、奋勇前进，为全面建设社会主义现代化国家、全面推进中华民族伟大复兴而团结奋斗，在新时代新征程上展现新气象新作为。

三、新时代党的建设新的伟大工程

33. 习近平总书记关于党的建设的重要思想

一、名词解析

2023 年 6 月 28 日至 29 日召开的全国组织工作会议首次正式提出和系统阐述“习近平总书记关于党的建设的重要思想”，这在马克思主义建党学说发展史和中国共产党党建史上具有标志性的里程碑意义。

二、习近平总书记的相关重要论述

新的征程上，我们要牢记打铁必须自身硬的道理，增强全面从严治党永远在路上的政治自觉，以党的政治建设为统领，继续推进新时代党的建设新的伟大工程，不断严密党的组织体系，着力建设德才兼备的高素质干部队伍，坚定不移推进党风廉政建设和反腐败斗争，坚决清除一切损害党的先进性和纯洁性的因素，清除一切侵蚀党的健康肌体的病毒，确保党不变质、不变色、不变味，确保党在新时代坚持和发展中国特色社会主义的历史进程中始终成为坚强领导核心！①

——2021 年 7 月 1 日，习近平同志在庆祝中国共产党成立一百周年大会上的讲话

三、背景、内容和意义

全面建设社会主义现代化国家，全面推进中华民族伟大复兴，关键在党，关键在人。在中国共产党成立 102 周年之际，习近平总书记对党的建设和组织工作作出重要指示，要求深刻领会党中央关于党的建设的重要思想，深入落实新时代党的建设总要求和新时代党的组织路线，深入推进新时代党的建设新的伟大工程，以坚持和加强党中央集中统一领导为最高原则，以忠诚为党护党、全力兴党强党为根本使命，以解决大党独有难题、

① 《习近平著作选读》第二卷，人民出版社 2023 年版，第 487 页。

健全全面从严治党体系为重大任务，坚持不懈用党的创新理论统一全党思想意志行动，不断严密上下贯通、执行有力的组织体系，着力建强堪当民族复兴重任的高素质执政骨干队伍，加快建设世界重要人才中心和创新高地，持续深化模范部门和过硬队伍建设，不断提高组织工作质量，为更好地以党的伟大自我革命引领伟大社会革命，推进强国建设、民族复兴伟业提供坚强组织保证。

全国组织工作会议首次正式提出和系统阐述“习近平总书记关于党的建设的重要思想”，这在马克思主义建党学说发展史和中国共产党党建史上具有标志性的里程碑意义。习近平总书记关于党的建设的重要思想是一个科学系统、逻辑严密、有机统一的整体，涵盖党的建设方方面面，内涵十分丰富。全国组织工作会议以“十三个坚持”系统阐述了这一重要思想的丰富内涵。这“十三个坚持”分别为：坚持和加强党的全面领导，坚持以党的自我革命引领社会革命，坚持以党的政治建设统领党的建设各项工作，坚持江山就是人民、人民就是江山，坚持思想建党、理论强党，坚持严密党的组织体系，坚持造就忠诚干净担当的高素质干部队伍，坚持聚天下英才而用之，坚持持之以恒正风肃纪，坚持一体推进不敢腐、不能腐、不想腐，坚持完善党和国家监督体系，坚持制度治党、依规治党，坚持落实全面从严治党政治责任。

习近平总书记关于党的建设的重要思想，是习近平新时代中国特色社会主义思想的重要组成部分，是新时代党的建设理论发展和实践经验的科学总结，是马克思主义建党学说中国化时代化的最新成果，是全面推进新时代党的建设新的伟大工程的根本遵循和行动指南。我们要把学习贯彻习近平总书记关于党的建设的重要思想作为新时代党的建设的一项重大政治任务抓紧抓好，全面掌握其核心要义、精神实质、丰富内涵、实践要求，不断深化对其重大意义、地位作用、理论贡献的认识，更加强化用其武装头脑、指导实践、推动工作的自觉性主动性，进一步开辟百年大党自我革命的新境界。

34. 习近平总书记关于做好新时代人才工作的重要思想

一、名词解析

党的十八大以来，以习近平同志为核心的党中央把人才工作摆在党和国家事业全局中更加重要的位置，领导推出一系列具有全局性、前瞻性的重大举措，开展一系列具有开创性、基础性的重要工作，实行更加积极、更加开放、更加有效的人才政策，引领新时代人才工作取得历史性成就、发生历史性变革，形成了习近平总书记关于做好新时代人才工作的重要思想，为加快建设人才强国提供了根本遵循和行动指南。

二、习近平总书记的相关重要论述

党的十八大以来，党中央深刻回答了为什么建设人才强国、什么是人才强国、怎样建设人才强国的重大理论和实践问题，提出了一系列新理念新战略新举措。

一是坚持党对人才工作的全面领导。这是做好人才工作的根本保证。千秋基业，人才为本。党管人才就是党要领导实施人才强国战略、推进高水平科技自立自强，加强对人才工作的政治引领，全方位支持人才、帮助人才，千方百计造就人才、成就人才，以识才的慧眼、爱才的诚意、用才的胆识、容才的雅量、聚才的良方，着力把党内和党外、国内和国外各方面优秀人才集聚到党和人民的伟大奋斗中来，努力建设一支规模宏大、结构合理、素质优良的人才队伍。

二是坚持人才引领发展的战略地位。这是做好人才工作的重大战略。人才是创新的第一资源，人才资源是我国在激烈的国际竞争中的重要力量和显著优势。创新驱动本质上是人才驱动，立足新发展阶段、贯彻新发展理念、构建新发展格局、推动高质量发展，必须把人才资源开发放在最优先位置，大力建设战略人才力量，着力夯实创新发展人才基础。

三是坚持面向世界科技前沿、面向经济主战场、面向国家重大需求、面向人民生命健康。这是做好人才工作的目标方向。必须支持和鼓励广大科学家和科技工作者紧跟世界科技发展大势，对标一流水平，根据国家发展急迫需要和长远需求，敢于提出新理论、开辟新领域、探索新路径，多出战略性、关键性重大科技成果，不断攻克“卡脖子”关键核心技术，不断向科学技术广度和深度进军，把论文写在祖国大地上，把科技成果应用在实现社会主义现代化的伟大事业中。

四是坚持全方位培养用好人才。这是做好人才工作的重点任务。必须坚定人才培养自信，造就一流科技领军人才和创新团队，培养具有国际竞争力的青年科技人才后备军，用好用活人才，大胆使用青年人才，激发创新活力，放开视野选人才、不拘一格用人才。

五是坚持深化人才发展体制机制改革。这是做好人才工作的重要保障。必须破除人才培养、使用、评价、服务、支持、激励等方面的体制机制障碍，破除“四唯”现象，向用人主体授权，为人才松绑，把我国制度优势转化为人才优势、科技竞争优势，加快形成有利于人才成长的培养机制、有利于人尽其才的使用机制、有利于人才各展其能的激励机制、有利于人才脱颖而出的竞争机制，把人才从科研管理的各种形式主义、官僚主义的束缚中解放出来。

六是坚持聚天下英才而用之。这是做好人才工作的基本要求。中国发展需要世界人才的参与，中国发展也为世界人才提供机遇。必须实行更加积极、更加开放、更加有效的人才引进政策，用好全球创新资源，精准引进急需紧缺人才，形成具有吸引力和国际竞争力的人才制度体系，加快建设世界重要人才中心和创新高地。

七是坚持营造识才爱才敬才用才的环境。这是做好人才工作的社会条件。必须积极营造尊重人才、求贤若渴的社会环境，公正平等、竞争择优的制度环境，待遇适当、保障有力的生活环境，为人才心无旁骛钻研业务创造良好条件，在全社会营造鼓励大胆创新、勇于创新、包容创新的良好氛围。

八是坚持弘扬科学家精神。这是做好人才工作的精神引领和思想保证。必须弘扬胸怀祖国、服务人民的爱国精神，勇攀高峰、敢为人先的创新精神，追求真理、严谨治学的求实精神，淡泊名利、潜心研究的奉献精神，集智攻关、团结协作的协同精神，甘为人梯、奖掖后学的育人精神，教育引导各类人才矢志爱国奋斗、锐意开拓创新。

以上八条，是我们对我国人才事业发展规律性认识的深化，要始终坚持并不断丰富发展。[①]

——2021年9月27日，习近平同志在中央人才工作会议上的讲话

三、背景、内容和意义

千秋伟业，人才为本。人才是实现民族振兴、赢得国际竞争主动的战略资源，是衡量一个国家综合国力的重要指标，综合国力竞争说到底是人才竞争。党的十八大以来，以习近平同志为核心的党中央坚持党管人才原则，高度重视人才工作，推进人才发展体制机制改革，大兴识才爱才敬才用才之风。在实现中华民族伟大复兴中国梦的征程上，针对人才工作，习近平总书记作出一系列重要论断，"办好中国的事情，关键在党，关键在人，关键在人才"，"聚天下英才而用之"，"发展是第一要务，人才是第一资源，创新是第一动力"，"综合国力竞争说到底是人才竞争"，等等。立足当前国际国内环境，习近平总书记在中央人才工作会议上明确指出，"坚持面向世界科技前沿、面向经济主战场、面向国家重大需求、面向人民生命健康，深入实施新时代人才强国战略，全方位培养、引进、用好人才，加快建设世界重要人才中心和创新高地，为2035年基本实现社会主义现代化提供人才支撑，为2050年全面建成社会主义现代化强国打好人才基础"，为我们加快建设人才强国指明方向。

2021年9月27日，习近平总书记在中央人才工作会议上发表重要讲话，精辟概括了"八个坚持"，即坚持党对人才工作的全面领导，坚持人才引领发展的战略地位，坚持面向世界科技前沿、面向经济主战场、面向国家重大需求、面向人民生命健康，坚持全方位培养用好人才，坚持深化人才发展体制机制改革，坚持聚天下英才而用之，坚持营造识才爱才敬才用才的环境，坚持弘扬科学家精神。"八个坚持"深化了马克思主义执政党对人才工作的规律性认识，构成了习近平总书记关于做好新时代人才工作的重要思想的核心要义，在我国人才事业发展进程中具有重大政治意义、理

① 《习近平著作选读》第二卷，人民出版社2023年版，第517-519页。

论意义、实践意义。

35. 新时代党的建设总要求

一、名词解析

“新时代党的建设总要求”是习近平总书记于 2017 年 10 月 18 日在党的十九大报告中提出的治国理政方针理论。具体内容是：坚持和加强党的全面领导，坚持党要管党、全面从严治党，以加强党的长期执政能力建设、先进性和纯洁性建设为主线，以党的政治建设为统领，以坚定理想信念宗旨为根基，以调动全党积极性、主动性、创造性为着力点，全面推进党的政治建设、思想建设、组织建设、作风建设、纪律建设，把制度建设贯穿其中，深入推进反腐败斗争，不断提高党的建设质量，把党建设成为始终走在时代前列、人民衷心拥护、勇于自我革命、经得起各种风浪考验、朝气蓬勃的马克思主义执政党。

二、习近平总书记的相关重要论述

新时代党的建设总要求是：坚持和加强党的全面领导，坚持党要管党、全面从严治党，以加强党的长期执政能力建设、先进性和纯洁性建设为主线，以党的政治建设为统领，以坚定理想信念宗旨为根基，以调动全党积极性、主动性、创造性为着力点，全面推进党的政治建设、思想建设、组织建设、作风建设、纪律建设，把制度建设贯穿其中，深入推进反腐败斗争，不断提高党的建设质量，把党建设成为始终走在时代前列、人民衷心拥护、勇于自我革命、经得起各种风浪考验、朝气蓬勃的马克思主义执政党。①

——2017 年 10 月 18 日，习近平同志在中国共产党第十九次全国代表大会上的报告

① 《习近平著作选读》第二卷，人民出版社 2023 年版，第 50-51 页。

我们要落实新时代党的建设总要求，健全全面从严治党体系，全面推进党的自我净化、自我完善、自我革新、自我提高，使我们党坚守初心使命，始终成为中国特色社会主义事业的坚强领导核心。①

——2022年10月16日，习近平同志在中国共产党第二十次全国代表大会上的报告

三、背景、内容和意义

党的十九大报告立足中国特色社会主义进入新时代的历史方位，系统回答了新时代“建设什么样的长期执政的马克思主义政党、怎样建设长期执政的马克思主义政党”这一重大时代课题，第一次明确提出新时代党的建设总要求，对党的建设的根本原则、方针、主线、总体布局、根本目标等作出战略部署，为新时代坚持和加强党的全面领导、更好发挥党的建设新的伟大工程的决定性作用，提供了强大武器和坚强保证。党的二十大报告进一步提出，要落实新时代党的建设总要求，健全全面从严治党体系，全面推进党的自我净化、自我完善、自我革新、自我提高，使我们党坚守初心使命，始终成为中国特色社会主义事业的坚强领导核心。

从内容上看，新时代党的建设总要求由六个层次构成：根本原则是坚持和加强党的全面领导；指导方针是坚持党要管党、全面从严治党；工作主线是加强党的长期执政能力建设、先进性和纯洁性建设；总体布局是以党的政治建设为统领，全面推进党的政治建设、思想建设、组织建设、作风建设、纪律建设，把制度建设贯穿其中，深入推进反腐败斗争；基本要求是提高党建工作质量；根本目标是把党建设成为始终走在时代前列、人民衷心拥护、勇于自我革命、经得起各种风浪考验、朝气蓬勃的马克思主义执政党。

新时代党的建设总要求既包括新时代党的建设的原则、方针、主线，也包括新时代党的建设的总体布局、要求和目标，既指明方向路径又指出思路要求，既有具体抓手又有检验标准，相互联系、密不可分，共同构成

① 《习近平著作选读》第一卷，人民出版社2023年版，第52页。

了新时代党的建设的总遵循、总依据。党的建设是一项长期艰巨复杂的系统工程。我们要深刻理解和准确把握新时代党的建设总要求的丰富内涵，紧密结合伟大斗争、伟大事业、伟大梦想的生动实践，全面统筹协调推进党的各项建设，做到管党有方、治党有力、建党有效，把我们党建设得更好、建设得更强，引领全国人民全面实现建设社会主义现代化国家的伟大梦想。

36. 新时代党的建设总体布局

一、名词解析

党的十九大报告确立了新时代党的建设总体布局为，以党的政治建设为统领，全面推进党的政治建设、思想建设、组织建设、作风建设、纪律建设，把制度建设贯穿其中，深入推进反腐败斗争。

二、习近平总书记的相关重要论述

坚持以党的政治建设为统领，坚决维护党中央权威和集中统一领导。马克思主义执政党就要旗帜鲜明讲政治。大量事实表明，党内存在的各种问题，从根本上讲，都与政治建设软弱乏力、政治生活不严肃不健康有关。党的十九大把党的政治建设纳入党的建设总体布局并摆在首位，是从战略和全局高度作出的重大决策。①

——2018年1月11日，习近平同志在中共第十九届中央纪律检查委员会第二次全体会议上的讲话

我们把纪律建设纳入党的建设总体布局，坚持纪严于法、纪在法前，严明党的政治纪律和政治规矩，带动组织纪律、廉洁纪律、群众纪律、工作纪律、生活纪律全面从严，以严明纪律规范党员、干部履职用权，抓早抓小、防微杜渐，精准运用“四种形态”，让党员、干部切身感受到党的

① 《习近平著作选读》第二卷，人民出版社2023年版，第118-119页。

严管和厚爱。[①]

——2023年1月9日，习近平同志在中共第二十届中央纪律检查委员会第二次全体会议上的讲话

三、背景、内容和意义

在新时代党的建设总要求中，总体布局是关键。只有总体布局立起来了，党的建设才有具体支撑和有力抓手。党的十九大报告明确提出，新时代党的建设的总体布局为“全面推进党的政治建设、思想建设、组织建设、作风建设、纪律建设，把制度建设贯穿其中，深入推进反腐败斗争”。由此可见，新时代党的建设总体布局为“5+1+1”，即党的政治建设、思想建设、组织建设、作风建设、纪律建设，以及制度建设和反腐败斗争。

1. 政治建设。党的十九大第一次把党的政治建设纳入党的建设总体布局，强调党的政治建设是党的根本性建设，党的政治建设决定党的建设方向和效果，要把党的政治建设摆在首位，以政治建设为统领全面推进党的各项建设。

2. 思想建设。思想建设是党的基础性建设。回顾党的奋斗历程可以发现，我们党之所以能够不断历经艰难困苦创造新的辉煌，很重要的一条就是我们党始终重视思想建党、理论强党，坚持用科学理论武装广大党员、干部的头脑，使全党始终保持统一的思想、坚定的意志、强大的战斗力。当前，思想建设的首要任务是用习近平新时代中国特色社会主义思想武装全党、教育人民、指导实践。

3. 组织建设。党的组织建设，是指党的组织制度、党的中央组织、党的地方组织、党的基层组织、党的干部、党的纪律、党的纪律检查机关、党组等建设，主要包括民主集中制建设、党的基层组织建设、干部队伍建设和党员队伍建设等内容。党的力量来自组织，组织能使力量倍增。大力加强党的组织建设，是推进新时代党的建设新的伟大工程的重大任务。

4. 作风建设。党的作风关系党的形象，关系人心向背，关系党的生死存亡。作为党的形象的集中体现，党的作风是评判党群干群关系的试金石，

---

① 习近平：《健全全面从严治党体系推动新时代党的建设新的伟大工程向纵深发展》，《求是》2023年第12期。

是观察人心得失民心向背的晴雨表，是引领党的前途命运的风向标。作风问题本质上是党性问题，是直接关系到能否忠诚党的信仰、践行党的宗旨的重大根本问题，是直接关系到能否密切联系群众、保持党和人民的血肉联系、巩固党的执政基础和群众基础的重大政治问题，是直接关系到能否不忘党的初心、牢记党的使命、实现中华民族伟大复兴中国梦的重大实践问题。

5. 纪律建设。纪律建设是党的建设总体布局的重要组成部分。党的十八大以来，党中央把纪律建设摆在更加突出位置，作为管党治党的重要遵循和基本依据，形成了包括政治纪律、组织纪律、廉洁纪律、群众纪律、工作纪律、生活纪律在内的六大纪律体系，成为党的建设常态化工作内容，成为推进全面从严治党重大战略部署的重要支撑。

6. 制度建设。制度具有根本性、全局性、稳定性、长期性。不断加强党内制度建设，不仅是人民群众的期待，也是中国共产党自身净化的必然要求。全面从严治党，要坚持思想建党和制度治党紧密结合，全方位扎紧制度笼子，更多用制度治党、管权、治吏。党的依法执政，既包括党依据国家法律法规治国理政，也包括党依据党内法规管党治党。在管党治党实践中，党中央以零容忍的高压态势严惩腐败，坚持制度反腐、彻底反腐、科学反腐，将任性恣意的权力关进制度的笼子里，使得制度建设成为管党治党、治国执政的实践主题，在全面从严治党中发挥着根本性的支撑保障作用。

7. 反腐败斗争。腐败是危害党的生命力和战斗力的最大毒瘤，反腐败是最彻底的自我革命。只要存在腐败问题产生的土壤和条件，反腐败斗争就一刻不能停，必须永远吹冲锋号。坚持不敢腐、不能腐、不想腐一体推进，同时发力、同向发力、综合发力，深入推进党风廉政建设和反腐败斗争，坚决打赢反腐败斗争攻坚战持久战。

37. 中国共产党领导地位的“三个最”

一、名词解析

中国共产党领导地位主要体现为：中国共产党领导是中国特色社会主义最本质的特征，中国共产党领导是中国特色社会主义制度的最大优势，中国共产党是最高政治领导力量。

二、习近平总书记的相关重要论述

中国共产党领导是中国特色社会主义最本质的特征，中国共产党是国家最高政治领导力量，是实现中华民族伟大复兴的根本保证。东西南北中，党政军民学，党是领导一切的。全国各党派、各团体、各民族、各阶层、各界人士要紧密团结在党中央周围，增强“四个意识”，坚定“四个自信”，万众一心向前进。[①]

——2018 年 3 月 20 日，习近平同志在第十三届全国人民代表大会第一次会议上的讲话

中国特色社会主义最本质的特征是中国共产党领导，中国特色社会主义制度的最大优势是中国共产党领导，党是最高政治领导力量。没有党的领导，民族复兴必然是空想。历史和人民把我们党推到了这样的位置，我们就要以坚强有力的政治领导承担起应该承担的政治责任。[②]

——2018 年 6 月 29 日，习近平同志主持中共十九届中央政治局第六次集体学习时的讲话

三、背景、内容和意义

中国共产党领导是中国特色社会主义最本质的特征，是中国特色社会主义制度的最大优势。党政军民学，东西南北中，党是领导一切的。正是

① 习近平：《在第十三届全国人民代表大会第一次会议上的讲话》，《求是》2020 年第 10 期。
② 《习近平著作选读》第二卷，人民出版社 2023 年版，第 183 页。

因为始终坚持党的集中统一领导，我们才能实现伟大历史转折、开启改革开放新时期和中华民族伟大复兴新征程，才能成功应对一系列重大风险挑战、克服无数艰难险阻，才能有力应变局、平风波、战洪水、防非典、抗地震、化危机，才能既不走封闭僵化的老路也不走改旗易帜的邪路，而是坚定不移走中国特色社会主义道路。

坚持和加强党的全面领导，坚决维护党中央权威，健全总揽全局、协调各方的党的领导制度体系，把党的领导落实到国家治理各领域各方面各环节，是党领导人民进行革命、建设、改革最可宝贵的经验。我们推进各方面建设、推动各项事业发展、加强和改进各方面工作，都必须坚持党的领导，自觉贯彻党总揽全局、协调各方的根本要求。

坚持党的领导，必须不断改善党的领导，让党的领导更加适应实践、时代、人民的要求。在坚持党的领导这个决定党和国家前途命运的重大原则问题上，我们必须保持高度的思想自觉、政治自觉、行动自觉，丝毫不能动摇。我们党要担负起领导人民进行伟大社会革命的历史责任，必须勇于进行自我革命，坚持立党为公、执政为民，深入推进全面从严治党，坚决扫除一切消极腐败现象，始终与人民心心相印、与人民同甘共苦、与人民团结奋斗，永远保持马克思主义执政党本色，永远走在时代前列，永远做中国人民和中华民族的主心骨。

38. 新时代党的组织路线

一、名词解析

在 2018 年 7 月 3 日召开的全国组织工作会议上，习近平总书记首次提出新时代党的组织路线。新时代党的组织路线是：全面贯彻习近平新时代中国特色社会主义思想，以组织体系建设为重点，着力培养忠诚干净担当的高素质干部，着力集聚爱国奉献的各方面优秀人才，坚持德才兼备、以德为先、任人唯贤，为坚持和加强党的全面领导、坚持和发展中国特色社会主义提供坚强组织保证。

二、习近平总书记的相关重要论述

邓小平同志曾经指出："正确的政治路线要靠正确的组织路线来保证。"我们党一路走来，始终坚持组织路线服务政治路线。党的一大党纲就规定了党的组织建设的原则。党的六大明确提出"组织路线"的概念。一九二九年召开的古田会议要求"努力去改造党的组织，务使党的组织确实能担负党的政治任务"。在一九三八年召开的党的六届六中全会上，毛泽东同志明确指出，"政治路线确定之后，干部就是决定的因素"，并提出"才德兼备"的干部标准和"任人唯贤"的干部路线。新中国成立后，我们党着眼社会主义革命和建设的需要，强调各行各业干部要又红又专。党的十一届三中全会以后，邓小平同志明确指出，"中国的稳定，四个现代化的实现，要有正确的组织路线来保证"，并提出了干部队伍革命化、年轻化、知识化、专业化的方针。

"秉纲而目自张，执本而末自从。"组织路线对坚持党的领导、加强党的建设、做好党的组织工作具有十分重要的意义。现在，需要明确提出新时代党的组织路线，这就是：全面贯彻新时代中国特色社会主义思想，以组织体系建设为重点，着力培养忠诚干净担当的高素质干部，着力集聚爱国奉献的各方面优秀人才，坚持德才兼备、以德为先、任人唯贤，为坚持和加强党的全面领导、坚持和发展中国特色社会主义提供坚强组织保证。新时代党的组织路线是理论的也是实践的，要在推进党的建设新的伟大工程、落实全面从严治党的实践中切实贯彻落实。①

——2018年7月3日，习近平同志在全国组织工作会议上的讲话

三、背景、内容和意义

党的十八大之后，党中央作出全面从严治党的战略部署，以坚定决心、顽强意志加以推进，坚持和加强党的全面领导，坚持新时代党的建设总要求，坚持党要管党、全面从严治党，坚持把党的政治建设摆在首位，坚持思想建党和制度治党同向发力，坚持贯彻新时期好干部标准，坚持强基固本，坚持正风肃纪、严惩腐败，党内政治生态明显好转，党的创造力、凝

① 《习近平著作选读》第二卷，人民出版社2023年版，第190-191页。

聚力、战斗力显著增强，党群关系明显改善，党在革命性锻造中更加坚强，以党的伟大自我革命推动了伟大的社会革命。实践深化了我们对马克思主义执政党建设规律的认识。对我们取得的实践成果和理论成果必须长期坚持，并不断丰富发展。

在新时代，我们党领导人民进行伟大社会革命，涵盖领域的广泛性、触及利益格局调整的深刻性、涉及矛盾和问题的尖锐性、突破体制机制障碍的艰巨性、进行伟大斗争形势的复杂性，都是前所未有的。同时，我们党面临的“四大考验”“四种危险”是长期的、尖锐的，影响党的先进性、弱化党的纯洁性的因素也是复杂的，党内存在的思想不纯、政治不纯、组织不纯、作风不纯等突出问题尚未得到根本解决。我们必须增强忧患意识、责任意识，把党的伟大自我革命进行到底。对此，要全面贯彻新时代党的建设总要求，不断提高党的建设质量，把党建设成为始终走在时代前列、人民衷心拥护、勇于自我革命、经得起各种风浪考验、朝气蓬勃的马克思主义执政党，建设一支忠实贯彻习近平新时代中国特色社会主义思想、符合新时期好干部标准、忠诚干净担当、数量充足、充满活力的高素质专业化年轻干部队伍。

组织路线对坚持党的领导、加强党的建设、做好党的组织工作具有十分重要的意义。贯彻新时代党的组织路线，建设忠诚干净担当的高素质干部队伍是关键，重点是要做好干部培育、选拔、管理、使用工作。围绕干部培育、选拔、管理、使用工作这个重点，建立源头培养、跟踪培养、全程培养的素质培养体系，建立日常考核、分类考核、近距离考核的知事识人体系，建立以德为先、任人唯贤、人事相宜的选拔任用体系，建立管思想、管工作、管作风、管纪律的从严管理体系，建立崇尚实干、带动担当、加油鼓劲的正向激励体系。通过制度把好干部选出来、用起来，把正确用人导向树立起来，充分调动各级干部的积极性、主动性、创造性。做好新时代的组织工作，要用好人才这个第一资源。加快实施人才强国战略，深化人才发展体制机制改革，聚天下英才而用之，努力建设一支矢志爱国奉献、勇于创新创造的优秀人才队伍，为中国特色社会主义事业发展夯实人才根基。

39. 新时代好干部标准

一、名词解析

新时代好干部标准主要有五条，分别是信念坚定、为民服务、勤政务实、敢于担当、清正廉洁。

二、习近平总书记的相关重要论述

好干部的标准，大的方面说，就是德才兼备。同时，好干部的标准又是具体的、历史的。不同历史时期，对干部德才的具体要求有所不同。革命战争年代，对党忠诚、英勇善战、不怕牺牲的干部就是好干部。社会主义革命和建设时期，懂政治、懂业务、又红又专的干部就是好干部。改革开放初期，拥护党的十一届三中全会确定的路线方针政策，有知识、懂专业、锐意改革的干部就是好干部。现在，我们提出政治上靠得住、工作上有本事、作风上过得硬、人民群众信得过等具体要求，突出了好干部标准的时代内涵。

概括起来说，好干部要做到信念坚定、为民服务、勤政务实、敢于担当、清正廉洁。信念坚定，党的干部必须坚定共产主义远大理想，真诚信仰马克思主义，矢志不渝为中国特色社会主义而奋斗，坚持党的基本理论、基本路线、基本纲领、基本经验、基本要求不动摇。为民服务，党的干部必须做人民公仆，忠诚于人民，以人民忧乐为忧乐，以人民甘苦为甘苦，全心全意为人民服务。勤政务实，党的干部必须勤勉敬业、求真务实、真抓实干、精益求精，创造出经得起实践、人民、历史检验的实绩。敢于担当，党的干部必须坚持原则、认真负责，面对大是大非敢于亮剑，面对矛盾敢于迎难而上，面对危机敢于挺身而出，面对失误敢于承担责任，面对歪风邪气敢于坚决斗争。清正廉洁，党的干部必须敬畏权力、管好权力、慎用权力，守住自己的政治生命，保持拒腐蚀、永不沾的政治本色。这些说起来大家都明白，但要真正做到就不那么容易了。[1]

——2013年6月28日，习近平同志在全国组织工作会议上的讲话

选人用人是党内政治生活的风向标，用人上的不正之风和腐败现象对政治生活危害最烈，端正用人导向是严肃党内政治生活的治本之策。要落实好干部标准，严把政治关、品行关、作风关、廉洁关，真正让忠诚干净担当、为民务实清廉、奋发有为、锐意改革、实绩突出的干部得到褒奖和重用，让阳奉阴违、阿谀逢迎、弄虚作假、不干实事、会跑会要的干部没市场、受惩戒。要大力整治选人用人上的不正之风，使用人风气更加清朗，坚决纠正“劣币驱逐良币”的逆淘汰现象，以用人环境的风清气正促进政治生态的山清水秀。要完善从严管理监督干部制度体系，解决“重选轻管”问题。同时，要抓紧健全容错纠错机制，加大正向激励力度，引导广大干部保持良好精神状态，奋发有为、敢于担当。[2]

——2016年10月27日，习近平同志在中共十八届六中全会第二次全体会议上的讲话

三、背景、内容和意义

“信念坚定，为民服务，勤政务实，敢于担当，清正廉洁”，是新时代好干部的五条标准。要按这五条标准，努力教育、培养和造就一支能办事、办实事，让人民群众满意、让党放心的干部队伍。

“信念坚定”是好干部立身之本，体现了党员干部对党的忠诚、对事业的热爱以及对党的理论路线、方针政策的坚定信仰。党员干部在任何条件下，都要把改造主观世界、加强党性修养、加强品格陶冶作为必修课。“为民服务”是好干部为政之道，党员干部要“公”字当头，以“民”为先，全心全意为人民服务，为人民的利益和幸福而努力工作。“勤政务实”是好干部履职之要，要求党员干部要立足本职、务实担当，夙夜在公，勤勉工作，力戒空谈，坚持为人民谋幸福、为民族谋复兴。“敢于担当”是好干部成事之基，担当是一种觉悟、是一种素质、是一种责任、是一种能力，党员干部要敢于探索、敢于实践、敢于负责。“清正廉洁”是好干部

---

① 《习近平著作选读》第一卷，人民出版社2023年版，第130-131页。
② 《习近平著作选读》第一卷，人民出版社2023年版，第524页。

正气之源，领导干部清廉与否，关系着人心的向背，事业成败，应该时刻用党章、用共产党员标准要求自己，时刻自重自省自警自励，老老实实做人，踏踏实实干事，清清白白为官。

党的干部是党和国家事业的中坚力量。好干部不仅要有担当的宽肩膀，还得有成事的真本领。既要大胆讲政治，又要善于讲政治；既要矢志抓发展，又要善于抓发展；既要勇于抓改革，又要善于抓改革；既要敢于直面矛盾和问题，又要善于化解矛盾和问题；既要有想干事、真干事的自觉，又要有会干事、干成事的本领。好干部标准的提出，为全面准确评价干部、精准科学选人用人提供了科学指南，为各级党组织培养教育、选拔任用好干部，建设高素质专业化干部队伍，提供了根本依据。

40. 中国共产党人的精神谱系

一、名词解析

中国共产党在长期的奋斗中，以伟大建党精神为源头，形成了井冈山精神、长征精神、遵义会议精神、延安精神、西柏坡精神、红岩精神、抗美援朝精神、“两弹一星”精神、特区精神、抗洪精神、抗震救灾精神、抗疫精神、脱贫攻坚精神等伟大精神，构筑起了中国共产党人的精神谱系。

二、习近平总书记的相关重要论述

“人生天地间，长路有险夷。”世界上没有哪个党像我们这样，遭遇过如此多的艰难险阻，经历过如此多的生死考验，付出过如此多的惨烈牺牲。一百年来，在应对各种困难挑战中，我们党锤炼了不畏强敌、不惧风险、敢于斗争、勇于胜利的风骨和品质。这是我们党最鲜明的特质和特点。在一百年的非凡奋斗历程中，一代又一代中国共产党人顽强拼搏、不懈奋斗，涌现了一大批视死如归的革命烈士、一大批顽强奋斗的英雄人物、一大批忘我奉献的先进模范，形成了井冈山精神、长征精神、遵义会议精神、延安精神、西柏坡精神、红岩精神、抗美援朝精神、“两弹一星”精神、特区精神、抗洪精神、抗震救灾精神、抗疫精神等伟大精神，构筑起了中国共产党人的精神谱系。我们党之所以历经百年而风华正茂、饱经磨难而生生不息，就是凭着那么一股革命加拼命的强大精神。①

——2021 年 2 月 20 日，习近平同志在党史学习教育动员大会上的讲话

社会主义核心价值观是凝聚人心、汇聚民力的强大力量。弘扬以伟大建党精神为源头的中国共产党人精神谱系，用好红色资源，深入开展社会主义核心价值观宣传教育，深化爱国主义、集体主义、社会主义教育，着力培养担当民族复兴大任的时代新人。推动理想信念教育常态化制度化，持续抓好党史、新中国史、改革开放史、社会主义发展史宣传教育，引导人民知史爱党、知史爱国，不断坚定中国特色社会主义共同理想。用社会主义核心价值观铸魂育人，完善思想政治工作体系，推进大中小学思想政治教育一体化建设。坚持依法治国和以德治国相结合，把社会主义核心价值观融入法治建设、融入社会发展、融入日常生活。②

——2022 年 10 月 16 日，习近平同志在中国共产党第二十次全国代表大会上的报告

三、背景、内容和意义

中国共产党的精神谱系是党在百年奋斗历程中集中展现出来的精神状态、思想境界，在本质上是党的理想信念、性质宗旨、初心使命的系统表达和理论升华，是共产党人的政治品格、党性修养、道德追求、纪律作风的实践体现和价值凝结。中国共产党在百余年奋斗历程中形成了一系列革命精神，构建起中国共产党人的精神谱系，锤炼出鲜明的政治品格。

2021 年，经党中央批准，中央宣传部梳理发布了第一批纳入中国共产党人精神谱系的伟大精神。主要有建党精神，井冈山精神、苏区精神、长征精神、遵义会议精神、延安精神、抗战精神、红岩精神、西柏坡精神、照金精神、东北抗联精神、南泥湾精神、太行精神（吕梁精神）、大别山精神、沂蒙精神、老区精神、张思德精神，抗美援朝精神、“两弹一星”精神、雷锋精神、焦裕禄精神、大庆精神（铁人精神）、红旗渠精神、北

① 《习近平著作选读》第二卷，人民出版社 2023 年版，第 423-424 页。
② 《习近平著作选读》第一卷，人民出版社 2023 年版，第 36 页。

大荒精神、塞罕坝精神、“两路”精神、老西藏精神（孔繁森精神）、西迁精神、王杰精神，改革开放精神、特区精神、抗洪精神、抗击“非典”精神、抗震救灾精神、载人航天精神、劳模精神（劳动精神、工匠精神）、青藏铁路精神、女排精神，脱贫攻坚精神、抗疫精神、“三牛”精神、科学家精神、企业家精神、探月精神、新时代北斗精神、丝路精神。

这些精神，集中彰显了中华民族和中国人民长期以来形成的伟大创造精神、伟大奋斗精神、伟大团结精神、伟大梦想精神，彰显了一代又一代中国共产党人“为有牺牲多壮志，敢教日月换新天”的奋斗精神。我们要坚持以习近平新时代中国特色社会主义思想为指导，在全党全社会大力弘扬伟大建党精神、深入宣传中国共产党人精神谱系，更好地鼓舞激励党员干部群众弘扬光荣革命传统、赓续红色血脉，不断增强“四个意识”、坚定“四个自信”、做到“两个维护”，为实现中华民族伟大复兴凝聚起奋勇前进的强大精神力量。

41. 伟大建党精神

一、名词解析

习近平总书记在庆祝中国共产党成立 100 周年大会上，首次提出并精辟阐释了“坚持真理、坚守理想，践行初心、担当使命，不怕牺牲、英勇斗争，对党忠诚、不负人民”的伟大建党精神。

二、习近平总书记的相关重要论述

一百年前，中国共产党的先驱们创建了中国共产党，形成了坚持真理、坚守理想，践行初心、担当使命，不怕牺牲、英勇斗争，对党忠诚、不负人民的伟大建党精神，这是中国共产党的精神之源。

一百年来，中国共产党弘扬伟大建党精神，在长期奋斗中构建起中国共产党人的精神谱系，锤炼出鲜明的政治品格。历史川流不息，精神代代相传。我们要继续弘扬光荣传统、赓续红色血脉，永远把伟大建党精神继承下去、发扬光大！[①]

——2021 年 7 月 21 日，习近平同志在庆祝中国共产党成立一百周年大会上的讲话

对六中全会决议，不要觉得一看就懂，其实不然。关于党的十八大之前党的历史上的重大事件、重要会议、重要人物，前两个历史决议、党的一系列重要文献都有过大量论述，都郑重作过结论，这次全会决议坚持这些基本论述和结论。同时，党的第三个历史决议也体现了我们对党的百年奋斗历史的新认识。决议注重运用党史基本著作成果和党史界学术研究成熟成果，形成了一系列重要的新论断新表述。比如，完善了第一个历史决议和第二个历史决议对新民主主义革命时期党的历史分期的表述，把党在新民主主义革命时期的四个阶段界定为“建党之初和大革命时期”“土地革命战争时期”“抗日战争时期”“解放战争时期”。而第二个历史决议表述是：新民主主义革命时期党“经历了国共合作的北伐战争、土地革命战争、抗日战争和全国解放战争这四个阶段”。比如，明确将“从进攻大城市转为向农村进军”标志为“中国革命具有决定意义的新起点”。比如，结合遵义会议具体组织安排和遵义会议的重大历史意义，实事求是地评价了会议“事实上确立了毛泽东同志在党中央和红军的领导地位”，增写了“开始确立以毛泽东同志为主要代表的马克思主义正确路线在党中央的领导地位，开始形成以毛泽东同志为核心的党的第一代中央领导集体，开启了党独立自主解决中国革命实际问题新阶段”，拓展了遵义会议重大意义的概括和总结。比如，贯通“14 年抗战”回顾和总结抗日战争的历史地位和历史贡献，修改了第二个历史决议关于抗日战争“八年之久”的说法，将抗日战争起点确定为 1931 年，以九一八事变为标志，全面回顾和总结党领导的 14 年抗战的历史贡献和历史意义。比如，首次在历史决议中写入“在革命斗争中，党弘扬坚持真理、坚守理想，践行初心、担当使命，不怕牺牲、英勇斗争，对党忠诚、不负人民的伟大建党精神”的观点。比如，将党的十九大报告概括的“八个明确”拓展为“十个明确”。将“中国共产党领导”列为第一个“明确”；增加了第七个“明确”：必须坚持和完善社会主义基

① 《习近平著作选读》第二卷，人民出版社 2023 年版，第 480 页。

本经济制度，使市场在资源配置中起决定性作用，更好发挥政府作用，把握新发展阶段，贯彻新发展理念，构建新发展格局等内容；第十个“明确”：全面从严治党的战略方针，提出新时代党的建设总要求，以伟大自我革命引领伟大社会革命。此外，第二个“明确”，增加了“以中国式现代化推进中华民族伟大复兴”的表述；第三个“明确”增加了“发展全过程人民民主”“全体人民共同富裕取得更为明显的实质性进展”的表述。对这些新论断新表述，要深入学习领会，以利于更好认识和把握党的百年奋斗重大成就和历史经验。[①]

——2022 年 1 月 11 日，习近平同志在省部级主要领导干部学习贯彻党的十九届六中全会精神专题研讨班上的讲话

三、背景、内容和意义

习近平总书记在建党百年庆祝大会上专门指出：“一百年前，中国共产党的先驱们创建了中国共产党，形成了坚持真理、坚守理想，践行初心、担当使命，不怕牺牲、英勇斗争，对党忠诚、不负人民的伟大建党精神，这是中国共产党的精神之源。”党的十九届六中全会进一步提出：“党的百年奋斗锻造了走在时代前列的中国共产党，形成了以伟大建党精神为源头的精神谱系。”这就从历史的维度和政治的高度追溯和标识了党的革命精神的文化源头，深化和拓展了党的精神谱系的理论价值，揭示和总结了伟大建党精神的实践品格，进一步教育引导全体党员以史为鉴、开创未来，埋头苦干、勇毅前行，在传承和弘扬伟大建党精神中，挺起共产党人的精神脊梁，筑牢不懈奋斗的精神支柱，赓续忠诚担当的精神血脉，凝聚奋斗新征程、奋进新时代的精神力量。

“坚持真理、坚守理想”是对中国共产党的指导思想和奋斗目标的阐释，我们要在坚持真理、坚守理想中，始终做到信仰如山、信念如铁、信心如磐。“践行初心、担当使命”是对中国共产党的历史初心和时代使命的阐释，我们要在践行初心、担当使命中，矢志不渝地为人民谋幸福、为民族谋复兴。“不怕牺牲、英勇斗争”是对中国共产党人大无畏革命精神

---

① 习近平：《更好把握和运用党的百年奋斗历史经验》，《求是》2022 年第 13 期。

状态的阐释，我们要在不怕牺牲、英勇斗争中，闯关夺隘、攻坚克难，培养和保持顽强的斗争精神。“对党忠诚、不负人民”是对中国共产党人根本宗旨和根本立场的阐释，我们要在对党忠诚、不负人民中，永葆共产党人为民务实清廉的政治本色。我们要大力弘扬伟大建党精神，在实现第二个百年奋斗目标的伟大征程中努力创造更加辉煌的业绩，为党和人民争取更大光荣。

42. 不断提高“政治三力”

一、名词解析

不断提高“政治三力”是指不断提高政治判断力、政治领悟力、政治执行力。在 2020 年 12 月的中央政治局民主生活会上，习近平总书记首次提出了不断提高“政治三力”的重大命题。

二、习近平总书记的相关重要论述

从建党的开天辟地，到新中国成立的改天换地，到改革开放的翻天覆地，再到党的十八大以来党和国家事业取得历史性成就、发生历史性变革，根本原因就在于我们党始终坚守了为中国人民谋幸福、为中华民族谋复兴的初心和使命。我们党要始终做到不忘初心、牢记使命，把党和人民事业长长久久推进下去，必须增强政治意识，善于从政治上看问题，善于把握政治大局，不断提高政治判断力、政治领悟力、政治执行力。①

——2020 年 12 月 24 日、25 日，习近平同志在主持中共十九届中央政治局民主生活会时的讲话

各级领导干部特别是高级干部必须立足中华民族伟大复兴战略全局和世界百年未有之大变局，不断提高政治判断力、政治领悟力、政治执行力，心怀“国之大者”，不断提高把握新发展阶段、贯彻新发展理念、构建新

① 《习近平著作选读》第二卷，人民出版社 2023 年版，第 391 页。

发展格局的政治能力、战略眼光、专业水平，敢于担当、善于作为，把党中央决策部署贯彻落实好。[①]

——2021年1月11日，习近平同志在省部级主要领导干部学习贯彻党的十九届五中全会精神专题研讨班上的讲话

三、背景、内容和意义

旗帜鲜明讲政治，既是马克思主义政党的鲜明特征，也是我们党一以贯之的政治优势。党领导人民治国理政，最重要的就是坚持正确政治方向，始终保持我们党的政治本色，始终沿着中国特色社会主义道路前进。

讲政治必须提高政治判断力。我们党领导人民进行革命、建设、改革的历史进程反复证明了一个道理：政治上的主动是最有利的主动，政治上的被动是最危险的被动。增强政治判断力，就要以国家政治安全为大、以人民为重、以坚持和发展中国特色社会主义为本，增强科学把握形势变化、精准识别现象本质、清醒明辨行为是非、有效抵御风险挑战的能力。要善于思考涉及党和国家工作大局的根本性、全局性、长远性问题，加强战略性、系统性、前瞻性研究谋划，做到在重大问题和关键环节上头脑特别清醒、眼睛特别明亮，善于从一般事务中发现政治问题，善于从倾向性、苗头性问题中发现政治端倪，善于从错综复杂的矛盾关系中把握政治逻辑，坚持政治立场不移、政治方向不偏。

讲政治必须提高政治领悟力。领导干部特别是高级领导干部担的是政治责任，必须对党中央精神深入学习、融会贯通，坚持用党中央精神分析形势、推动工作，始终同党中央保持高度一致，对"国之大者"了然于胸，明确自己的职责定位。

讲政治必须提高政治执行力。领导干部特别是高级干部要经常同党中央精神对表对标，切实做到党中央提倡的坚决响应，党中央决定的坚决执行，党中央禁止的坚决不做，坚决维护党中央权威和集中统一领导，做到不掉队、不走偏，不折不扣抓好党中央精神贯彻落实。要把坚持底线思维、坚持问题导向贯穿工作始终，做到见微知著、防患于未然。要强化责任意

---

① 《习近平著作选读》第二卷，人民出版社2023年版，第415页。

识，知责于心、担责于身、履责于行，敢于直面问题，不回避矛盾，不掩盖问题，出了问题要敢于承担责任。

43. 增强“四个意识”

一、名词解析

“四个意识”是指政治意识、大局意识、核心意识、看齐意识。这“四个意识”是2016年1月29日中共中央政治局会议最早提出来的。全党同志要增强政治意识、大局意识、核心意识、看齐意识，切实做到对党忠诚、为党分忧、为党担责、为党尽责。

二、习近平总书记的相关重要论述

党的历史、新中国发展的历史都告诉我们：要治理好我们这个大党、治理好我们这个大国，保证党的团结和集中统一至关重要，维护党中央权威至关重要。维护党中央权威，是中央政治局贯彻执行《关于新形势下党内政治生活的若干准则》《中国共产党党内监督条例》的重要要求。中央政治局的同志要牢固树立政治意识、大局意识、核心意识、看齐意识，坚持以党的旗帜为旗帜、以党的方向为方向、以党的意志为意志，当政治上的明白人。对党忠诚，关键是要有坚定的理想信念。“四个意识”不是空洞的口号，不能只停留在口头表态上，要切实落实到行动上。大家要以党的基本路线为根本遵循，认真领会和正确把握党的理论和路线方针政策，多从人类发展大潮流、世界变化大格局、中国发展大历史来认识和把握党的基本路线，深刻领会为什么基本路线要长期坚持。[①]

——2016年12月26日、27日，习近平同志主持中共十八届中央政治局民主生活会时的讲话

坚持党中央权威和集中统一领导，要有一套制度和规定，也要有领导

① 《习近平著作选读》第一卷，人民出版社2023年版，第549页。

干部对党的事业的忠诚、以身许党许国的使命担当。做到这一点，牢固树立“四个意识”至关重要，思想上有了“四个意识”，行动上就有了基本遵循。对党忠诚不是有条件的而是无条件的，不是抽象的而是具体的。[①]

——2018 年 1 月 5 日，习近平同志在新进中央委员会的委员、候补委员和省部级主要领导干部学习贯彻习近平新时代中国特色社会主义思想和党的十九大精神研讨班上的讲话

三、背景、内容和意义

“四个意识”是一个意蕴深刻、相互联系的有机整体，集中体现了根本的政治方向、政治立场、政治要求，是检验党员、干部政治素养的基本标准。增强“四个意识”、自觉维护习近平总书记党中央的核心、全党的核心地位，对于维护党中央权威、维护党的团结和集中统一领导，对全党全军全国各族人民更好凝聚力量抓住机遇、战胜挑战，对全党团结一心、不忘初心、继续前进，对保证党和国家兴旺发达、长治久安，具有十分重大的意义。

政治意识要求从政治上看待、分析和处理问题。我们党作为马克思主义政党，讲政治是突出的特点和优势。政治意识表现为坚定政治信仰，坚持正确的政治方向，坚持政治原则，站稳政治立场，保持政治清醒和政治定力，增强政治敏锐性和政治鉴别力；严肃党内政治生活，严守政治纪律和政治规矩，研究制定政策要把握政治方向，谋划推进工作要贯彻政治要求，解决矛盾问题要注意政治影响，发展党员、选人用人要突出政治标准，对各类组织要加强政治领导、政治引领，对各类人才要加强政治吸纳。

大局意识要求自觉从大局看问题，把工作放到大局中去思考、定位、摆布，做到正确认识大局、自觉服从大局、坚决维护大局。增强大局意识，就是要正确处理中央与地方、局部与全局、当前与长远的关系，自觉从党和国家大局出发想问题、办事情、抓落实，坚决贯彻落实中央决策部署，确保中央政令畅通。

核心意识要求在思想上认同核心、在政治上围绕核心、在组织上服从

① 《习近平著作选读》第二卷，人民出版社 2023 年版，第 108 页。

核心、在行动上维护核心。增强核心意识，就是要始终坚持、切实加强党的领导特别是党中央的集中统一领导，更加紧密地团结在以习近平同志为核心的党中央周围，更加坚定地维护党中央权威，更加自觉地在思想上政治上行动上同党中央保持高度一致，更加扎实地把党中央部署的各项任务落到实处，确保党始终成为中国特色社会主义事业的坚强领导核心。

看齐意识要求向党中央看齐，向党的理论和路线方针政策看齐，向党中央决策部署看齐，做到党中央提倡的坚决响应、党中央决定的坚决执行、党中央禁止的坚决不做。这“三个看齐”“三个坚决”是政治要求，也是政治纪律，各级党组织和广大党员、干部要树立高度自觉的看齐意识，经常和党中央要求“对表”，看看有没有“慢半拍”的问题，有没有“时差”的问题，有没有“看不齐”的问题，主动进行调整、纠正、校准。

44. 坚定“四个自信”

一、名词解析

“四个自信”即中国特色社会主义道路自信、理论自信、制度自信、文化自信，由习近平总书记在庆祝中国共产党成立95周年大会上首次完整提出，是对党的十八大提出的中国特色社会主义“三个自信”的创造性拓展和完善。

二、习近平总书记的相关重要论述

我经常想，中国形成了统一的多民族、拥有十三亿多人口而又精神上文化上高度团结统一的国家，这在世界上是独一无二的。中国连绵几千年发展至今的历史从未中断，形成了独具特色、博大精深的价值观念和文明体系，这在世界上是独一无二的。中国形成了适合我国实际、符合时代特点的中国特色社会主义并取得了巨大成功，这在世界上是独一无二的。中国形成了全心全意为人民服务、拥有八千九百多万名党员、紧密组织起来的中国共产党并在中国长期执政，这在世界上是独一无二的。我们一定要增强“四个自信”，继续把中华民族伟大复兴的事情办好，把弘扬中华文明的事情办好，把中国特色社会主义的事情办好，最根本的是要把中国共产党的事情办好。[①]

——2018年1月5日，习近平同志在新进中央委员会的委员、候补委员和省部级主要领导干部学习贯彻习近平新时代中国特色社会主义思想和党的十九大精神研讨班上的讲话

理想信念不可能凭空产生，也不可能轻而易举坚守。我们要经受住“四大考验”、抵御住“四种危险”，必须立足当前、着眼长远，深刻认识共产主义远大理想和中国特色社会主义共同理想的辩证关系，既不能离开发展中国特色社会主义事业、实现民族复兴的现实工作而空谈远大理想，也不能因为实现共产主义是一个漫长的历史过程就讳言甚至丢掉远大理想。正所谓“生年不满百，常怀千岁忧”。坚定“四个自信”，最终要坚信共产主义、坚信马克思主义。我们身处社会主义初级阶段、干着中国特色社会主义事业，心要想着远大目标。[②]

——2018年1月11日，习近平同志在中共第十九届中央纪律检查委员会第二次全体会议上的讲话

三、背景、内容和意义

2016年7月1日，习近平总书记在庆祝中国共产党成立95周年大会上明确提出：中国共产党人“坚持不忘初心、继续前进”，就要坚持“四个自信”即“中国特色社会主义道路自信、理论自信、制度自信、文化自信”。“四个自信”的重要论述，创造性地拓展了党的十八大提出的中国特色社会主义“三个自信”的谱系，凸显了中国特色社会主义的文化根基、文化本质和文化理想，标志着我们党对中国特色社会主义有了更加明确而开阔的文化建构。

道路自信是对发展方向和未来命运的自信。坚持道路自信就是要坚定走中国特色社会主义道路，这是实现社会主义现代化的必由之路，是为近代历史反复证明的客观真理，是党领导人民不断取得革命、建设、改革

① 《习近平著作选读》第二卷，人民出版社2023年版，第115页。
② 《习近平著作选读》第二卷，人民出版社2023年版，第120页。

胜利的根本保证，也是中华民族走向繁荣富强、中国人民幸福生活的根本保证。

理论自信是对马克思主义理论特别是中国特色社会主义理论体系的科学性、真理性的自信。坚持理论自信就是要坚定对共产党执政规律、社会主义建设规律、人类社会发展规律认识的自信，就是要坚定实现中华民族伟大复兴、创造人民美好生活的自信。

制度自信是对中国特色社会主义制度具有制度优势的自信。坚持制度自信就是要相信社会主义制度具有巨大优越性，相信社会主义制度能够推动发展、维护稳定，能够保障人民群众的自由平等权利和人身财产权利。

文化自信是对中国特色社会主义文化先进性的自信。坚持文化自信就是要激发党和人民对中华优秀传统文化的历史自豪感，在全社会形成对社会主义核心价值观的普遍共识和价值认同。

45. 做到“两个维护”

一、名词解析

“两个维护”是指坚决维护习近平总书记党中央的核心、全党的核心地位，坚决维护党中央权威和集中统一领导。2019 年 1 月 31 日，党中央印发的《中共中央关于加强党的政治建设的意见》明确提出，要以党章为根本依据，不断完善保障“两个维护”的制度机制，以正确的认识、正确的行动坚决做到“两个维护”，坚决防止和纠正一切偏离“两个维护”的错误言行。

二、习近平总书记的相关重要论述

“两个维护”的内涵是特定的、统一的，全党看齐只能向党中央看齐，不能在部门打着维护党中央权威的旗号损害民主集中制。党员、干部不论做什么工作、级别多高，都是党的干部、组织的人，要牢记第一职责是为党工作，重要提法都要同党中央对表。凡是重大问题、重要事项、重要工作进展情况，都必须按规定及时请示报告党中央。

讲政治是具体的，“两个维护”要体现在坚决贯彻党中央决策部署的行动上，体现在履职尽责、做好本职工作的实效上，体现在党员、干部的日常言行上。战争年代，党中央和毛主席用电台指挥全党全军，“嘀嗒、嘀嗒”就是党中央和毛主席的声音，全党全军都无条件执行。大家想想，如果党中央发出的号令没人听，做不到令行禁止，那还谈什么维护党中央权威和集中统一领导！

带头做到“两个维护”，从根本上讲就是要做到对党忠诚。忠诚必须体现到对党的信仰的忠诚上，体现到对党组织的忠诚上，体现到对党的理论和路线方针政策的忠诚上。对党忠诚必须始于足下。如果连本职工作都没做好，不担当不作为，把党组织交给的“责任田”撂荒了甚至弄丢了，那就根本谈不上“两个维护”！①

——2019 年 7 月 9 日，习近平同志在中央和国家机关党的建设工作会议上的讲话

历史反复证明，党的团结统一是党的生命，党中央坚强有力领导是我们战胜一切困难和风险的根本保证。党的团结统一首先是政治上的团结统一。我们坚持把党的政治建设摆在首位，把维护党中央权威和集中统一领导作为最高政治原则，把党的领导落实到管党治党、治国理政各领域各方面各环节，严明政治纪律和政治规矩，强化政治监督、深化政治巡视，坚决防止和治理“七个有之”，坚决清除对党中央阳奉阴违的两面人、两面派，不断净化党内政治生态。经过新时代全面从严治党的革命性锻造，从根本上扭转了落实党的领导弱化、党的观念淡漠状况，全党“四个意识”不断增强，“四个自信”日益坚定，“两个维护”更加自觉。②

——2022 年 1 月 18 日，习近平同志在中共第十九届中央纪律检查委员会第六次全体会议上的讲话

三、背景、内容和意义

中国特色社会主义进入新时代，这是我国发展新的历史方位，也是党

① 《习近平著作选读》第二卷，人民出版社 2023 年版，第 255 页。
② 《习近平著作选读》第二卷，人民出版社 2023 年版，第 588-589 页。

员干部适应新时代、担当新使命、实现新作为的新的历史起点。增强“四个意识”、坚定“四个自信”、坚决做到“两个维护”，是新时代党的政治建设的首要任务，也是新时代党员干部政治建设的本质要求。在关系上，“两个维护”与“四个意识”“四个自信”是一脉相承的内在统一关系，三者共同构成了新时代党员干部政治建设的核心内容。

（一）“两个维护”是新时代党员干部政治意识的集中体现。新时代党员干部的政治意识首先体现为增强“四个意识”要求上。“四个意识”的实质上是党员干部在政治信仰、政治方向、政治立场、政治观点上表现出的对党的正确认知，本质上是党的意识在思想行为上的反映。习近平总书记明确指出：“全党同志要强化党的意识，始终把党放在心中最高位置，牢记自己的第一身份是共产党员，第一职责是为党工作，做到忠诚于组织，任何时候都与党同心同德。”所以，讲政治的实质就是强化党的意识，自觉把加强党的领导、维护党中央权威和集中统一领导贯穿于讲政治的全过程。事在四方，要在中央。坚持和加强党的全面领导，最重要的是坚决维护党中央权威和集中统一领导；坚决维护党中央权威和集中统一领导，最关键的是坚决维护习近平总书记党中央的核心、全党的核心地位。党员干部要增强政治意识，就必须要坚持和加强党的全面领导，坚决维护习近平总书记党中央的核心、全党的核心地位，坚决维护党中央权威和集中统一领导，始终在政治立场、政治方向、政治原则、政治道路上同以习近平同志为核心的党中央保持高度一致，不断增强拥护核心、跟随核心、捍卫核心的思想自觉政治自觉行动自觉，始终同以习近平同志为核心的党中央保持高度一致，做到党中央提倡的坚决响应、党中央决定的坚决执行、党中央禁止的坚决不做。

（二）“两个维护”是新时代党员干部政治信仰的实践表达，人民有信仰，国家有力量，民族有希望。中国共产党是有信仰的政党，只不过共产党人的信仰不是普通的宗教信仰，而是一种深沉的政治信仰。共产主义远大理想和中国特色社会主义共同理想，是中国共产党人的精神支柱和奋斗目标，也是中国共产党人的政治信仰和政治灵魂。新时代共产党人的政治信仰集中体现于坚定“中国特色社会主义道路自信、理论自信、制度自信、文化自信”上。坚定“四个自信”、坚定对马克思主义的政治信仰，必须要坚定对当代中国马克思主义和21世纪马克思主义的政治信仰，坚定对习近平新时代中国特色社会主义思想所引领的伟大事业的信念、信心，自觉把思想和行动统一到以习近平同志为核心的党中央决策部署上来。深入学习贯彻习近平新时代中国特色社会主义思想是当前每一个党员干部的头等政治任务，要严格按照党中央要求，坚持不懈用习近平新时代中国特色社会主义思想武装头脑、指导实践、推动工作，在学深悟透践行上下功夫，在学懂弄通做实上下功夫，在深化转化消化上下功夫，在提高质量水平上下功夫，推动习近平新时代中国特色社会主义思想内化于心、外化于行，入脑入心、落地生根，不断增强对习近平总书记核心地位的政治认同、思想认同、情感认同，筑牢“两个维护”的思想根基，提高“两个维护”的思想自觉。

（三）“两个维护”是新时代党员干部政治纪律的核心要求。纪律是党的生命，纪律建设是全面从严治党的治本之策。严明政治纪律是维护党的团结统一的制度保障。在党的六大纪律中，政治纪律具有统领作用，在纪律体系中居于最重要、最根本、最关键的地位。严守政治纪律最根本的就是坚持党的全面领导，坚持党的全面领导最根本的就是坚决维护习近平总书记党中央的核心、全党的核心地位，坚决维护党中央权威和集中统一领导。只有坚决做到“两个维护”，始终在政治立场、政治方向、政治原则、政治道路上同以习近平同志为核心的党中央保持高度一致，党的政治纪律才能得到不折不扣的贯彻执行。党员领导干部要把坚决维护以习近平同志为核心的党中央权威和集中统一领导作为出发点和落脚点、作为根本的政治纪律，始终在政治立场、政治方向、政治原则、政治道路上同党中央保持高度一致，确保全党令行禁止，确保以习近平同志为核心的党中央一锤定音、定于一尊的权威。所以，“两个维护”不仅是新时代管党治党的根本要求，还是新时代党员干部必须遵守的首要政治纪律，同时也是新时代党员干部政治建设的核心要求。

46. 保持“两个一致”

一、名词解析

保持“两个一致”是指自觉在思想上政治上行动上同党中央保持高度一致，始终在政治立场、政治方向、政治原则、政治道路上同党中央保持高度一致。这是新时代加强党的政治建设的根本目的，也是新时代党员干部政治建设的本质体现，还是党中央对全体党员干部提出的实践要求。

二、习近平总书记的相关重要论述

保持党的团结统一，要求全党必须做到对党忠诚。对党忠诚是共产党人必须具备的政治品格，是纯粹的、无条件的，不能打折扣、耍小聪明搞小动作。全党同志特别是领导干部要始终在政治立场、政治方向、政治原则、政治道路上同党中央保持高度一致，真正做到忠诚党和人民，忠诚党的理想信念，忠诚党的初心使命，忠诚党的组织，忠诚党的理论和路线方针政策，严守党的政治纪律和政治规矩，不断增强维护党中央集中统一领导的思想自觉、政治自觉、行动自觉。对党忠诚是具体的、实践的，不是空洞的口号，不能只停留在口头表态上，要体现在贯彻党中央决策部署的行动上，体现在履职尽责、做好本职工作的实效上，体现在日常言行上，自觉做到党中央提倡的坚决响应、党中央决定的坚决照办、党中央禁止的坚决不做，不讲条件、不搞变通，不掉队、不走偏，保证全党上下拧成一股绳，心往一处想、劲往一处使。①

——2021 年 11 月 11 日，习近平同志在中共十九届六中全会第二次全体会议上的讲话

我们全面加强党的领导，明确中国特色社会主义最本质的特征是中国共产党领导，中国特色社会主义制度的最大优势是中国共产党领导，中国

① 《习近平著作选读》第二卷，人民出版社 2023 年版，第 555 页。

共产党是最高政治领导力量，坚持党中央集中统一领导是最高政治原则，系统完善党的领导制度体系，全党增强“四个意识”，自觉在思想上政治上行动上同党中央保持高度一致，不断提高政治判断力、政治领悟力、政治执行力，确保党中央权威和集中统一领导，确保党发挥总揽全局、协调各方的领导核心作用，我们这个拥有九千六百多万名党员的马克思主义政党更加团结统一。[①]

——2022 年 10 月 16 日，习近平同志在中国共产党第二十次全国代表大会上的报告

三、背景、内容和意义

党的十九大把党的政治建设纳入党的建设总体布局并摆在首位，把保证全党服从中央、坚持党中央权威和集中统一领导作为党的政治建设的首要任务。2018 年 12 月 25 日至 26 日召开的中共中央政治局民主生活会指出，全体党员领导干部特别是中央政治局的同志要带头树牢“四个意识”、坚定“四个自信”、坚决做到“两个维护”，自觉在思想上政治上行动上同以习近平同志为核心的党中央保持高度一致，努力成为党的政治建设的引领者、实践者、推动者，这是新时代党的政治建设对全体党员干部提出的新要求。2019 年 1 月 31 日，党中央印发的《中共中央关于加强党的政治建设的意见》也专门强调要在大是大非面前态度鲜明、立场坚定，始终在政治立场、政治方向、政治原则、政治道路上同以习近平同志为核心的党中央保持高度一致。因此，增强“四个意识”、坚定“四个自信”、做到“两个维护”，从而同党中央保持高度一致，就成为新时代党员干部政治建设的核心要义、本质内容和实践要求。

（一）自觉在思想上政治上行动上同党中央保持高度一致。首先，要有自觉意识。自觉是从理想信念层面对全体党员干部在政治信仰方面提出的实践要求。崇高的理想信念、坚定的政治信仰是共产党人安身立命之本，是我们党最根本的政治优势，也是全面从严治党的逻辑起点。其次，“在思想上”要有清醒的政治认识。思想理论上清醒，政治上才能坚定，行动

① 《习近平著作选读》第一卷，人民出版社 2023 年版，第 6 页。

上才能自觉。在思想认识上，全体党员干部必须清醒地认识到，坚持和加强党的全面领导，首先要坚决维护党中央权威和集中统一领导；坚决维护党中央权威和集中统一领导，关键是坚决维护习近平总书记党中央的核心、全党的核心地位。再次，“在政治上”要有鲜明的政治态度。旗帜鲜明讲政治是我们党作为马克思主义政党的根本要求。党员干部必须鲜明政治态度、站稳政治立场，把准政治方向，坚定政治信念，提升政治能力，确保政治过硬，特别要着力提高辨别政治是非、保持政治定力、驾驭政治局面、防范政治风险的能力，练就政治慧眼、保持政治清醒，在重大原则问题上立场坚定，在大是大非面前旗帜鲜明，在关键时刻要经得起考验，对党和人民一心一意、真心诚意、全心全意，说老实话、办老实事、做老实人，始终保持共产党员忠诚干净担当的政治本色。最后，“在行动上”要有切实的政治举措。增强“四个意识”、坚定“四个自信”、做到“两个维护”，是具体的不是抽象的，各级党员领导干部必须从知行合一的角度审视自己、要求自己、检查自己，对党中央决策部署，必须坚定坚决、不折不扣、落实落细，体现在行动上、落实在实践中。

（二）始终在政治立场、政治方向、政治原则、政治道路上同党中央保持高度一致。第一，始终，即从始至终，指的是从开始到最后的整个过程。党的十九大报告提出“不忘初心，方得始终”，因此，“始终”又与“初心”紧密相连。作为具有近一百年辉煌历史的大党，我们党一直重视自己建党时的初心与使命。中国共产党人的初心和使命，就是为中国人民谋幸福，为中华民族谋复兴。这个初心和使命是激励中国共产党人不断前进的根本动力，时刻提醒全党同志始终与人民同呼吸、共命运、心连心，永远把人民对美好生活的向往作为奋斗目标，以永不懈怠的精神状态和一往无前的奋斗姿态，继续朝着实现中华民族伟大复兴的宏伟目标奋勇前进，最终实现《礼记》所描述的“谋闭而不兴，盗窃乱贼而不作，外户而不闭”的大同世界理想。第二，要站稳政治立场。政治立场事关根本，全党必须始终坚定马克思主义立场，坚持党性和人民性相统一，坚决站稳党性立场和人民立场。第三，要坚持正确政治方向。习近平新时代中国特色社会主义思想是当代中国马克思主义、21 世纪马克思主义，是全党全国人民为实现中华民族伟大复兴而奋斗的行动指南，是经过实践检验、富有实践伟力的强大思想武器，必须长期坚持并不断发展。第四，要维护党的政治原则。全党要牢固树立政治意识、大局意识、核心意识、看齐意识，把维护党中央权威和集中统一领导作为最高政治原则和根本政治规矩来执行。第五，要坚定不移走中国特色社会主义道路。坚信中国特色社会主义是科学社会主义理论逻辑和中国社会发展历史逻辑的辩证统一，是当代中国发展进步的根本方向，是全面建成小康社会、全面建成社会主义现代化强国、实现中华民族伟大复兴的必由之路。

（三）在实践效果上确保“同党中央保持高度一致”。事在四方，要在中央。保证全党服从中央，维护党中央权威和集中统一领导，是党的政治建设的首要任务，是最根本的政治纪律和政治规矩。党的政治建设具有丰富的具体内涵，一方面表现在增强“四个意识”、坚定“四个自信”、做到“两个维护”的内容要求上，另一方面体现在“同党中央保持高度一致”的效果要求上。“保持高度一致”首要的要求是保持一致，坚持正确的政治方向，朝着党中央确定的宏伟目标，方向不变、目标不偏、靶心不移，团结一致向前进；其次要保持“高度”的一致，不能有任何的偏差，禁止有任何的背离，在贯彻落实党中央理论方针政策和决策部署上杜绝一切形式的“打折扣、做选择、搞变通”，确保全党令行禁止、言出法随，确保全党团结统一、行动一致，确保党中央定于一尊、一锤定音。一言以蔽之，不论是增强“四个意识”、坚定“四个自信”，还是做到“两个维护”，党的政治建设的成效最终都要体现在同党中央保持“两个高度一致”的实践效果上，否则，党的政治建设成果就流于形式、沦为空谈。因此，检验是否真正同党中央保持高度一致，不能仅看表态，还要看行动，更要看效果。因此，自觉在思想上政治上行动上同以习近平同志为核心的党中央保持高度一致，始终在政治立场、政治方向、政治原则、政治道路上同以习近平同志为核心的党中央保持高度一致，就成为党中央对全体党员干部在政治建设方面提出的新部署新任务新要求，也成为新时代党员干部政治建设的根本目的和实践要求。

47. 坚持“三个一以贯之”

一、名词解析

“三个一以贯之”是2018年1月5日习近平总书记在新进中央委员会的委员、候补委员和省部级主要领导干部学习贯彻习近平新时代中国特色社会主义思想和党的十九大精神研讨班上提出的重要治理理念。具体内容是：坚持和发展中国特色社会主义要一以贯之，推进党的建设新的伟大工程要一以贯之，增强忧患意识、防范风险挑战要一以贯之。

二、习近平总书记的相关重要论述

建设好我们这样的大党，领导好我们这样的大国，中央委员会成员和省部级主要领导干部至关重要，必须提高政治站位、树立历史眼光、强化理论思维、增强大局观念、丰富知识素养、坚持问题导向，从历史和现实相贯通、国际和国内相关联、理论和实际相结合的宽广视角，对一些重大理论和实践问题进行思考和把握，做到坚持和发展中国特色社会主义要一以贯之，推进党的建设新的伟大工程要一以贯之，增强忧患意识、防范风险挑战要一以贯之，以时不我待、只争朝夕的精神投入工作，推动全党全国各族人民把思想统一到党的十九大精神上来，把力量凝聚到实现党的十九大确定的目标任务上来，不断开创新时代中国特色社会主义事业新局面。①

——2018年1月5日，习近平同志在新进中央委员会的委员、候补委员和省部级主要领导干部学习贯彻习近平新时代中国特色社会主义思想和党的十九大精神研讨班上的讲话

党的领导确保中国式现代化锚定奋斗目标行稳致远。我们党始终坚守初心使命，矢志为中国人民谋幸福、为中华民族谋复兴，坚持把远大理

① 《习近平谈治国理政》第三卷，外文出版社2020年版，第69页。

想和阶段性目标统一起来，一旦确定目标，就咬定青山不放松，接续奋斗、艰苦奋斗、不懈奋斗。改革开放以来，我们建设社会主义现代化国家的奋斗目标都是循序渐进、一以贯之的，并随着实践的发展而不断丰富完善。在总结改革开放和新时代实践成就和经验基础上，党的二十大更加清晰擘画了到2035年我国发展的目标要求，科学描绘了全面建成社会主义现代化强国、全面推进中华民族伟大复兴的宏伟蓝图。从这些历史进程中，我们可以清楚地看到，建设社会主义现代化国家是我们党一以贯之的奋斗目标，一代一代地接力推进，并不断取得举世瞩目、彪炳史册的辉煌业绩。①

——2023年2月7日，习近平同志在新进中央委员会的委员、候补委员和省部级主要领导干部学习贯彻习近平新时代中国特色社会主义思想和党的二十大精神研讨班上的讲话

三、背景、内容和意义

习近平总书记提出的“三个一以贯之”的重大理论和实践概括，是对党的十八大以来我国改革发展稳定、内政外交国防、治党治国治军各方面创新实践和成功经验的深刻总结，是对党在新时代统揽“四个伟大”、在全面实现中华民族伟大复兴的科学指引。

当前，我国正处于一个大有可为的历史机遇期，发展形势总的是好的，但前进道路不可能一帆风顺，越是取得成绩的时候，越是要有如履薄冰的谨慎，越是要有居安思危的忧患，绝不能犯战略性、颠覆性错误。面对波谲云诡的国际形势、复杂敏感的周边环境、艰巨繁重的改革发展稳定任务，我们既要有防范风险的先手，也要有应对和化解风险挑战的高招；既要打好防范和抵御风险的有准备之战，也要打好化险为夷、转危为机的战略主动战。我们要继续进行具有许多新的历史特点的伟大斗争，准备战胜一切艰难险阻，朝着我们党确立的伟大目标奋勇前进。

坚持“三个一以贯之”的核心要义，就是在坚持和发展中国特色社会主义这场伟大社会革命的同时，我们党必须勇于进行自我革命，把党建设

① 习近平：《中国式现代化是中国共产党领导的社会主义现代化》，《求是》2023年第11期。

得更加坚强有力。新时代，我们党必须以党的自我革命来推动党领导人民进行的伟大社会革命，把党建设成为始终走在时代前列、人民衷心拥护、勇于自我革命、经得起各种风浪考验、朝气蓬勃的马克思主义执政党，这既是我们党领导人民进行伟大社会革命的客观要求，也是我们党作为马克思主义政党建设和发展的内在需要。“三个一以贯之”的重大理论和实践意义在于，以党在理论创新上的不停顿推动党和人民事业的不停顿，动员全党把不忘初心、牢记使命聚焦到建新功于伟大社会革命、开新局于伟大自我革命上来，在为人民不懈奋斗、同人民一起奋斗过程中，切实把奋斗精神贯彻到实现中华民族伟大复兴的历史使命中，不断书写社会主义现代化建设的历史新篇章。

48. 领导干部“五个过硬”

一、名词解析

“五个过硬”是指信念过硬、政治过硬、责任过硬、能力过硬、作风过硬，是 2018 年 1 月 5 日，习近平总书记在新进中央委员会的委员、候补委员和省部级主要领导干部学习贯彻习近平新时代中国特色社会主义思想和党的十九大精神研讨班上对领导干部提出的五点要求。

二、习近平总书记的相关重要论述

实现伟大梦想，必须建设伟大工程。这个伟大工程就是我们党正在深入推进的党的建设新的伟大工程。历史已经并将继续证明，没有中国共产党的领导，民族复兴必然是空想。我们党要始终成为时代先锋、民族脊梁，始终成为马克思主义执政党，自身必须始终过硬。全党要更加自觉地坚定党性原则，勇于直面问题，敢于刮骨疗毒，消除一切损害党的先进性和纯洁性的因素，清除一切侵蚀党的健康肌体的病毒，不断增强党的政治领导力、思想引领力、群众组织力、社会号召力，确保我们党永葆旺盛生命力和强大战斗力。①

——2017年10月18日，习近平同志在中国共产党第十九次全国代表大会上的报告

我在党的十九大报告中强调："我们党要始终成为时代先锋、民族脊梁，始终成为马克思主义执政党，自身必须始终过硬。"怎样才算过硬，就是要敢于进行自我革命，敢于刀刃向内，敢于刮骨疗伤，敢于壮士断腕，防止祸起萧墙。这就是为什么我们党要不断进行自我革命的根本意义所在。②

——2018年1月5日，习近平同志在新进中央委员会的委员、候补委员和省部级主要领导干部学习贯彻习近平新时代中国特色社会主义思想和党的十九大精神研讨班上的讲话

三、背景、内容和意义

党的十九大报告提出："我们党要始终成为时代先锋、民族脊梁，始终成为马克思主义执政党，自身必须始终过硬。"党的二十大报告提出："全面建设社会主义现代化国家，必须有一支政治过硬、适应新时代要求、具备领导现代化建设能力的干部队伍。"打铁必须自身硬，领导干部的自身过硬主要体现在信念过硬、政治过硬、责任过硬、能力过硬、作风过硬上。

信念过硬，要求带头做共产主义远大理想和中国特色社会主义共同理想的坚定信仰者和忠实实践者。政治过硬，要求牢固树立"四个意识"，在思想政治上讲政治立场、政治方向、政治原则、政治道路，在行动实践上讲维护党中央权威、执行党的政治路线、严格遵守党的政治纪律和政治规矩。责任过硬，要求树立正确政绩观，发扬求真务实、真抓实干的作风，以钉钉子精神担当尽责，真正做到对历史和人民负责。能力过硬，要求不断掌握新知识、熟悉新领域、开拓新视野，全面提高领导能力和执政水平。作风过硬，要求把人民群众放在心中，广泛开展调查研究，在全心全意为人民服务中提升政治站位、提高工作能力，在真心实意向人民学习中拓展工作视野、丰富工作经验、提高理论联系实际的水平，在倾听人民呼声、虚心接受人民监督中自觉进行自我反省、自我批评、自我教育，在服务人

① 《习近平著作选读》第二卷，人民出版社2023年版，第13-14页。
② 《习近平著作选读》第二卷，人民出版社2023年版，第104页。

民中不断完善自己，持之以恒克服形式主义、官僚主义，久久为功祛除享乐主义和奢靡之风。

中国共产党立志于中华民族千秋伟业，百年恰是风华正茂，这“五个过硬”就是中国共产党永葆生机本色、焕发青春活力的基因组，是破译百年大党成功之道的精神密码。信念过硬方能行稳致远，政治过硬方能凝心铸魂，责任过硬方能忠诚担当，能力过硬方能奋发有为，作风过硬方能矢志不渝。这“五个过硬”既是新时代好党员的鲜明特征，也是中国共产党人的亮丽底色；既是党中央对党的高级领导干部的根本要求，也是党中央对全体党员干部的殷切希望，为我们进一步推进全面从严治党、加强党的政治建设指明了方向、提供了遵循。

“五个过硬”是一个有机联系的整体，信念过硬是根本，政治过硬是关键，责任过硬是重点，能力过硬是支撑，作风过硬是保证，每个“过硬”都有具体指向，都需要领导干部身体力行。领导干部要自觉做到信念过硬，深学笃用习近平新时代中国特色社会主义思想，带头做共产主义远大理想和中国特色社会主义共同理想的坚定信仰者和忠实实践者；要自觉做到政治过硬，坚定不移地紧跟中央、维护核心，时时处处事事同党中央保持高度一致；要自觉做到责任过硬，树立正确的政绩观，以新的精神状态和奋斗姿态开创事业发展新局面；要自觉做到能力过硬，把专业化作为努力方向，全面提高领导能力和执政水平；要自觉做到作风过硬，扎实开展兴调研转作风促落实行动，深刻领悟“两个确立”的决定性意义，切实把增强“四个意识”、坚定“四个自信”、做到“两个维护”贯穿于工作和生活中的全过程和各方面。

四、新时代中国特色社会主义经济建设

49. 习近平经济思想

一、名词解释

2017 年 12 月召开的中央经济工作会议对习近平经济思想首次作出概括：以新发展理念为主要内容，坚持加强党对经济工作的集中统一领导；坚持以人民为中心的发展思想；坚持适应把握引领经济发展新常态；坚持使市场在资源配置中起决定性作用，更好发挥政府作用；坚持适应我国经济发展主要矛盾变化完善宏观调控；坚持问题导向部署经济发展新战略；坚持正确工作策略和方法。

二、习近平总书记的相关重要论述

总之，党的十八大以来，我们成功驾驭了我国经济发展大局，形成了以新发展理念为主要内容的新时代中国特色社会主义经济思想。这一思想，是五年来我们推动我国经济发展实践的理论结晶，是运用马克思主义基本原理对中国特色社会主义政治经济学的理性概括，是党和国家十分宝贵的精神财富，必须长期坚持、不断丰富发展，推动我国经济发展产生更深刻、更广泛的历史性变革。①

——2017 年 12 月 18 日，习近平同志在中央经济工作会议上的讲话

高质量发展是全面建设社会主义现代化国家的首要任务。发展是党执政兴国的第一要务。没有坚实的物质技术基础，就不可能全面建成社会主义现代化强国。必须完整、准确、全面贯彻新发展理念，坚持社会主义市场经济改革方向，坚持高水平对外开放，加快构建以国内大循环为主体、国内国际双循环相互促进的新发展格局。

我们要坚持以推动高质量发展为主题，把实施扩大内需战略同深化供给侧结构性改革有机结合起来，增强国内大循环内生动力和可靠性，提升

① 《习近平著作选读》第二卷，人民出版社 2023 年版，第 66 页。

国际循环质量和水平，加快建设现代化经济体系，着力提高全要素生产率，着力提升产业链供应链韧性和安全水平，着力推进城乡融合和区域协调发展，推动经济实现质的有效提升和量的合理增长。[①]

——2022年10月16日，习近平同志在中国共产党第二十次全国代表大会上的报告

三、背景、内容和意义

党的十八大以来，以习近平同志为核心的党中央深刻总结国内外发展的经验教训，分析国内外发展大势，着眼新的发展实践，深入推进发展的理论创新，在发展目标、发展动力、发展布局、发展保障等方面形成了习近平经济思想。习近平经济思想是习近平新时代中国特色社会主义思想的重要组成部分，是运用马克思主义基本原理指导我国经济发展实践形成的重大理论成果，在继承创新中开辟了马克思主义政治经济学的新境界，必须长期坚持、全面贯彻。

习近平经济思想形成于党的十八大以来新时代中国特色社会主义经济建设的成功实践和理论创新，完善于党的十九大以来以习近平同志为核心的党中央对中国特色社会主义政治经济学的不断充实、丰富和发展是一个开放包容、与时俱进的理论体系。2017年12月18日至20日召开的中央经济工作会议，首次提出了习近平新时代中国特色社会主义经济思想，并把它概括为以新发展理念为统领的“一个中心”和“七个坚持”。

“一个中心”即以新发展理念为主要内容。习近平经济思想的灵魂和精髓，就是完整、准确、全面贯彻创新、协调、绿色、开放、共享的新发展理念。新发展理念是我国新时代发展思路、发展方向、发展着力点的集中体现，是管全局、管根本、管长远的导向。新发展理念是一个具有内在联系的整体，五个方面相互贯通、相互促进，要统一贯彻，不能顾此失彼，也不能相互替代。完整、准确、全面贯彻新发展理念，要求各地区各部门紧紧围绕高质量发展这个首要任务，着眼全国发展大局，发挥自身优势，明确主攻方向，主动融入和服务构建新发展格局，推动经济实现质的有效

① 《习近平著作选读》第一卷，人民出版社2023年版，第23-24页。

提升和量的合理增长。

“七个坚持”即坚持加强党对经济工作的集中统一领导，保证我国经济沿着正确方向发展；坚持以人民为中心的发展思想，贯穿到统筹推进“五位一体”总体布局和协调推进“四个全面”战略布局之中；坚持适应把握引领经济发展新常态，立足大局，把握规律；坚持使市场在资源配置中起决定性作用，更好发挥政府作用，坚决扫除经济发展的体制机制障碍；坚持适应我国经济发展主要矛盾变化完善宏观调控，相机抉择，开准药方，把推进供给侧结构性改革作为经济工作的主线；坚持问题导向部署经济发展新战略，对我国经济社会发展变革产生深远影响；坚持正确工作策略和方法，稳中求进，保持战略定力、坚持底线思维，一步一个脚印向前迈进。

党的十九届六中全会通过的《中共中央关于党的百年奋斗重大成就和历史经验的决议》在十九大报告基础上，用“十个明确”对习近平新时代中国特色社会主义思想的核心内容作了新的概括，新增第7条“明确必须坚持和完善社会主义基本经济制度，使市场在资源配置中起决定性作用，更好发挥政府作用，把握新发展阶段，贯彻创新、协调、绿色、开放、共享的新发展理念，加快构建以国内大循环为主体、国内国际双循环相互促进的新发展格局，推动高质量发展，统筹发展和安全”。这“第七个明确”本身就是对习近平经济思想的高度概括和完善。

50. 新质生产力

一、名词解析

新质生产力是由技术革命性突破、生产要素创新性配置、产业深度转型升级而催生的当代先进生产力，它以劳动者、劳动资料、劳动对象及其优化组合的跃升为基本内涵，以全要素生产率大幅提升为核心标志。2023年9月，习近平总书记在黑龙江考察期间提到“新质生产力”，强调整合科技创新资源，引领发展战略性新兴产业和未来产业，加快形成新质生产力。

二、习近平总书记的相关重要论述

要以科技创新引领产业全面振兴。要立足现有产业基础，扎实推进先进制造业高质量发展，加快推动传统制造业升级，发挥科技创新的增量器作用，全面提升三次产业，不断优化经济结构、调整产业结构。整合科技创新资源，引领发展战略性新兴产业和未来产业，加快形成新质生产力。[①]

——2023年9月8日，习近平同志在黑龙江考察时强调

高质量发展需要新的生产力理论来指导，而新质生产力已经在实践中形成并展示出对高质量发展的强劲推动力、支撑力，需要我们从理论上进行总结、概括，用以指导新的发展实践。概括地说，新质生产力是创新起主导作用，摆脱传统经济增长方式、生产力发展路径，具有高科技、高效能、高质量特征，符合新发展理念的先进生产力质态。它由技术革命性突破、生产要素创新性配置、产业深度转型升级而催生，以劳动者、劳动资料、劳动对象及其优化组合的跃升为基本内涵，以全要素生产率大幅提升为核心标志，特点是创新，关键在质优，本质是先进生产力。[②]

——2024年1月31日，习近平同志在中共中央政治局第十一次集体学习时强调

三、背景、内容和意义

2023年9月，习近平总书记在黑龙江考察时，明确提出了“新质生产力”这一概念，强调加快形成新质生产力，增强发展新动能。2023年12月，习近平总书记在中央经济工作会议上指出，要以科技创新推动产业创新，特别是以颠覆性技术和前沿技术催生新产业、新模式、新动能，发展新质生产力。2024年1月31日，习近平总书记在主持中央政治局第十一次集体学习时发表重要讲话，从理论和实践结合上系统阐明新质生产力的科学内涵，深刻指出发展新质生产力的重大意义，对发展新质生产力提出明确要求。

---

① 《习近平在黑龙江考察时强调　牢牢把握在国家发展大局中的战略定位　奋力开创黑龙江高质量发展新局面》，《人民日报》2023年9月9日1版。

② 《习近平在中共中央政治局第十一次集体学习时强调 加快发展新质生产力　扎实推进高质量发展》，《人民日报》2024年2月2日1版。

从2023年在黑龙江考察时提出“新质生产力”，到在中央经济工作会议上强调“发展新质生产力”，再到中央政治局集体学习时作出系统阐述，习近平总书记关于发展新质生产力的一系列重要论述、一系列重大部署，深刻回答了“什么是新质生产力、为什么要发展新质生产力、怎样发展新质生产力”的重大理论和实践问题，为新征程上推动高质量发展提供了科学指引。

发展新质生产力是推动高质量发展的内在要求和重要着力点，必须继续做好创新这篇大文章，推动新质生产力加快发展。当前，高质量发展已成为经济社会发展的主旋律，新质生产力已经开始在实践中形成并展示出对高质量发展的强劲推动力、支撑力。新质生产力是以科技创新为主的生产力，是摆脱了传统增长路径、符合高质量发展要求的生产力，是数字时代更具融合性、更体现新内涵的生产力。随着互联网、区块链、大数据、云计算等新技术不断涌现，催生了一批新业态、新事物、新模式，为稳定群体就业、提升生活品质、改变生产方式作出贡献，尤其是对拉动经济社会高质量发展发挥着无可替代的作用，充分彰显了新质生产力具有无可比拟的巨大优势和巨大潜能。

51. 现代化经济体系

一、名词解析

党的十九大报告首次提出建设现代化经济体系。现代化经济体系，要求中国的经济要转型升级，包括经济发展的格局将从高速增长转向高质量的发展，主要的特征是转变发展方式、优化经济结构、转换增长动力。

二、习近平总书记的相关重要论述

我国经济已由高速增长阶段转向高质量发展阶段，正处在转变发展方式、优化经济结构、转换增长动力的攻关期，建设现代化经济体系是跨越关口的迫切要求和我国发展的战略目标。必须坚持质量第一、效益优先，以供给侧结构性改革为主线，推动经济发展质量变革、效率变革、动力变革，提高全要素生产率，着力加快建设实体经济、科技创新、现代金融、人力资源协同发展的产业体系，着力构建市场机制有效、微观主体有活力、宏观调控有度的经济体制，不断增强我国经济创新力和竞争力。[①]

——2017 年 10 月 18 日，习近平同志在中国共产党第十九次全国代表大会上的报告

我们要坚持以推动高质量发展为主题，把实施扩大内需战略同深化供给侧结构性改革有机结合起来，增强国内大循环内生动力和可靠性，提升国际循环质量和水平，加快建设现代化经济体系，着力提高全要素生产率，着力提升产业链供应链韧性和安全水平，着力推进城乡融合和区域协调发展，推动经济实现质的有效提升和量的合理增长。[②]

——2022 年 10 月 16 日，习近平同志在中国共产党第二十次全国代表大会上的报告

三、背景、内容和意义

建设现代化经济体系是中国特色社会主义进入新时代的背景下我国经济发展的战略目标，紧扣新时代中国社会主要矛盾转化、落实中国特色社会主义经济建设布局的内在要求，是全面建设社会主义现代化国家的基本途径，也是适应中国经济由高速增长阶段转向高质量发展阶段，优化经济结构、转变经济发展方式、转换经济增长动力和全面均衡发展的迫切需要，意义深远而重大。

现代化经济体系，是由社会经济活动各个环节、各个层面、各个领域的相互关系和内在联系构成的有机整体，主要包括以下内容：

一是建设创新引领、协同发展的产业体系，实现实体经济、科技创新、现代金融、人力资源协同发展，使科技创新在实体经济发展中的贡献份额不断提高，现代金融服务实体经济的能力不断增强，人力资源支撑实体经济发展的作用不断优化。

二是建设统一开放、竞争有序的市场体系，实现市场准入畅通、市场开放有序、市场竞争充分、市场秩序规范，加快形成企业自主经营公平竞

① 《习近平著作选读》第二卷，人民出版社 2023 年版，第 24-25 页。
② 《习近平著作选读》第一卷，人民出版社 2023 年版，第 23-24 页。

争、消费者自由选择自主消费、商品和要素自由流动平等交换的现代市场体系。

三是建设体现效率、促进公平的收入分配体系，实现收入分配合理、社会公平正义、全体人民共同富裕，推进基本公共服务均等化，逐步缩小收入分配差距。

四是建设彰显优势、协调联动的城乡区域发展体系，实现区域良性互动、城乡融合发展、陆海统筹整体优化，培育和发挥区域比较优势，加强区域优势互补，塑造区域协调发展新格局。

五是建设资源节约、环境友好的绿色发展体系，实现绿色循环低碳发展、人与自然和谐共生，牢固树立和践行绿水青山就是金山银山理念，形成人与自然和谐发展现代化建设新格局。

六是建设多元平衡、安全高效的全面开放体系，发展更高层次开放型经济，推动开放朝着优化结构、拓展深度、提高效益方向转变。

七是建设充分发挥市场作用、更好发挥政府作用的经济体制。推进供给侧结构性改革，建设现代化经济体系，推动我国经济实现高质量发展，必须处理好政府和市场的关系，使市场在资源配置中起决定性作用，更好发挥政府作用。

想要实现现代化经济体系，就必须要通过深化供给侧结构性改革、加快建设创新型国家、实施乡村振兴战略、实施区域协调发展战略、加快完善社会主义市场经济体制、推动形成全面开放新格局这六个措施来实现。

52. 供给侧结构性改革

一、名词解析

供给侧结构性改革就是从提高供给质量出发，用改革的办法推进结构调整，矫正要素配置扭曲，扩大有效供给，提高供给结构对需求变化的适应性和灵活性，提高全要素生产率，更好满足广大人民群众的需要，促进经济社会持续健康发展。供给侧结构性改革的根本目的是提高社会生产力水平，落实好以人民为中心的发展思想。

二、习近平总书记的相关重要论述

我们提的供给侧改革，完整地说是“供给侧结构性改革”，我在中央经济工作会议上就是这样说的。“结构性”三个字十分重要，简称“供给侧改革”也可以，但不能忘了“结构性”三个字。供给侧结构性改革，重点是解放和发展社会生产力，用改革的办法推进结构调整，减少无效和低端供给，扩大有效和中高端供给，增强供给结构对需求变化的适应性和灵活性，提高全要素生产率。这不只是一个税收和税率问题，而是要通过一系列政策举措，特别是推动科技创新、发展实体经济、保障和改善人民生活的政策措施，来解决我国经济供给侧存在的问题。我们讲的供给侧结构性改革，既强调供给又关注需求，既突出发展社会生产力又注重完善生产关系，既发挥市场在资源配置中的决定性作用又更好发挥政府作用，既着眼当前又立足长远。从政治经济学的角度看，供给侧结构性改革的根本，是使我国供给能力更好满足广大人民日益增长、不断升级和个性化的物质文化和生态环境需要，从而实现社会主义生产目的。[①]

——2016 年 1 月 18 日，习近平同志在省部级主要领导干部学习贯彻党的十八届五中全会精神专题研讨班上的讲话

我们提出，宏观调控必须适应发展阶段性特征和经济形势变化，该扩大需求时要扩大需求，该调整供给时要调整供给，相机抉择，开准药方。现阶段我国经济发展主要矛盾已转化成结构性问题，矛盾的主要方面在供给侧，主要表现在供给结构不能适应需求结构的变化。这时如果一味刺激需求只会积累更多风险、透支未来增长。我们抓住主要矛盾和矛盾的主要方面，及时调整宏观调控思路，把推进供给侧结构性改革作为经济工作的主线，为保持我国经济持续健康发展开出治本良药。[②]

——2017 年 12 月 28 日，习近平同志在中央经济工作会议上的讲话

① 《习近平著作选读》第一卷，人民出版社 2023 年版，第 442 页。
② 《习近平著作选读》第二卷，人民出版社 2023 年版，第 64-65 页。

三、背景、内容和意义

改革开放四十多年来，中国经济持续高速增长，成功步入中等收入国家行列，已成为名副其实的经济大国。但随着人口红利衰减、“中等收入陷阱”风险累积、国际经济格局深刻调整等一系列内因与外因的作用，经济发展正进入“新常态”，中国经济的结构性分化正趋于明显。为适应这种变化，迫切需要改善供给侧环境、优化供给侧机制，通过改革制度供给，大力激发微观经济主体活力，增强我国经济长期稳定发展的新动力。

供给侧结构性改革旨在调整经济结构，使要素实现最优配置，提升经济增长的质量和数量。需求侧改革主要有投资、消费、出口“三驾马车”，供给侧则有劳动力、土地、资本、制度创造、创新等要素。供给侧结构性改革，就是从提高供给质量出发，用改革的办法推进结构调整，矫正要素配置扭曲，扩大有效供给，提高供给结构对需求变化的适应性和灵活性，提高全要素生产率，更好满足广大人民群众的需要，促进经济社会持续健康发展。

推进供给侧结构性改革，要从生产端入手，重点是促进产能过剩有效化解，促进产业优化重组，降低企业成本，发展战略性新兴产业和现代服务业，增加公共产品和服务供给，提高供给结构对需求变化的适应性和灵活性。简言之，就是去产能、去库存、去杠杆、降成本、补短板。

供给侧结构性改革的根本目的是提高社会生产力水平，落实好以人民为中心的发展思想。要在适度扩大总需求的同时，去产能、去库存、去杠杆、降成本、补短板，从生产领域加强优质供给，减少无效供给，扩大有效供给，提高供给结构适应性和灵活性，提高全要素生产率，使供给体系更好适应需求结构变化。

53. 营商环境

一、名词解析

营商环境是指市场主体在准入、生产经营、退出等过程中涉及的政务环境、市场环境、法治环境、人文环境等有关外部因素和条件的总和。世界银行根据创办企业、办理施工许可、电力供应、注册财产、获得信贷、保护少数股东、纳税、跨境交易、合同执行和破产处理的情况等 10 类指标，来综合评价营商环境。

二、习近平总书记的相关重要论述

第三，营造国际一流营商环境。中国将加快出台外商投资法规，完善公开、透明的涉外法律体系，全面深入实施准入前国民待遇加负面清单管理制度。中国将尊重国际营商惯例，对在中国境内注册的各类企业一视同仁、平等对待。中国将保护外资企业合法权益，坚决依法惩处侵犯外商合法权益特别是侵犯知识产权行为，提高知识产权审查质量和审查效率，引入惩罚性赔偿制度，显著提高违法成本。营商环境只有更好，没有最好。各国都应该努力改进自己的营商环境，解决自身存在的问题，不能总是粉饰自己、指责他人，不能像手电筒那样只照他人、不照自己。[①]

——2018 年 11 月 5 日，习近平同志在上海举办的首届中国国际进口博览会开幕式上的主旨演讲

第二，打造市场化、法治化、国际化营商环境。要实施好民法典和相关法律法规，依法平等保护国有、民营、外资等各种所有制企业产权和自主经营权，完善各类市场主体公平竞争的法治环境。要依法保护企业家合法权益，加强产权和知识产权保护，形成长期稳定发展预期，鼓励创新、宽容失败，营造激励企业家干事创业的浓厚氛围。要推进简政放权，全面实施市场准入负面清单制度，支持企业更好参与市场合作和竞争。要实施好外商投资法，放宽市场准入，推动贸易和投资便利化。对在中国注册的企业要一视同仁，完善公平竞争环境。

第三，构建亲清政商关系。各级领导干部要光明磊落同企业交往，了解企业家所思所想、所困所惑，涉企政策制定要多听企业家意见和建议，同时要坚决防止权钱交易、商业贿赂等问题损害政商关系和营商环境。要充分发挥市场在资源配置中的决定性作用，更好发挥政府作用。政府是市

① 《习近平著作选读》第二卷，人民出版社 2023 年版，第 216 页。

场规则的制定者，也是市场公平的维护者，要更多提供优质公共服务。要支持企业家心无旁骛、长远打算，以恒心办恒业，扎根中国市场，深耕中国市场。[①]

——2020年7月21日，习近平同志在企业家座谈会上的讲话

三、背景、内容和意义

营商环境是企业生存发展的土壤。对于一个国家或地区来说，好的营商环境既是生产力，也是竞争力。从一定意义上说，地区之间的发展差距，表面上看是经济数字的差距、企业数量和质量的差距，实际上是营商环境的差距。招商引资，拼的就是营商环境，哪里营商环境好，人才就往哪里走，项目就在哪里建，资金就往哪里流。

营商环境主要指的是经商的政治环境、经济环境、法律环境等，营商环境最重要的一个就是公平公正的法律环境，这才是推进投资自由化的基础，可以说营商环境就是生产力。优化营商环境，实质是如何处理"市场与政府的关系"。国际经验表明，高效、廉洁和包容，是优化营商环境的三个基本环节，核心是法治，或者说法治是最好的营商环境。一个地方的营商环境好不好，关键看"政府的所为"是否公平公正公开，是否合理又足够地"降低市场准入的门槛"。好的营商环境，就是企业"办事不求人，办事办得快"，就是政府部门对企业"有求必应，无事不扰"。加快打造市场化法治化国际化营商环境，更大力度为各类市场主体投资兴业破堵点、解难题，落实优化营商环境的路线图、时间表，关注企业痛点问题，有助于提振市场信心、稳定社会预期。

优化营商环境就是解放生产力、提升竞争力，是增强市场活力、稳定社会预期、应对经济下行压力、促进发展和就业的有效举措。要按照条例要求，聚焦市场主体关切，坚持问题导向、重点突破，持续推进简政放权、放管结合、优化服务。一个地方的营商环境好不好，感受最真切、最有话语权的是企业。高标准优化营商环境，必须以"企业需求"为根本导向，努力做到企业期待什么，我们就着力提供什么；企业的堵点痛点难点在哪

① 《习近平著作选读》第二卷，人民出版社2023年版，第320-321页。

里，我们就要勇于在哪里“砍一刀”。政府部门要有“刀刃向内、自我革命”的决心和魄力，充分听取企业意见，主动了解企业需求，做好自己该做的，改掉自己不该做的。

五、新时代中国特色社会主义政治建设

54. 习近平法治思想

一、名词解析

习近平法治思想，是顺应实现中华民族伟大复兴时代要求应运而生的重大理论创新成果，是马克思主义法治理论中国化时代化的最新成果，是习近平新时代中国特色社会主义思想的重要组成部分，是全面依法治国的根本遵循和行动指南。2020 年 11 月 16 日至 17 日，中国共产党的历史上首次召开的中央全面依法治国工作会议，将习近平法治思想明确为全面依法治国的指导思想。

二、习近平总书记的相关重要论述

我们总结中国特色社会主义法治实践规律，传承中华法律文化精华，汲取世界法治文明有益成果，形成了全面依法治国新理念新举措。我在中央全面依法治国工作会议上概括为“十一个坚持”。要加强对我国法治的原创性概念、判断、范畴、理论的研究，加强中国特色法学学科体系、学术体系、话语体系建设。要把新时代中国特色社会主义法治思想落实到各法学学科的教材编写和教学工作中，推动进教材、进课堂、进头脑，努力培养造就更多具有坚定理想信念、强烈家国情怀、扎实法学根底的法治人才。要加强对律师队伍的政治引领，教育引导广大律师自觉遵守拥护中国共产党领导、拥护我国社会主义法治等从业基本要求，努力做党和人民满意的好律师。要把推进全民守法作为基础工程，全面落实“谁执法谁普法”普法责任制。各级领导干部要带头尊法学法守法用法，引导广大群众自觉守法、遇事找法、解决问题靠法。要总结我国法治体系建设和法治实践的经验，阐发我国优秀传统法治文化，讲好中国法治故事，提升我国法治体系和法治理论的国际影响力和话语权。[1]

——2021 年 12 月 6 日，习近平同志主持中共十九届中央政治局第三十五次集体学习时的讲话

三、背景、内容和意义

2020 年 11 月 16 日，党中央召开中央全面依法治国工作会议再次强调，推进全面依法治国要围绕建设中国特色社会主义法治体系、建设社会主义法治国家的总目标，坚持党的领导、人民当家作主、依法治国有机统一，以解决法治领域突出问题为着力点，坚定不移走中国特色社会主义法治道路，在法治轨道上推进国家治理体系和治理能力现代化，为全面建设社会主义现代化国家、实现中华民族伟大复兴的中国梦提供有力法治保障。这次会议最大的历史贡献是首次提出并系统阐述了习近平法治思想，强调习近平法治思想内涵丰富、论述深刻、逻辑严密、系统完备，从历史和现实相贯通、国际和国内相关联、理论和实际相结合上深刻回答了新时代为什么实行全面依法治国、怎样实行全面依法治国等一系列重大问题。

习近平总书记在中央全面依法治国工作会议上发表的重要讲话，从统筹中华民族伟大复兴战略全局和世界百年未有之大变局、实现党和国家长治久安的战略高度，全面回顾了我国社会主义法治建设历程特别是党的十八大以来取得的历史性成就，明确提出了当前和今后一个时期推进全面依法治国的总体要求，用“十一个坚持”系统阐述了新时代推进全面依法治国的重要思想和战略部署，深入回答了我国社会主义法治建设一系列重大理论和实践问题。

这“十一个坚持”分别是：坚持党对全面依法治国的领导；坚持以人民为中心；坚持中国特色社会主义法治道路；坚持依宪治国、依宪执政；坚持在法治轨道上推进国家治理体系和治理能力现代化；坚持建设中国特色社会主义法治体系；坚持依法治国、依法执政、依法行政共同推进，法治国家、法治政府、法治社会一体建设；坚持全面推进科学立法、严格执法、公正司法、全民守法；坚持统筹推进国内法治和涉外法治；坚持建设

① 《习近平著作选读》第二卷，人民出版社 2023 年版，第 572-573 页。

德才兼备的高素质法治工作队伍；坚持抓住领导干部这个“关键少数”。这“十一个坚持”，既是重大工作部署，又是重大战略思想，是一个密不可分的有机整体，必须深入学习领会，抓好贯彻落实。

55. 习近平总书记关于坚持和完善人民代表大会制度的重要思想

一、名词解析

党的十八大以来，以习近平同志为核心的党中央统筹中华民族伟大复兴战略全局和世界百年未有之大变局，从坚持和完善党的领导、巩固中国特色社会主义制度的战略高度出发，深刻回答了新时代发展中国特色社会主义民主政治、坚持和完善人民代表大会制度的一系列重大理论和实践问题，形成习近平总书记关于坚持和完善人民代表大会制度的重要思想，成为习近平新时代中国特色社会主义思想的重要组成部分。这一重要思想的形成，标志着我们党对中国特色社会主义民主政治和人民代表大会制度的规律性认识和把握达到了一个新的高度。

二、习近平总书记的相关重要论述

人民代表大会制度，坚持中国共产党领导，坚持马克思主义国家学说的基本原则，适应人民民主专政的国体，有效保证国家沿着社会主义道路前进。人民代表大会制度，坚持国家一切权力属于人民，最大限度保障人民当家作主，把党的领导、人民当家作主、依法治国有机统一起来，有效保证国家治理跳出治乱兴衰的历史周期率。人民代表大会制度，正确处理事关国家前途命运的一系列重大政治关系，实现国家统一高效组织各项事业，维护国家统一和民族团结，有效保证国家政治生活既充满活力又安定有序。

党的十八大以来，党中央统筹中华民族伟大复兴战略全局和世界百年未有之大变局，从坚持和完善党的领导、巩固中国特色社会主义制度的战略高度出发，继续推进人民代表大会制度理论和实践创新，提出一系列新理念新思想新要求，主要有以下几个方面。

一是必须坚持中国共产党领导。坚持党总揽全局、协调各方的领导核心作用，坚决维护党中央权威和集中统一领导，保证党的理论、路线、方针政策和决策部署在国家工作中得到全面贯彻和有效执行，支持和保证国家政权机关依照宪法法律积极主动、独立负责、协调一致开展工作。要加强和改善党的领导，善于使党的主张通过法定程序成为国家意志，善于使党组织推荐的人选通过法定程序成为国家政权机关的领导人员，善于通过国家政权机关实施党对国家和社会的领导，维护党和国家权威、维护全党全国团结统一。

二是必须坚持用制度体系保障人民当家作主。坚持以人民为中心，坚持国家一切权力属于人民，支持和保证人民通过人民代表大会行使国家权力，健全民主制度，丰富民主形式，拓宽民主渠道，保证人民平等参与、平等发展权利，发展更加广泛、更加充分、更加健全的全过程人民民主。

三是必须坚持全面依法治国。坚持走中国特色社会主义法治道路，建设中国特色社会主义法治体系，建设社会主义法治国家，弘扬社会主义法治精神，依照宪法法律推进国家各项事业和各项工作，维护社会公平正义，尊重和保障人权，实现国家各项工作法治化。

四是必须坚持民主集中制。坚持人民通过人民代表大会统一行使国家权力，各级人民代表大会由民主选举产生，对人民负责，受人民监督；各级国家行政机关、监察机关、审判机关、检察机关都由人民代表大会产生，对人大负责，受人大监督；实行决策权、执行权、监督权既合理分工又相互协调，保证国家机关依照法定权限和程序行使职权、履行职责；坚持在党中央统一领导下，充分发挥地方主动性和积极性，保证国家统一高效组织推进各项事业。

五是必须坚持中国特色社会主义政治发展道路。坚持党的领导、人民当家作主、依法治国有机统一，核心是坚持党的领导。人民代表大会制度是坚持党的领导、人民当家作主、依法治国有机统一的根本政治制度安排，保证党领导人民依法有效治理国家。可以借鉴人类政治文明的有益成果，但绝不照搬西方政治制度模式。

六是必须坚持推进国家治理体系和治理能力现代化。人民代表大会制度是中国特色社会主义制度的重要组成部分，也是国家治理体系的重要组成部分。要坚持和完善人民当家作主制度体系，不断推进社会主义民主政治制度化、规范化、程序化，更好把制度优势转化为治理效能。①

——2021 年 10 月 13 日，习近平同志在中央人大工作会议上的讲话

三、背景、内容和意义

人民代表大会制度是坚持党的领导、人民当家作主、依法治国有机统一的根本政治制度，是中国特色社会主义制度的重要组成部分，集中体现社会主义民主政治的特点和优势。人民当家作主是社会主义民主政治的本质和核心，人民代表大会制度是保证人民当家作主的根本政治制度。党的十八大以来，以习近平同志为核心的党中央团结带领人民坚定不移走中国特色社会主义政治发展道路，不断健全人民当家作主制度体系，发展全过程人民民主，推动人民代表大会制度更加成熟更加定型，社会主义民主政治建设取得历史性成就。

在 2021 年 10 月 13 日召开的中央人大工作会议上，习近平总书记用“六个必须坚持”，系统概括了党的十八大以来我们党推进人民代表大会制度理论和实践创新的新理念新思想新要求，即必须坚持中国共产党领导，必须坚持用制度体系保障人民当家作主，必须坚持全面依法治国，必须坚持民主集中制，必须坚持中国特色社会主义政治发展道路，必须坚持推进国家治理体系和治理能力现代化。“六个必须坚持”精辟概括了人民代表大会制度的主要特征，体现了从制度层面对推进国家治理体系和治理能力现代化、全面建设社会主义现代化国家的顶层设计，标志着我们党对人民代表大会制度的规律性认识达到新的高度，标志着人民代表大会制度更加成熟定型、更加巩固完善。必须自觉做到“六个必须坚持”，真正在学懂弄通做实上下功夫，充分彰显科学理论的真理光辉和实践伟力。

习近平总书记站在增强我国制度优势和制度竞争力的高度，从全面贯彻实施宪法、加快完善中国特色社会主义法律体系、用好宪法赋予人大的

① 《习近平著作选读》第二卷，人民出版社 2023 年版，第 520-522 页。

监督权、充分发挥人大代表作用、强化政治机关意识、加强党对人大工作的全面领导六个方面，为加强和改进新时代人大工作提供了科学指引和行动指南。要毫不动摇坚持、与时俱进完善人民代表大会制度，创造性做好人大立法、监督等工作，把人民代表大会制度优势更好转化为治理效能。

56. 习近平总书记关于做好新时代党的统一战线工作的重要思想

一、名词解析

统一战线是党克敌制胜、执政兴国的重要法宝，是团结海内外全体中华儿女实现中华民族伟大复兴的重要法宝，必须长期坚持。新时代统战工作取得的最大成果，是在实践中形成了习近平总书记关于做好新时代党的统一战线工作的重要思想。2022 年 7 月，习近平总书记在中央统战工作会议上将这一重要思想概括为“十二个必须”。习近平总书记关于做好新时代党的统一战线工作的重要思想，是党的统一战线百年发展史的智慧结晶，是新时代统战工作的根本指针。

二、习近平总书记的相关重要论述

我们在实践中形成了关于做好新时代党的统一战线工作的重要思想，就加强和改进统战工作提出了一系列新理念新思想新战略，主要是必须充分发挥统一战线的重要法宝作用，必须解决好人心和力量问题，必须正确处理一致性和多样性关系，必须坚持好发展好完善好中国新型政党制度，必须以铸牢中华民族共同体意识为党的民族工作主线，必须坚持我国宗教中国化方向，必须做好党外知识分子和新的社会阶层人士统战工作，必须促进非公有制经济健康发展和非公有制经济人士健康成长，必须发挥港澳台和海外统战工作争取人心的作用，必须加强党外代表人士队伍建设，必须把握做好统战工作的规律，必须加强党对统战工作的全面领导。关于做好新时代党的统一战线工作的重要思想，是党的统一战线百年发展史的智慧结晶，是新时代统战工作的根本指针，全党必须完整、准确、全面贯彻落实。①

——2022年7月29日，习近平同志在中央统战工作会议上的讲话

人心是最大的政治，统一战线是凝聚人心、汇聚力量的强大法宝。完善大统战工作格局，坚持大团结大联合，动员全体中华儿女围绕实现中华民族伟大复兴中国梦一起来想、一起来干。发挥我国社会主义新型政党制度优势，坚持长期共存、互相监督、肝胆相照、荣辱与共，加强同民主党派和无党派人士的团结合作，支持民主党派加强自身建设、更好履行职能。以铸牢中华民族共同体意识为主线，坚定不移走中国特色解决民族问题的正确道路，坚持和完善民族区域自治制度，加强和改进党的民族工作，全面推进民族团结进步事业。坚持我国宗教中国化方向，积极引导宗教与社会主义社会相适应。加强党外知识分子思想政治工作，做好新的社会阶层人士工作，强化共同奋斗的政治引领。全面构建亲清政商关系，促进非公有制经济健康发展和非公有制经济人士健康成长。加强和改进侨务工作，形成共同致力民族复兴的强大力量。②

——2022年10月16日，习近平同志在中国共产党第二十次全国代表大会上的报告

三、背景、内容和意义

统一战线是我们党凝聚人心、汇聚力量的政治优势和战略方针。毛泽东同志曾指出，所谓政治，就是把我们的人搞得多多的，把敌人搞得少少的，并将统一战线称为战胜敌人的三大法宝之一。习近平总书记强调，统一战线是党克敌制胜、执政兴国的重要法宝，是团结海内外全体中华儿女实现中华民族伟大复兴的重要法宝，必须长期坚持。因此，人心向背、力量对比是决定党和人民事业成败的关键，是最大的政治。统战工作的本质要求是大团结大联合，解决的就是人心和力量问题。关键是要坚持求同存异，发扬“团结—批评—团结”的优良传统，在尊重多样性中寻求一致性，找到最大公约数、画出最大同心圆。

① 《习近平著作选读》第二卷，人民出版社2023年版，第608页。
② 《习近平著作选读》第一卷，人民出版社2023年版，第32-33页。

2022年7月召开的中央统战工作会议，将习近平总书记关于做好新时代党的统一战线工作的重要思想的核心要义概括为“十二个必须”。“十二个必须”涵盖了统一战线地位作用、本质要求、工作方针、任务重点、领导力量等基本问题，对加强和改进统战工作提出了一系列新理念新思想新战略，是一个内涵丰富、逻辑严密、系统完备的有机整体，是我们党的统一战线百年发展史的智慧结晶，是我们党对做好统战工作规律性认识的深化，是新时代统战工作的根本指针。

做好新时代统战工作，必须紧扣新时代爱国统一战线的基本任务：坚持以习近平新时代中国特色社会主义思想特别是习近平总书记关于做好新时代党的统一战线工作的重要思想为指导，坚持中国共产党领导，坚持中国特色社会主义道路，高举爱国主义、社会主义伟大旗帜，坚持一致性和多样性统一，坚持围绕中心、服务大局，坚持与时俱进、守正创新，加强思想政治引领，发挥凝聚人心、汇聚力量的政治作用，促进政党关系、民族关系、宗教关系、阶层关系、海内外同胞关系和谐，促进海内外中华儿女团结奋斗，为全面建成社会主义现代化强国、实现中华民族伟大复兴汇聚磅礴伟力。

57. 习近平总书记关于加强和改进人民政协工作的重要思想

一、名词解析

党的十八大以来，以习近平同志为核心的党中央加强对人民政协工作的领导，习近平总书记着眼党和国家事业全局，就人民政协工作发表一系列重要讲话、作出一系列重大部署，深刻阐明人民政协性质定位、使命任务、履职要求，科学回答了新时代建设什么样的人民政协、怎样推进人民政协事业发展的重大课题，形成了习近平总书记关于加强和改进人民政协工作的重要思想，为做好新时代人民政协工作指明了前进方向、提供了根本遵循。

二、习近平总书记的相关重要论述

在新时代，加强和改进人民政协工作的总体要求是：以新时代中国特色社会主义思想为指导，增强“四个意识”、坚定“四个自信”、做到“两个维护”，把坚持和发展中国特色社会主义作为巩固共同思想政治基础的主轴，把服务实现“两个一百年”奋斗目标作为工作主线，把加强思想政治引领、广泛凝聚共识作为中心环节，坚持团结和民主两大主题，提高政治协商、民主监督、参政议政水平，更好凝聚共识，担负起把党中央决策部署和对人民政协工作要求落实下去、把海内外中华儿女智慧和力量凝聚起来的政治责任，为决胜全面建成小康社会、进而全面建设社会主义现代化强国作出贡献。①

——2019 年 9 月 20 日，习近平同志在中央政协工作会议暨庆祝中国人民政治协商会议成立七十周年大会上的讲话

协商民主是实践全过程人民民主的重要形式。完善协商民主体系，统筹推进政党协商、人大协商、政府协商、政协协商、人民团体协商、基层协商以及社会组织协商，健全各种制度化协商平台，推进协商民主广泛多层制度化发展。坚持和完善中国共产党领导的多党合作和政治协商制度，坚持党的领导、统一战线、协商民主有机结合，坚持发扬民主和增进团结相互贯通、建言资政和凝聚共识双向发力，发挥人民政协作为专门协商机构作用，加强制度化、规范化、程序化等功能建设，提高深度协商互动、意见充分表达、广泛凝聚共识水平，完善人民政协民主监督和委员联系界别群众制度机制。②

——2022 年 10 月 16 日，习近平同志在中国共产党第二十次全国代表大会上的报告

三、背景、内容和意义

党的十八大以来，以习近平同志为核心的党中央高度重视人民政协事业发展，形成了习近平总书记关于加强和改进人民政协工作的重要思想，

① 《习近平著作选读》第二卷，人民出版社 2023 年版，第 268 页。
② 《习近平著作选读》第一卷，人民出版社 2023 年版，第 31-32 页。

深刻阐明了人民政协的地位作用、目标任务、职责使命、实践要求，科学回答了一系列方向性、全局性、战略性重大问题，为推动新时代人民政协事业发展提供了根本遵循。学习贯彻习近平总书记关于加强和改进人民政协工作的重要思想，要做到四个始终坚持：一是始终坚持党对政协工作的全面领导，二是始终坚持大团结大联合，三是始终坚持践行全过程人民民主理念，四是始终坚持服务党和国家工作大局。

在2019年9月20日召开的中央政协工作会议暨庆祝中国人民政治协商会议成立70周年大会上，习近平总书记从加强党对人民政协工作的领导、准确把握人民政协性质定位、发挥好人民政协专门协商机构作用、坚持和完善我国新型政党制度、广泛凝聚人心和力量、聚焦党和国家中心任务履职尽责、坚持人民政协为人民、以改革创新精神推进履职能力建设8个方面，全面深刻总结党领导人民政协工作的宝贵经验，为我们明确了政协履职的原则要求和着力重点。坚持和加强党对人民政协工作的全面领导，是习近平总书记关于加强和改进人民政协工作的重要思想的根和魂，是做好人民政协工作必须坚持的政治方向、政治立场和政治原则。我们要始终把坚持党的全面领导作为最大政治规矩，全面、系统、不折不扣地落实到工作谋划、职能履行、自身建设等各方面，贯穿到人民政协和政协机关全部工作之中，切实落实党中央对人民政协工作的各项要求。要清醒认识坚持人民政协性质定位是事关人民政协事业发展的重大原则性问题，切实增强政治敏锐性和政治鉴别力，深刻把握人民政协制度的鲜明特点和独特优势，始终在宪法法律和政协章程范围内履行职能、开展工作，坚定不移走中国特色社会主义政治发展道路。

习近平总书记关于加强和改进人民政协工作的重要思想，是马克思列宁主义统一战线理论、政党理论和民主政治理论同中国具体实践和时代特征紧密结合的最新理论成果，是习近平新时代中国特色社会主义思想的有机组成部分。我们要真正学深悟透、全面贯彻落实。要按照习近平总书记关于“懂政协、会协商、善议政，守纪律、讲规矩、重品行”的重要要求，通过政协制度有效运行，把更多人团结在党的周围，把党的方针政策转化为各党派团体、各族各界人士的思想共识和行动自觉。

58. 习近平总书记关于加强和改进民族工作的重要思想

一、名词解析

2021年8月27日至28日召开的中央民族工作会议的最大成果，就是总结提出了习近平总书记关于加强和改进民族工作的重要思想，并将这一重要思想的主要内容概括为“十二个必须”。习近平总书记关于加强和改进民族工作的重要思想，是对党百年来民族工作发展历程特别是新时代民族工作历史性成就和宝贵经验的科学总结，是坚持“两个结合”实现马克思主义民族理论中国化时代化的最新成果，是新时代新征程党的民族工作履行新使命、完成新任务的思想武器，具有重大政治意义、理论意义、实践意义。

二、习近平总书记的相关重要论述

改革开放特别是党的十八大以来，我们党强调中华民族大家庭、中华民族共同体、铸牢中华民族共同体意识等理念，既一脉相承又与时俱进贯彻党的民族理论和民族政策，积累了把握民族问题、做好民族工作的宝贵经验，形成了党关于加强和改进民族工作的重要思想，概括起来有以下方面。

一是必须从中华民族伟大复兴战略高度把握新时代党的民族工作的历史方位。我国正处于中华民族伟大复兴的关键时期，这是现阶段党的民族工作的历史方位。做好民族工作，事关祖国统一和边疆巩固，事关民族团结和社会稳定，事关国家长治久安和中华民族伟大复兴。要以实现中华民族伟大复兴为出发点和落脚点，把握战略定位，统筹谋划和推进新时代党的民族工作。

二是必须把推动各民族为全面建设社会主义现代化国家共同奋斗作为新时代党的民族工作的重要任务。全面建设社会主义现代化国家，一个民族都不能少。没有各民族共同团结奋斗就难以实现社会主义现代化，没有各民族共同繁荣发展也不是社会主义现代化。要以各族人民对美好生活的向往为目标，促进各民族紧跟时代步伐，共同团结奋斗、共同繁荣发展，在实现共同富裕、迈向社会主义现代化的征程中同舟共济、携手并进。

三是必须以铸牢中华民族共同体意识为新时代党的民族工作的主线。中华民族共同体意识是民族团结之本。要推动各民族树立正确的国家观、历史观、民族观、文化观、宗教观，增强国家意识、公民意识、法治意识，坚定对伟大祖国、中华民族、中华文化、中国共产党、中国特色社会主义的高度认同，不断推进中华民族共同体建设。

四是必须坚持正确的中华民族历史观。我国是统一的多民族国家，中华民族多元一体是我国的一个显著特征。我国辽阔疆域是各民族共同开拓的，悠久历史是各民族共同书写的，灿烂文化是各民族共同创造的，伟大民族精神是各民族共同培育的。要准确认识中华文明起源和历史脉络，准确认识中华民族和中华文明的多元一体，准确认识中华文明取得的灿烂成就和对人类文明的重大贡献，增强对中华民族的认同感和自豪感。

五是必须坚持各民族一律平等。在中华民族大家庭中，各民族不分人口多少、历史长短、发展水平高低一律平等。要保证各民族共同当家作主、参与国家事务管理，保障各族群众合法权益，坚决反对大汉族主义和地方民族主义，禁止对任何民族的歧视。

六是必须高举中华民族大团结旗帜。民族团结是我国各族人民的生命线，必须把维护中华民族根本利益放在首位。要全面贯彻党的民族理论和民族政策，深化民族团结进步教育和创建，巩固和发展平等团结互助和谐的社会主义民族关系，促进各民族在中华民族大家庭中像石榴籽一样紧紧抱在一起。

七是必须坚持和完善民族区域自治制度。民族区域自治制度是国家一项基本政治制度，是中国特色解决民族问题正确道路的一个重要制度保障。实施民族区域自治制度，根本目的是维护国家统一和民族团结。要坚持党的全面领导、维护党中央权威，确保党中央政令畅通，确保国家法律法规实施，依法保障各族群众享受平等权利、履行平等义务，支持各民族发展经济、改善民生，实现共同发展、共同富裕。

八是必须构筑中华民族共有精神家园。中华文化是各民族优秀文化的集大成。要在各民族中培育和践行社会主义核心价值观，弘扬以爱国主义为核心的民族精神和以改革创新为核心的时代精神，突出各民族共有共享的中华文化符号和形象，使各民族人心归聚、精神相依，形成人心凝聚、团结奋进的强大精神纽带。

九是必须促进各民族广泛交往交流交融。这是推动中华民族共同体建设的重要途径。要顺应时代要求，创造各族群众共居共学、共建共享、共事共乐的社会结构和社会条件，促进各民族在理想、信念、情感、文化上的团结统一，守望相助、手足情深。

十是必须坚持依法治理民族事务。民族事务治理是国家治理的重要组成部分。要在法治轨道上治理民族事务，维护社会主义法制统一和法治尊严，推进民族事务治理体系和治理能力现代化。要树立对法律的信仰，教育引导各族群众尊法学法守法用法。各族群众在法律面前人人平等，任何人都没有超越法律的特权。

十一是必须坚决维护国家主权、安全、发展利益。没有国家统一和安全，就没有各民族繁荣发展。要全面落实总体国家安全观，教育引导各民族继承和发扬爱国主义传统，自觉维护祖国统一、国家安全、社会稳定，严密防范和坚决打击暴力恐怖活动、民族分裂活动、宗教极端活动，严密防范和抵御敌对势力的渗透、颠覆、破坏活动。

十二是必须坚持党对民族工作的领导。中国共产党领导是做好民族工作的根本保证，是维护中华民族大团结的根本保证。要加强和完善党对民族工作的全面领导，提升解决民族问题、做好民族工作的能力和水平，加强民族地区和民族工作干部队伍建设，着力把基层党组织建设成为铸牢中华民族共同体意识、带领群众致富、维护社会稳定、守卫边疆领土、开展反分裂斗争的坚强战斗堡垒。

我们党关于加强和改进民族工作的重要思想，是党的民族工作理论和实践的智慧结晶，是新时代党的民族工作的根本遵循，全党必须完整、准确、全面把握和贯彻。[①]

——2021 年 8 月 27 日，习近平同志在中央民族工作会议上的讲话

① 《习近平著作选读》第二卷，人民出版社 2023 年版，第 507-511 页。

三、背景、内容和意义

我国是统一的多民族国家，各民族团结和谐，则国家兴旺、社会安定、人民幸福；反之，则国家衰败、社会动荡、人民遭殃。这是深刻总结历史经验教训得出的重要结论。新时代加强中华民族大团结，是夯实国家统一和社会稳定重要基石的必然要求，是实现中国式现代化的必然要求，是实现中华民族伟大复兴的必然要求。

回顾党的百年历程，党的民族工作取得的最大成就，就是走出了一条中国特色解决民族问题的正确道路。改革开放特别是党的十八大以来，我们党强调中华民族大家庭、中华民族共同体、铸牢中华民族共同体意识等理念，既一脉相承又与时俱进贯彻党的民族理论和民族政策，积累了把握民族问题、做好民族工作的宝贵经验，形成了习近平总书记关于加强和改进民族工作的重要思想，概括为“十二个必须”。这“十二个必须”，体现了理论与实际相结合、认识论和方法论相统一的鲜明特色，支撑起新时代党的民族工作的“四梁八柱”，是一个科学的理论体系。

习近平总书记关于加强和改进党的民族工作的重要思想，是马克思主义民族理论中国化的最新成果，为我国民族团结工作指明了正确方向，是加强和巩固新时代民族团结工作的行动指南。要牢牢把握铸牢中华民族共同体意识这一主线，扎实推进少数民族和民族地区现代化建设，牢固树立正确的中华民族历史观，更好促进各民族广泛交往交流交融，推动新时代党的民族工作高质量发展。要加强党对民族工作的全面领导，提高做好新时代党的民族工作的能力。要持续在学习领会、宣传阐释、知行合一上下功夫，把习近平总书记关于加强和改进民族工作的重要思想落实到民族工作全过程各方面。站在新的历史起点上，我们必须坚持用习近平总书记关于加强和改进民族工作的重要思想武装头脑、指导实践，坚定不移地走中国特色解决民族问题的正确道路，推动新时代党的民族工作高质量发展，为实现中华民族伟大复兴的中国梦贡献智慧和力量。

59. 习近平总书记关于青年工作的重要思想

一、名词解析

党的十八大以来，以习近平同志为核心的党中央高度重视、亲切关怀青年一代，全方位加强党对青年工作的领导，推动新时代青年工作取得历史性成就、发生历史性变革。习近平总书记从党的事业薪火相传、后继有人的战略高度出发，以马克思主义政治家、战略家的深邃视野和宏大格局，为我国青年运动指方向、把脉搏、交任务，从理论和实践相结合的维度，深刻阐明了党的青年工作的地位作用、目标任务、职责使命、实践要求，把我们党对青年工作的规律性认识提升到新的高度，形成了习近平总书记关于青年工作的重要思想，为全党做好新时代青年工作提供了根本遵循。

二、习近平总书记的相关重要论述

青年兴则国家兴，青年强则国家强。青年一代有理想、有本领、有担当，国家就有前途，民族就有希望。中国梦是历史的、现实的，也是未来的；是我们这一代的，更是青年一代的。中华民族伟大复兴的中国梦终将在一代代青年的接力奋斗中变为现实。全党要关心和爱护青年，为他们实现人生出彩搭建舞台。广大青年要坚定理想信念，志存高远，脚踏实地，勇做时代的弄潮儿，在实现中国梦的生动实践中放飞青春梦想，在为人民利益的不懈奋斗中书写人生华章！[①]

——2017 年 10 月 18 日，习近平同志在中国共产党第十九次全国代表大会上的报告

青年强，则国家强。当代中国青年生逢其时，施展才干的舞台无比广阔，实现梦想的前景无比光明。全党要把青年工作作为战略性工作来抓，用党的科学理论武装青年，用党的初心使命感召青年，做青年朋友的知心

① 《习近平著作选读》第二卷，人民出版社 2023 年版，第 57 页。

人、青年工作的热心人、青年群众的引路人。广大青年要坚定不移听党话、跟党走，怀抱梦想又脚踏实地，敢想敢为又善作善成，立志做有理想、敢担当、能吃苦、肯奋斗的新时代好青年，让青春在全面建设社会主义现代化国家的火热实践中绽放绚丽之花。①

——2022年10月16日，习近平同志在中国共产党第二十次全国代表大会上的报告

三、背景、内容和意义

2022年5月10日，习近平总书记在庆祝中国共产主义青年团成立100周年大会上发表重要讲话强调，青春孕育无限希望，青年创造美好明天。新时代的中国青年，生逢其时、重任在肩，施展才干的舞台无比广阔，实现梦想的前景无比光明。实现中国梦是一场历史接力赛，当代青年要在实现民族复兴的赛道上奋勇争先。共青团要牢牢把握培养社会主义建设者和接班人的根本任务，坚持为党育人、自觉担当尽责、心系广大青年、勇于自我革命，团结带领广大团员青年成长为有理想、敢担当、能吃苦、肯奋斗的新时代好青年，用青春的能动力和创造力激荡起民族复兴的澎湃春潮，用青春的智慧和汗水打拼出一个更加美好的中国。习近平总书记在建团百年庆祝大会上的重要讲话全面回顾、深刻总结共青团紧跟党走过的光荣历程、积淀的宝贵经验，对新时代共青团工作寄予殷切希望，极大丰富和发展了习近平总书记关于青年工作的重要思想。随后，习近平总书记《论党的青年工作》出版发行，为我们进一步学懂弄通做实这一重要思想提供了权威教材。

习近平总书记关于青年工作的重要思想，立足中华民族伟大复兴战略全局和世界百年未有之大变局，源于党的十八大以来以习近平同志为核心的党中央领导青年工作、推动青年运动、促进青年发展、指导共青团改革的一系列生动实践，沉淀着习近平总书记长期以来对青年工作的深入思考，具有鲜明的理论品格、时代特质、历史底蕴、实践根基，是习近平新时代中国特色社会主义思想的有机组成部分，对于推动新时代党的青年工作守

① 《习近平著作选读》第一卷，人民出版社2023年版，第58页。

正创新、推进中国青年运动蓬勃发展、促进青年一代成长发展具有重大指导意义。

习近平总书记关于青年工作的重要思想，深刻回答了新时代培养什么样的青年、怎样培养青年，建设什么样的共青团、怎样建设共青团等方向性、全局性、战略性重大课题，时代特色鲜明、理论内涵丰富。全面领会习近平总书记关于青年工作的重要思想的丰富内涵，需要深刻领会党的青年工作的地位作用，高度重视青少年成长进步对党和人民事业的决定性意义，明确青年是祖国的未来、民族的希望，也是党的未来和希望；从红色江山永不变色的政治高度看待和把握青年工作，鲜明标定青年工作的政治属性、政治意义、政治标准；需要深刻领会党的青年工作的目标任务，明确"为实现中华民族伟大复兴的中国梦而奋斗，是中国青年运动的时代主题"，明确"把青年一代培养造就成德智体美劳全面发展的社会主义建设者和接班人，是事关党和国家前途命运的重大战略任务，是全党的共同政治责任"，回答新时代培养什么样的青年、怎样培养青年、为谁培养青年、谁来培养青年等重大理论和实践课题；需要深刻领会党的青年工作的职责使命，把培养社会主义建设者和接班人作为根本任务，引导广大青年自觉为共产主义远大理想和中国特色社会主义共同理想而奋斗；需要深刻领会党的青年工作的实践要求，明确党管青年原则，明确各级党委（党组）抓青年和共青团工作、切实的领导责任，要站在理想信念的制高点上教育引领青少年一代，特别重视用党的光辉历史、革命传统、精神谱系教育青少年，加强政治塑造、思想淬炼。

60. 中国特色社会主义根本制度、基本制度、重要制度

一、名词解析

所谓根本制度，就是在中国特色社会主义制度中起顶层决定性、全域覆盖性、全局指导性作用的制度。所谓基本制度，就是通过贯彻和体现国家政治生活、经济生活的基本原则、对国家经济社会发展等发挥重大影响

的制度。所谓重要制度，就是由根本制度和基本制度派生而来的、国家治理各领域各方面各环节的具体的主体性制度。

二、习近平总书记的相关重要论述

中国特色社会主义制度是一个严密完整的科学制度体系，起四梁八柱作用的是根本制度、基本制度、重要制度，其中具有统领地位的是党的领导制度。党的领导制度是我国的根本领导制度。党的十八大以来，我们鲜明提出“中国特色社会主义最本质的特征是中国共产党领导，中国特色社会主义制度的最大优势是中国共产党领导，党是最高政治领导力量”。这次全会强调，“必须坚持党政军民学、东西南北中，党是领导一切的，坚决维护党中央权威，健全总揽全局、协调各方的党的领导制度体系，把党的领导落实到国家治理各领域各方面各环节”。这是党领导人民进行革命、建设、改革最可宝贵的经验。我们推进各方面制度建设、推动各项事业发展、加强和改进各方面工作，都必须坚持党的领导，自觉贯彻党总揽全局、协调各方的根本要求。

这次全会总结实践经验，在我们党已经明确的根本制度、基本制度、重要制度的基础上作出一些新的概括，比如，把社会主义基本经济制度确定为“公有制为主体、多种所有制经济共同发展，按劳分配为主体、多种分配方式并存，社会主义市场经济体制等社会主义基本经济制度”，明确提出“坚持马克思主义在意识形态领域指导地位的根本制度”，对中国特色社会主义法治体系、中国特色社会主义行政体制、繁荣发展社会主义先进文化的制度、统筹城乡的民生保障制度、共建共治共享的社会治理制度、生态文明制度体系、党对人民军队的绝对领导制度、“一国两制”制度体系、党和国家监督体系等也进一步作出阐述。①

——2019 年 10 月 31 日，习近平同志在中共十九届四中全会第二次全体会议上的讲话

① 《习近平著作选读》第二卷，人民出版社 2023 年版，第 284 页。

三、背景、内容和意义

中国特色社会主义制度是一个严密完整的科学制度体系，起四梁八柱作用的是根本制度、基本制度、重要制度。在中国特色社会主义制度体系中，根本制度、基本制度和重要制度是其中的构成要素，它们具有不同地位、起着不同作用，在时间和领域上具有不同的影响范围，它们相互作用，形成一定的逻辑结构，构成中国特色社会主义制度的逻辑体系。

所谓根本制度，就是在中国特色社会主义制度中起顶层决定性、全域覆盖性、全局指导性作用的制度。中国特色社会主义制度是党和人民在长期实践探索中形成的科学制度体系，我国国家治理一切工作和活动都依照中国特色社会主义制度展开，我国国家治理体系和治理能力是中国特色社会主义制度及其执行能力的集中体现。根本制度是覆盖我们党“五位一体”总体布局、“四个全面”战略布局，覆盖改革发展稳定、内政外交国防、治党治国治军等一切方面、所有领域的。其中，党的集中统一领导制度和全面领导制度是我们党和国家的根本领导制度；人民代表大会制度是我国的根本政治制度；马克思主义在意识形态领域指导地位的制度是我国的根本文化制度；共建共治共享是我国的根本社会治理制度；党对人民军队的绝对领导是我国的根本军事制度。

所谓基本制度，就是通过贯彻和体现国家政治生活、经济生活的基本原则、对国家经济社会发展等产生重大影响的制度。基本制度也是覆盖和体现在各领域各方面的。比如，体现在政治领域，就是中国共产党领导的多党合作和政治协商制度、民族区域自治制度、基层群众自治制度这三大基本政治制度；体现在经济领域，就是公有制为主体、多种所有制共同发展，按劳分配为主体、多种分配方式并存，社会主义市场经济体制三大基本经济制度。在这“三大基本经济制度”之前加上一个“等”字就是表明：我国各领域各方面基本制度是会随着实践发展而逐步扩容的。

所谓重要制度，就是由根本制度和基本制度派生而来的、国家治理各领域各方面各环节的具体的主体性制度。重要制度是中国特色社会主义制度和社会现实相互作用的具体制度，它在社会具体领域和方面具有广泛的、具体的、直接的影响，具有对根本制度、基本制度产生社会效力的具体规定性。在经济、政治、文化、社会、生态文明、法治等领域和方面的重要制度和“一国两制”制度体系、党内法规制度、社会治理制度等重要制度，对根本制度、基本制度具有一定的反作用。系统完备、运行良好和效果显著的重要制度可以维护根本制度、基本制度的权威性，巩固其地位，并能彰显和发挥其显著优势；反之，不健全、不完善、不公正、执行不力的重要制度会损害根本制度、基本制度的性质、地位和作用。

61. 深化党和国家机构改革

一、名词解析

深化党和国家机构改革是推进国家治理体系和治理能力现代化的一场深刻变革。2018 年 2 月 26 日至 28 日，党的十九届三中全会通过《中共中央关于深化党和国家机构改革的决定》和《深化党和国家机构改革方案》。3 月，十三届全国人大一次会议批准国务院机构改革方案，中共中央印发《深化党和国家机构改革方案》，深化党和国家机构改革全面启动。

二、习近平总书记的相关重要论述

深化党和国家机构改革，是贯彻落实党的十九大精神的重要内容，是坚持和加强党的领导、坚持和完善中国特色社会主义制度、推进国家治理体系和治理能力现代化的重要任务，关系改革开放和社会主义现代化建设全局，关系全面建成小康社会、实现中华民族伟大复兴的中国梦。对深化党和国家机构改革重要性和紧迫性，对深化党和国家机构改革方案的贯彻落实，都要放到新时代背景下、站在更高层次上来认识和把握。[①]

——2018 年 2 月 28 日，习近平同志在中共十九届三中全会第二次全体会议上的讲话

我们以巨大的政治勇气全面深化改革，打响改革攻坚战，加强改革顶

① 《习近平著作选读》第二卷，人民出版社 2023 年版，第 130-131 页。

层设计，敢于突进深水区，敢于啃硬骨头，敢于涉险滩，敢于面对新矛盾新挑战，冲破思想观念束缚，突破利益固化藩篱，坚决破除各方面体制机制弊端，各领域基础性制度框架基本建立，许多领域实现历史性变革、系统性重塑、整体性重构，新一轮党和国家机构改革全面完成，中国特色社会主义制度更加成熟更加定型，国家治理体系和治理能力现代化水平明显提高。①

——2022 年 10 月 16 日，习近平同志在中国共产党第二十次全国代表大会上的报告

三、背景、内容和意义

党和国家机构职能体系是中国特色社会主义制度的重要组成部分，是我们党治国理政的重要保障。提高党的执政能力和领导水平，广泛调动各方面积极性、主动性、创造性，有效治理国家和社会，推动党和国家事业发展，必须适应新时代中国特色社会主义发展要求，深化党和国家机构改革。

深化党和国家机构改革，必须全面贯彻党中央精神，适应新时代中国特色社会主义发展要求，坚持稳中求进工作总基调，坚持正确改革方向，坚持以人民为中心，坚持全面依法治国，以加强党的全面领导为统领，以国家治理体系和治理能力现代化为导向，以推进党和国家机构职能优化协同高效为着力点，改革机构设置，优化职能配置，深化转职能、转方式、转作风，提高效率效能，为决胜全面建成小康社会、开启全面建设社会主义现代化国家新征程、实现中华民族伟大复兴的中国梦提供有力制度保障。

深化党和国家机构改革，目标是构建系统完备、科学规范、运行高效的党和国家机构职能体系，形成总揽全局、协调各方的党的领导体系，职责明确、依法行政的政府治理体系，中国特色、世界一流的武装力量体系，联系广泛、服务群众的群团工作体系，推动人大、政府、政协、监察机关、审判机关、检察机关、人民团体、企事业单位、社会组织等在党的统一领导下协调行动、增强合力，全面提高国家治理能力和治理水平。

深化党和国家机构改革，是新时代坚持和发展中国特色社会主义的必然要求，是加强党的长期执政能力建设的必然要求，是社会主义制度自我

① 《习近平著作选读》第一卷，人民出版社 2023 年版，第 7-8 页。

完善和发展的必然要求，是实现“两个一百年”奋斗目标、全面建设社会主义现代化国家、全面实现中华民族伟大复兴的必然要求。全党必须统一思想、坚定信心、抓住机遇，在全面深化改革进程中，下决心解决党和国家机构职能体系中存在的障碍和弊端，更好发挥我国社会主义制度优越性。

62. 全过程人民民主

一、名词解析

全过程人民民主是新时代我们党领导人民推进社会主义政治建设取得的重大理论和实践创新成果，是全链条、全方位、全覆盖的民主，必须坚持中国共产党领导、坚持人民主体地位、坚持全面依法治国、坚持中国道路，充分发挥人民代表大会制度在发展全过程人民民主中的重要制度载体作用。

二、习近平总书记的相关重要论述

党的十八大以来，我们深化对民主政治发展规律的认识，提出全过程人民民主的重大理念。我国全过程人民民主不仅有完整的制度程序，而且有完整的参与实践。我国实行工人阶级领导的、以工农联盟为基础的人民民主专政的国体，实行人民代表大会制度的政体，实行中国共产党领导的多党合作和政治协商制度、民族区域自治制度、基层群众自治制度等基本政治制度，巩固和发展最广泛的爱国统一战线，形成了全面、广泛、有机衔接的人民当家作主制度体系，构建了多样、畅通、有序的民主渠道。全体人民依法实行民主选举、民主协商、民主决策、民主管理、民主监督，依法通过各种途径和形式管理国家事务，管理经济和文化事业，管理社会事务。我国全过程人民民主实现了过程民主和成果民主、程序民主和实质民主、直接民主和间接民主、人民民主和国家意志相统一，是全链条、全方位、全覆盖的民主，是最广泛、最真实、最管用的社会主义民主。我们要继续推进全过程人民民主建设，把人民当家作主具体地、现实地体现到党治国理政的政策措施上来，具体地、现实地体现到党和国家机关各个方面各个层级工作上来，具体地、现实地体现到实现人民对美好生活向往的工作上来。[①]

——2021 年 10 月 13 日，习近平同志在中央人大工作会议上的讲话

我国是工人阶级领导的、以工农联盟为基础的人民民主专政的社会主义国家，国家一切权力属于人民。人民民主是社会主义的生命，是全面建设社会主义现代化国家的应有之义。全过程人民民主是社会主义民主政治的本质属性，是最广泛、最真实、最管用的民主。必须坚定不移走中国特色社会主义政治发展道路，坚持党的领导、人民当家作主、依法治国有机统一，坚持人民主体地位，充分体现人民意志、保障人民权益、激发人民创造活力。

我们要健全人民当家作主制度体系，扩大人民有序政治参与，保证人民依法实行民主选举、民主协商、民主决策、民主管理、民主监督，发挥人民群众积极性、主动性、创造性，巩固和发展生动活泼、安定团结的政治局面。[②]

——2022 年 10 月 16 日，习近平同志在中国共产党第二十次全国代表大会上的报告

三、背景、内容和意义

人民民主是我们党始终高举的旗帜。在革命、建设、改革各个历史时期，我们党团结带领各族人民为实现人民当家作主进行艰辛探索、不懈奋斗，逐步建立健全一套完整的制度体系和程序机制，成功开辟和坚持了中国特色社会主义政治发展道路，人民民主成为社会主义国家的政治基石和社会主义制度的显著优势。党的十八大以来，以习近平同志为核心的党中央立足新的历史方位，深刻把握我国社会主要矛盾发生的新变化，积极回应人民对民主法治、公平正义的新要求新期待，坚持党的领导、人民当家作主、依法治国有机统一，深化对民主政治发展规律的认识，提出全过程人民民主重大理念，健全人民当家作主制度体系，发挥社会主义协商民主重要作用，丰富民主形式，畅通民主渠道，从各层次各领域扩大人民有序政治参与，推动全过程人民民主取得历史性成就，成为新时代我国民主政治领域具有重大创新意义的标志性成果。

---

① 《习近平著作选读》第二卷，人民出版社 2023 年版，第 531-532 页。
② 《习近平著作选读》第一卷，人民出版社 2023 年版，第 30-31 页。

2019年11月，习近平总书记在上海虹桥街道考察全国人大常委会法工委基层立法联系点时深刻指出："我们走的是一条中国特色社会主义政治发展道路，人民民主是一种全过程的民主"，第一次提出"全过程人民民主"的重要思想。2021年7月1日，习近平总书记在庆祝中国共产党成立100周年大会上强调要"践行以人民为中心的发展思想，发展全过程人民民主"。2021年10月，习近平总书记在中央人大工作会议上对全过程人民民主重大理念和实践要求作出系统精辟的阐述。党的十九届六中全会通过的《中共中央关于党的百年奋斗重大成就和历史经验的决议》，把"发展全过程人民民主"作为习近平新时代中国特色社会主义思想的重要内容纳入"十个明确"之中。2022年10月，党的二十大报告把发展全过程人民民主确定为中国式现代化本质要求的一项重要内容，强调全过程人民民主是社会主义民主政治的本质属性，对"发展全过程人民民主，保障人民当家作主"作出全面部署、提出明确要求。这对于新时代新征程更好发挥我国社会主义政治制度优势、全面建设社会主义现代化国家、全面推进中华民族伟大复兴具有十分重要的意义。

63. 中国特色社会主义法治建设"五大体系"

一、名词解析

中国特色社会主义法治建设"五大体系"是指加快形成完备的法律规范体系、高效的法治实施体系、严密的法治监督体系、有力的法治保障体系，形成完善的党内法规体系。

二、习近平总书记的相关重要论述

全面推进依法治国总目标是建设中国特色社会主义法治体系，建设社会主义法治国家。这是贯穿决定全篇的一条主线，既明确了全面推进依法治国的性质和方向，又突出了全面推进依法治国的工作重点和总抓手，对全面推进依法治国具有纲举目张的意义。

依法治国各项工作都要围绕全面推进总目标来部署、来展开。法治体系是国家治理体系的骨干工程。落实全会部署，必须加快形成完备的法律规范体系、高效的法治实施体系、严密的法治监督体系、有力的法治保障体系，形成完善的党内法规体系。①

——2014年10月23日，习近平同志在中共十八届四中全会第二次全体会议上的讲话

第六，坚持建设中国特色社会主义法治体系。中国特色社会主义法治体系是推进全面依法治国的总抓手。要加快形成完备的法律规范体系、高效的法治实施体系、严密的法治监督体系、有力的法治保障体系，形成完善的党内法规体系。要坚持依法治国和以德治国相结合，实现法治和德治相辅相成、相得益彰。②

——2020年11月16日，习近平同志在中央全面依法治国工作会议上的讲话

三、背景、内容和意义

全面推进依法治国，是关系我们党执政兴国、关系人民幸福安康、关系党和国家长治久安的重大战略问题。全面推进依法治国的工作重点和总抓手是建设中国特色社会主义法治体系，即“加快形成完备的法律规范体系、高效的法治实施体系、严密的法治监督体系、有力的法治保障体系，加快形成完善的党内法规体系”。

完备的法律规范体系是依法治国的基础。党和国家的一切工作必须于法有据，必须始终在法治的轨道上。但是，法治不是一成不变的，是一个不断完善、不断完备的过程，需要从中央到地方始终解放思想、实事求是，一切从实际出发，坚持中国特色社会主义制度，贯彻中国特色社会主义法治理论。故步自封、因循守旧，难以形成完备的法律规范体系。

高效的法治实施体系是依法治国的关键。有法必依，是依法治国的关键所在，也是社会公平正义的本质体现。必须通过各级各地党员干部特别是领导干部的以身作则、率先垂范以及全面加强法治宣传教育和舆论引导，使尊法、学法、守法、用法成为全党全社会的共识和行动自觉，坚决维护

① 《习近平著作选读》第一卷，人民出版社2023年版，第303页。
② 《习近平著作选读》第二卷，人民出版社2023年版，第382页。

宪法法律权威，依法维护人民权益、维护社会公平正义、维护国家安全稳定。各级各地各部门务必要坚持依法治国、依法执政、依法行政共同推进，坚持法治国家、法治政府、法治社会一体建设，实现科学立法、严格执法、公正司法、全民守法，促进国家治理体系和治理能力现代化，从而形成高效的法治实施体系，推进依法治国落地生根。

严密的法治监督体系是依法治国的根本。监督是良药。法治中国建设、依法治国方略的完备和落实，没有严密的监督体系不行。只有形成严密的法治监督体系，才能真正实现依法治国。监督是责任。对于地方政府干预执法部门的行为，对于执法部门执法违法的行为，对于那些玩忽职守、不作为的行为，对于那些损害群众利益、破坏社会公平正义的行为，都要严格追究办事人的责任及责任单位的领导责任，视其情节，给予处分、撤职，甚至刑事处罚。

有力的法治保障体系是依法治国的标志。党的十八大报告明确指出，法治是治国理政的基本方式。中央提出坚持依法治国、依法执政、依法行政共同推进，法治国家、法治政府、法治社会一体建设，积极推动科学立法、严格执法、公正司法、全民守法，为人民安居乐业、社会安定有序、国家长治久安提供法治保障的新要求。

完善的党内法规体系是依法治国的需要。坚持中国共产党的领导，是推进依法治国的必然要求和重要保障。促进国家治理体系和治理能力现代化，首先必须提高党的建设科学化、规范化、系统化水平，不断深化党的建设制度改革，形成完善的党内法规体系。这就需要不断加强党内法规清理，并不断完善、规范党内法规体系，使党内法规制定和落实工作更加有序，使依法执政更有底气，从而领导好、推进好依法治国各项工作。

64.“1+4”党内法规制度体系

一、名词解析

2016 年 12 月，中共中央印发《关于加强党内法规制度建设的意见》

指出，要完善以“1+4”为基本框架的党内法规制度体系，即在党章之下，分为党的组织法规制度、党的领导法规制度、党的自身建设法规制度、党的监督保障法规制度4大板块。

二、习近平总书记的相关重要论述

要完善党内法规制定体制机制，注重党内法规同国家法律的衔接和协调，构建以党章为根本、若干配套党内法规为支撑的党内法规制度体系，提高党内法规执行力。党章等党规对党员的要求比法律要求更高，党员不仅要严格遵守法律法规，而且要严格遵守党章等党规，对自己提出更高要求。①

——2014年10月23日，习近平同志在中共十八届四中全会第二次全体会议上的讲话

坚持制度治党、依规治党，以党章为根本，以民主集中制为核心，完善党内法规制度体系，增强党内法规权威性和执行力，形成坚持真理、修正错误，发现问题、纠正偏差的机制。②

——2022年10月16日，习近平同志在中国共产党第二十次全国代表大会上的报告

三、背景、内容和意义

党内法规制度体系，是以党章为根本，以民主集中制为核心，以准则、条例等中央党内法规为主干，由各领域各层级党内法规制度组成的有机统一整体。党内法规制度建设要适应新时代坚持和加强党的全面领导、以党的政治建设为统领全面推进党的各项建设的需要，到建党100周年时形成以党章为根本、以准则条例为主干，覆盖党的领导和党的建设各方面的党内法规制度体系，并随着实践发展不断丰富完善。

中共中央印发的《关于加强党内法规制度建设的意见》提出，完善以“1+4”为基本框架的党内法规制度体系，即在党章之下分为党的组织法规制度、党的领导法规制度、党的自身建设法规制度、党的监督保障法规制

① 《习近平著作选读》第一卷，人民出版社2023年版，第304页。
② 《习近平著作选读》第一卷，人民出版社2023年版，第54页。

度 4 大板块。具体内容为：完善党的组织法规制度，全面规范党的各级各类组织的产生和职责，夯实管党治党、治国理政的组织制度基础；完善党的领导法规制度，加强和改进党对各方面工作的领导，为党发挥总揽全局、协调各方领导核心作用提供制度保证；完善党的自身建设法规制度，加强党的思想建设、组织建设、作风建设、反腐倡廉建设，深化党的建设制度改革，增强党的创造力、凝聚力、战斗力；完善党的监督保障法规制度，切实规范对党组织工作、活动和党员行为的监督、考核、奖惩、保障等，确保行使好党和人民赋予的权力。

应当说，这种“1+4”党内法规制度体系基本反映了党的建设实际，覆盖党的建设各领域各方面，各分类之间也大致平衡，具有较强的科学性和合理性。

65. 新时代“枫桥经验”

一、名词解析

20 世纪 60 年代初，浙江省绍兴市诸暨县枫桥镇干部群众创造了“发动和依靠群众，坚持矛盾不上交，就地解决，实现捕人少，治安好”的“枫桥经验”。其内涵是，坚持和贯彻党的群众路线，在党的领导下，充分发动群众、组织群众、依靠群众解决群众自己的事情，做到“小事不出村、大事不出镇、矛盾不上交”。对于坚持和发展“枫桥经验”，习近平总书记强调，要充分认识“枫桥经验”的重大意义，适应时代要求，把“枫桥经验”坚持好、发展好，把党的群众路线坚持好、贯彻好。

二、习近平总书记的相关重要论述

“枫桥经验”发展到今天，最重要的成果和最鲜明的特色就是实现自律和他律、刚性和柔性、治身和治心、人力和科技相统一，要总结推广这一成果。要大力弘扬社会主义核心价值观，加强思想教育、道德教化，改进见义勇为英雄模范评选表彰工作，让全社会充满正气、正义。要坚持依法办事，越是疑难复杂问题，越是重大紧急情况，越要用法治思维和法治方式分析解决，为全社会立“明规则”、破“潜规则”，让遵法守纪者扬眉吐气，让违法失德者寸步难行。要完善基层群众自治机制，调动城乡群众、企事业单位、社会组织自主自治的积极性，打造人人有责、人人尽责的社会治理共同体。要健全社会心理服务体系和疏导机制、危机干预机制，最大限度消解社会戾气，塑造自尊自信、理性平和、亲善友爱的社会心态。要加快推进立体化、信息化社会治安防控体系建设，把数据资源整合共享作为基础工程来抓，不断增强社会治理能力和水平。[①]

——2019年1月15日，习近平同志在中央政法工作会议上的讲话

古人说：“消未起之患，治未病之疾，医之于无事之前。”法治建设既要抓末端、治已病，更要抓前端、治未病。我国国情决定了我们不能成为“诉讼大国”。我国有十四亿人口，大大小小的事都要打官司，那必然不堪重负！要推动更多法治力量向引导和疏导端用力，完善预防性法律制度，坚持和发展新时代“枫桥经验”，完善社会矛盾纠纷多元预防调处化解综合机制，更加重视基层基础工作，充分发挥共建共治共享在基层的作用，推进市域社会治理现代化，促进社会和谐稳定。[②]

——2020年11月16日，习近平同志在中央全面依法治国工作会议上的讲话

三、背景、内容和意义

1963年，浙江省绍兴市诸暨县枫桥镇的干部群众创造了“发动和依靠群众，坚持矛盾不上交，就地解决，实现捕人少，治安好”的经验，成为我国社会治安综合治理的一面旗帜。50多年来，随着我国社会主义建设的飞速发展，社会主要矛盾不断变化，“枫桥经验”在不同的历史阶段被不断赋予新的内容、新的方法，内涵不断深化。党的十八大以来，不断创新发展中的“枫桥经验”，在习近平新时代中国特色社会主义思想的指引下，在实践中焕发出新的生机和活力，进一步丰富了习近平总书记“以人民为中心”“打造共建共治共享的社会治理格局”“多元主题协同共治”“人民安居乐业，国家才能安定有序”“加快建设‘平安中国’‘法治中国’”等“善

① 《习近平著作选读》第二卷，人民出版社2023年版，第242页。
② 《习近平著作选读》第二卷，人民出版社2023年版，第384页。

治”目标。

习近平总书记关于坚持创新发展“枫桥经验”的新理念新思想新战略，是推进基层社会治理现代化的根本遵循，引领创造了经济持续健康发展、社会大局持续安全稳定“两个奇迹”，充分表明了以“枫桥经验”为重要内容的中国特色社会主义社会治理体系具有独特优势。“枫桥经验”形成于社会主义建设时期，发展于改革开放时期，创新于中国特色社会主义新时代，内涵不断丰富，重点不断调整，随着时代的变迁而发展，随着理念的进步而创新，但是其坚持党的领导，坚持法治思维，走群众路线，以人为本，团结大多数人维护社会和谐稳定的实质没有变。

坚持“小事不出村、大事不出镇、矛盾不上交，就地解决”是“枫桥经验”的核心，也是维护社会和谐稳定的基础目标。治理理念强调系统治理，从源头抓起，“截”“堵”“控”的传统思维模式和管理手段，已经远远不能适应“网络化”“全球化”带来的人民群众对社会治理的新要求。通过基层民情沟通会、民意恳谈会、民心交流会、纠纷调解会等人民群众愿意和能够接受的形式，把决策过程变成尊重民意、化解民忧、维护民利的过程，疏导人民群众的不满情绪，消解人民群众的误会，解答人民群众的疑问，解决人民群众的切实困难，把矛盾化解在基层，是保证社会和谐稳定的基础，也是解决上访、告状、网络舆情等“末端”问题最实际、最有效的方法。

66. 容错纠错机制

一、名词解析

容错纠错，是指对有关单位或个人在推进改革、探索创新、推动发展特别是破解难题过程中，未能实现预期目标或出现偏差失误，勤勉尽责、未谋取私利的，对其免除相关责任或从轻减轻处理，并及时纠错改正，有效消除和减少损失，保障改革创新顺利推进。容错纠错机制是激励干部担当作为、干事创业的重要机制。

二、习近平总书记的相关重要论述

选人用人是党内政治生活的风向标，用人上的不正之风和腐败现象对政治生活危害最烈，端正用人导向是严肃党内政治生活的治本之策。要落实好干部标准，严把政治关、品行关、作风关、廉洁关，真正让忠诚干净担当、为民务实清廉、奋发有为、锐意改革、实绩突出的干部得到褒奖和重用，让阳奉阴违、阿谀逢迎、弄虚作假、不干实事、会跑会要的干部没市场、受惩戒。要大力整治选人用人上的不正之风，使用人风气更加清朗，坚决纠正“劣币驱逐良币”的逆淘汰现象，以用人环境的风清气正促进政治生态的山清水秀。要完善从严管理监督干部制度体系，解决“重选轻管”问题。同时，要抓紧健全容错纠错机制，加大正向激励力度，引导广大干部保持良好精神状态，奋发有为、敢于担当。①

——2016 年 10 月 27 日，习近平同志在中共十八届六中全会第二次全体会议上的讲话

坚持严管和厚爱结合、激励和约束并重，完善干部考核评价机制，建立激励机制和容错纠错机制，旗帜鲜明为那些敢于担当、踏实做事、不谋私利的干部撑腰鼓劲。各级党组织要关心爱护基层干部，主动为他们排忧解难。②

——2017 年 10 月 18 日，习近平同志在中国共产党第十九次全国代表大会上的报告

三、背景、内容和意义

当前，改革进入攻坚期和深水区。把改革的顶层设计落到实处，广大干部是关键，要靠他们在改革中敢闯敢试，破除沉疴痼疾，冲破利益梗阻，把改革不断引向深入。但现实中，一些干部顾虑增多、动力减弱，出现了多干多错、少干少错、不干不错的消极心态。2018 年 5 月 20 日，中共中央办公厅印发了《关于进一步激励广大干部新时代新担当新作为的意见》，提出建立健全容错纠错机制，宽容干部在改革创新中的失误错误，强调切

① 《习近平著作选读》第一卷，人民出版社 2023 年版，第 524 页。
② 《习近平著作选读》第二卷，人民出版社 2023 年版，第 53 页。

实为敢于担当的干部撑腰鼓劲。

干事业总是有风险的，不能期望每一项工作只成功不失败。在改革进入攻坚期和深水区的今天，面对改革创新中的失误错误，只有允许试错、宽容失败，才能让改革永不停顿、创新永无止境。近年来，各地在建立容错纠错机制、激励干部敢闯敢试方面作了积极探索。从实践来看，哪些错该容、怎么去容，容错和纠错怎么有机统一起来，是开展这项工作的重点，也是难点。建立健全容错纠错机制要按照“三个区分开来”要求来把握，具体工作中要妥善把握事业为上、实事求是、依纪依法、容纠并举“四个原则”，结合动机态度、客观条件、程序方法、性质程度、后果影响以及挽回损失“六个要件”，对干部的失误错误进行综合分析，对该容的大胆容错，不该容的坚决不容。对给予容错的干部，考核考察要客观评价，选拔任用要公正合理。

建立健全容错纠错机制，支持和保护那些作风正派又敢作敢为、锐意进取的干部，可以最大限度调动广大干部的积极性、主动性、创造性。建立激励机制和容错纠错机制，旗帜鲜明为那些敢于担当、踏实做事、不谋私利的干部撑腰鼓劲。宽容干部在改革创新中的失误错误，就是要让干部放开手脚、消除顾虑，专心致志为党和人民干事创业、建功立业。从制度文化角度看，容错纠错机制承载着鼓励创新的价值追求，目的是形成积极进取、包容失败的制度文化，在党内涵养出想改革、敢改革、善改革的良好风尚。

六、新时代中国特色社会主义文化建设

67. 习近平文化思想

一、名词解析

党的十八人以来，宣传思想文化工作之所以取得历史性成就，最根本就在于有习近平总书记领航掌舵，有习近平新时代中国特色社会主义思想科学指引。习近平总书记在新时代文化建设方面的新思想新观点新论断，内涵十分丰富、论述极为深刻，是新时代党领导文化建设实践经验的理论总结，丰富和发展了马克思主义文化理论，构成了习近平新时代中国特色社会主义思想的文化篇，形成了习近平文化思想。习近平文化思想首次提出于 2023 年 10 月 7 日至 8 日召开的全国宣传思想文化工作会议。

二、习近平总书记的相关重要论述

党的十八大以来，党中央在领导党和人民推进治国理政的实践中，把文化建设摆在全局工作的重要位置。经过这些年的不懈努力，文化传承发展呈现出新的气象、开创了新的局面，社会主义文化强国建设迈出坚实步伐。

在实践中，我们不断深化对文化建设的规律性认识，提出一系列新思想新观点新论断。这些重要观点，是新时代党领导文化建设实践经验的理论总结，是做好宣传思想文化工作的根本遵循，必须长期坚持贯彻、不断丰富发展。

在新的起点上继续推动文化繁荣、建设文化强国、建设中华民族现代文明，是我们在新时代新的文化使命。这里，我着重强调 3 点。

第一，坚定文化自信。自信才能自强。有文化自信的民族，才能立得住、站得稳、行得远。中华文明历经数千年而绵延不绝、迭遭忧患而经久不衰，这是人类文明的奇迹，也是我们自信的底气。坚定文化自信，就是坚持走自己的路。坚定文化自信的首要任务，就是立足中华民族伟大历史实践和当代实践，用中国道理总结好中国经验，把中国经验提升为中国理论，既不盲从各种教条，也不照搬外国理论，实现精神上的独立自主。要把文化自信融入全民族的精神气质与文化品格中，养成昂扬向上的风貌和理性平和的心态。

第二，秉持开放包容。开放包容始终是文明发展的活力来源，也是文化自信的显著标志。中华文明的博大气象，就得益于中华文化自古以来开放的姿态、包容的胸怀。秉持开放包容，就是要更加积极主动地学习借鉴人类创造的一切优秀文明成果。无论是对内提升先进文化的凝聚力感召力，还是对外增强中华文明的传播力影响力，都离不开融通中外、贯通古今。经过长期努力，我们比以往任何一个时代都更有条件破解“古今中西之争”，也比以往任何一个时代都更迫切需要一批熔铸古今、汇通中西的文化成果。我们必须坚持马克思主义中国化时代化，传承发展中华优秀传统文化，促进外来文化本土化，不断培育和创造新时代中国特色社会主义文化。

第三，坚持守正创新。对文化建设来说，守正才能不迷失自我、不迷失方向，创新才能把握时代、引领时代。守正，守的是马克思主义在意识形态领域指导地位的根本制度，守的是“两个结合”的根本要求，守的是中国共产党的文化领导权和中华民族的文化主体性。创新，创的是新思路、新话语、新机制、新形式，要在马克思主义指导下真正做到古为今用、洋为中用、辩证取舍、推陈出新，实现传统与现代的有机衔接。新时代的文化工作者必须以守正创新的正气和锐气，赓续历史文脉、谱写当代华章。

同志们！对历史最好的继承就是创造新的历史，对人类文明最大的礼敬就是创造人类文明新形态。希望大家担当使命、奋发有为，共同努力创造属于我们这个时代的新文化，建设中华民族现代文明！[①]

——2023 年 6 月 2 日，习近平同志在文化传承发展座谈会上的讲话

三、背景、内容和意义

文化是民族的血脉，是人民的精神家园，是一个国家、一个民族的灵魂，是社会发展进步的重要力量。人类社会每一次跃进，人类文明每一次

① 习近平：《在文化传承发展座谈会上的讲话》，《求是》2023 年第 17 期。

升华，无不伴随着文化的历史性进步。没有高度的文化自信，没有文明的继承和发展，没有文化的弘扬和繁荣，就没有中华民族的伟大复兴。因此，文化关乎国本、国运，文化兴则国运兴，文化强则民族强，文化自信是更基础、更广泛、更深厚的自信，是更基本、更深沉、更持久的力量。

党的十八大以来，以习近平同志为核心的党中央高度重视中国特色社会主义文化建设，牢牢掌握意识形态工作领导权、管理权、话语权，大力培育和践行社会主义核心价值观，提高全民族思想道德水平，推动文化事业全面繁荣和文化产业快速发展，为实现中华民族伟大复兴提供思想保证、精神力量、道德滋养和文化条件。习近平总书记围绕新时代文化建设发表的一系列重要论述，立意高远，内涵丰富，思想深刻，是新时代党领导文化建设实践经验的理论总结，丰富和发展了马克思主义文化理论，构成了习近平新时代中国特色社会主义思想的文化篇，形成了习近平文化思想。

习近平文化思想围绕在新的历史起点上继续推动文化繁荣、建设文化强国、建设中华民族现代文明这一新的文化使命，强调要赓续中华文脉、推动中华优秀传统文化创造性转化和创新性发展，强调要推动文化事业和文化产业繁荣发展，强调加强国际传播能力建设、促进文明交流互鉴，充分激发全民族文化创新创造活力，不断巩固全党全国各族人民团结奋斗的共同思想基础，不断提升国家文化软实力和中华文化影响力，为全面建设社会主义现代化国家、全面推进中华民族伟大复兴提供坚强思想保证、强大精神力量、有利文化条件。

习近平文化思想既有文化理论观点上的创新和突破，又有文化工作布局上的部署要求，明体达用、体用贯通，明确了新时代文化建设的路线图和任务书，标志着我们党对中国特色社会主义文化建设规律的认识达到了新高度，表明我们党的历史自信、文化自信达到了新高度，并在我国社会主义文化建设中展现出了强大伟力，为做好新时代新征程宣传思想文化工作、担负起新的文化使命提供了强大思想武器和科学行动指南。习近平文化思想是一个不断展开的、开放式的思想体系，必将随着实践深入不断丰富发展。要深刻领悟“两个确立”的决定性意义，增强“四个意识”、坚定“四个自信”、做到“两个维护”，持续加强对习近平文化思想的学习、研究、阐释，并自觉贯彻落实到宣传思想文化工作各方面和全过程。

在2023年全国宣传思想文化工作会议召开前夕，习近平总书记对宣传思想文化工作作出重要指示强调，各级党委（党组）要把做好宣传思想文化工作作为重大政治责任扛在肩上，确保党中央关于文化建设的决策部署落到实处。各级宣传文化部门要强化政治担当，勇于改革创新，敢于善于斗争，不断开创新时代宣传思想文化工作新局面。2023年10月召开的全国宣传思想文化工作会议指出，要紧紧围绕学习贯彻习近平文化思想，围绕贯彻党的二十大关于文化建设的战略部署，切实增强做好新时代新征程宣传思想文化工作的责任感使命感，推动各项工作落地见效。坚持不懈用习近平新时代中国特色社会主义思想凝心铸魂，在真学真懂真信真用、深化内化转化上下功夫。巩固壮大奋进新时代的主流思想舆论，以强信心为重点加强正面宣传，提高舆论引导能力。广泛践行社会主义核心价值观，改进创新精神文明建设工作。促进文化事业和文化产业繁荣发展，推动中华优秀传统文化保护传承。加强和改进对外宣传工作，增强中华文明传播力影响力。坚决有效防范化解意识形态风险，敢于亮剑、敢于斗争。加强党对宣传思想文化工作的全面领导，落实政治责任，勇于改革创新，强化法治保障，建强干部人才队伍，为担负起新的文化使命提供坚强政治保证。要以钉钉子精神把各项任务要求落到实处，不断增强工作能力本领，提高工作质量效能，在建设社会主义文化强国、建设中华民族现代文明的奋斗和实践中展现新气象新作为。

68. 习近平总书记关于网络强国的重要思想

一、名词解析

党的十八大以来，习近平总书记高度重视网络安全和信息化工作，从信息化发展大势和国际国内大局出发，提出一系列开创性的新理念新思想新战略，系统回答了为什么要建设网络强国、怎样建设网络强国的一系列重大理论和实践问题，明确了事关网信事业发展的一系列方向性、根本性、全局性、战略性重大问题，形成了内涵丰富、科学系统的习近平总书记关于网络强国的重要思想，为做好新时代网络安全和信息化工作指明了前进方向、提供了根本遵循。2018 年 4 月召开的全国网络安全和信息化工作会议首次明确提出并系统阐述了习近平总书记关于网络强国的重要思想的丰富内涵。

二、习近平总书记的相关重要论述

党的十八大以来，党中央关于加强党对网信工作集中统一领导的决策和对网信工作作出的一系列战略部署是完全正确的。我们不断推进理论创新和实践创新，不仅走出一条中国特色治网之道，而且提出一系列新思想新观点新论断，形成了网络强国战略思想。概括起来，主要有以下几个方面。

第一，明确网信工作在党和国家事业全局中的重要地位。我们提出，没有网络安全就没有国家安全，没有信息化就没有现代化，网络安全和信息化事关党的长期执政，事关国家长治久安，事关经济社会发展和人民群众福祉，过不了互联网这一关，就过不了长期执政这一关，要把网信工作摆在党和国家事业全局中来谋划，切实加强党的集中统一领导。

第二，明确网络强国建设的战略目标。我们提出，要站在实现“两个一百年”奋斗目标和中华民族伟大复兴中国梦的高度，加快推进网络强国建设。要按照技术要强、内容要强、基础要强、人才要强、国际话语权要强的要求，向着网络基础设施基本普及、自主创新能力显著增强、数字经济全面发展、网络安全保障有力、网络攻防实力均衡的方向不断前进，最终达到技术先进、产业发达、攻防兼备、制网权尽在掌握、网络安全坚不可摧的目标。

第三，明确网络强国建设的原则要求。我们提出，要坚持创新发展、依法治理、保障安全、兴利除弊、造福人民的原则，坚持创新驱动发展，以信息化培育新动能，用新动能推动新发展；坚持依法治网，让互联网始终在法治轨道上健康运行；坚持正确网络安全观，筑牢国家网络安全屏障；坚持防范风险和促进健康发展并重，把握机遇挑战，让互联网更好造福社会；坚持以人民为中心的发展思想，让亿万人民在共享互联网发展成果上有更多获得感。

第四，明确互联网发展治理的国际主张。我们提出，要坚持尊重网络主权、维护和平安全、促进开放合作、构建良好秩序等全球互联网治理的四项原则，倡导加快全球网络基础设施建设、打造网上文化交流共享平台、推动网络经济创新发展、保障网络安全、构建互联网治理体系等构建网络空间命运共同体的五点主张，强调发展共同推进、安全共同维护、治理共同参与、成果共同分享，携手建设和平、安全、开放、合作的网络空间。

第五，明确做好网信工作的基本方法。我们认识到，网信工作涉及众多领域，要加强统筹协调、实施综合治理，形成强大工作合力。要把握好安全和发展、自由和秩序、开放和自主、管理和服务的辩证关系，整体推进网络内容建设、网络安全、信息化、网络空间国际治理等各项工作。①

——2018 年 4 月 29 日，习近平同志在全国网络安全和信息化工作会议上的讲话

三、背景、内容和意义

当前世界百年未有之大变局加速演进，新一轮科技革命和产业变革深入发展，世界之变、时代之变、历史之变正以前所未有的方式展开，互联网带来一系列新的发展机遇和风险挑战，网络意识形态已成为意识形态工作的重中之重，网络安全已成为最复杂、最现实、最严峻的非传统安全问题之一，信息化已成为驱动引领经济社会高质量发展的关键引擎，网信领域已成为大国竞争博弈的重要领域。对任何国家和政党来说，互联网是重要的执政条件，网络空间是重要的执政环境，信息化是重要的执政手段，用网治网能力是执政能力的重要方面和体现。

2018 年 4 月召开的全国网络安全和信息化工作会议取得的最突出、最重大、最核心的成果，就是对习近平总书记关于网络强国的重要思想进行系统阐述。在此次会议上，我们用“五个明确”对这一重要思想进行了高度概括：明确网信工作在党和国家事业全局中的重要地位，明确网络强国建设的战略目标，明确网络强国建设的原则要求，明确互联网发展治理的国际主张，明确做好网信工作的基本方法。在 2023 年 7 月的全国网络安

① 《习近平著作选读》第二卷，人民出版社 2023 年版，第 147-149 页。

全和信息化工作会议上，习近平总书记对网络安全和信息化工作作出重要指示，深刻阐述新时代新征程网信事业的重要地位作用，鲜明提出网信工作要“切实肩负起举旗帜聚民心、防风险保安全、强治理惠民生、增动能促发展、谋合作图共赢”的使命任务，并明确了“十个坚持”的重要原则：坚持党管互联网，坚持网信为民，坚持走中国特色治网之道，坚持统筹发展和安全，坚持正能量是总要求、管得住是硬道理、用得好是真本事，坚持筑牢国家网络安全屏障，坚持发挥信息化驱动引领作用，坚持依法管网、依法办网、依法上网，坚持推动构建网络空间命运共同体，坚持建设忠诚干净担当的网信工作队伍。习近平总书记的重要指示，高瞻远瞩、统揽全局，思想深邃、内涵丰富，进一步丰富和发展了习近平总书记关于网络强国的重要思想，把党对网信工作的规律性认识提升到全新高度，为新时代新征程网络强国建设提供了行动指南。

习近平总书记关于网络强国的重要思想，源于网络强国建设的生动实践，又指导网络强国建设取得重大成就，体现了历史逻辑和时代逻辑、理论逻辑和实践逻辑的内在统一。习近平总书记关于网络强国的重要思想，思想深刻、内涵丰富、体系完备、博大精深，植根于中华大地、来源于我国互联网发展治理实践，是信息时代的马克思主义，是马克思主义与中国具体实际、与中华优秀传统文化相结合的时代精华，是习近平新时代中国特色社会主义思想的重要组成部分，是我们党管网治网实践经验的理论总结和网信事业发展的行动指南，引领我国网信事业取得历史性成就、发生历史性变革，为促进全球互联网发展治理提供了中国方案、贡献了中国智慧，展现出耀眼的真理光芒和强大的实践力量。

69. 铸牢中华民族共同体意识

一、名词解析

中华民族共同体是我国各族人民在长期历史发展中形成的政治上团结统一，文化上兼容并蓄，经济上相互依存，情感上相互亲近，你中有我、我中有你、谁也离不开谁的民族共同体，是建立在共同历史条件、共同价值追求、共同物质基础、共同身份认同、共有精神家园基础上的命运共同体。加强中华民族大团结，长远和根本的是增强文化认同，建设各民族共有精神家园，铸牢中华民族共同体意识。

二、习近平总书记的相关重要论述

中华民族共同体意识是民族团结之本。要推动各民族树立正确的国家观、历史观、民族观、文化观、宗教观，增强国家意识、公民意识、法治意识，坚定对伟大祖国、中华民族、中华文化、中国共产党、中国特色社会主义的高度认同，不断推进中华民族共同体建设。①

——2021年8月27日，习近平同志在中央民族工作会议上的讲话

以铸牢中华民族共同体意识为主线，坚定不移走中国特色解决民族问题的正确道路，坚持和完善民族区域自治制度，加强和改进党的民族工作，全面推进民族团结进步事业。②

——2022年10月16日，习近平同志在中国共产党第二十次全国代表大会上的报告

三、背景、内容和意义

我们伟大的祖国，幅员辽阔，文明悠久，中华民族多元一体是先人们留给我们的丰厚遗产，也是我国发展的巨大优势。“五十六个星座五十六枝花，五十六族兄弟姐妹是一家。”中华民族和各民族的关系，形象地说，就是一个大家庭和家庭成员的关系；各民族之间的关系，就是一个大家庭里不同成员的关系。

一部中国史，就是一部各民族交融汇聚成多元一体中华民族的历史，就是各民族共同缔造、发展、巩固统一的伟大祖国的历史。各民族之所以团结融合，多元之所以聚为一体，源自各民族文化上的兼收并蓄、经济上的相互依存、情感上的相互亲近，源自中华民族追求团结统一的内生动力。正因如此，中华文明才具有无与伦比的包容性和吸纳力，才可久可大、根

① 《习近平著作选读》第二卷，人民出版社2023年版，第508页。
② 《习近平著作选读》第一卷，人民出版社2023年版，第33页。

深叶茂。

中华民族是一个命运共同体，一荣俱荣、一损俱损。各民族只有把自己的命运同中华民族的命运紧紧联结在一起，才有前途，才有希望。各民族团结奋斗、共同繁荣，是中华民族的立身之本、生命之依、力量之源。历史证明，中华民族共同体意识是国家统一之基、民族团结之本、精神力量之魂。实现中华民族伟大复兴的中国梦，需要进一步铸牢中华民族共同体意识，筑牢各族人民团结奋斗的政治基础、思想基础和社会基础。

70. 新时代新的文化使命

一、名词解析

在 2023 年 6 月 2 日召开的文化传承发展座谈会上，习近平总书记发表重要讲话强调："在新的起点上继续推动文化繁荣、建设文化强国、建设中华民族现代文明，是我们在新时代新的文化使命。"

二、习近平总书记的相关重要论述

中国共产党从成立之日起，既是中国先进文化的积极引领者和践行者，又是中华优秀传统文化的忠实传承者和弘扬者。当代中国共产党人和中国人民应该而且一定能够担负起新的文化使命，在实践创造中进行文化创造，在历史进步中实现文化进步！①

——2017 年 10 月 18 日，习近平同志在中国共产党第十九次全国代表大会上的报告

中华民族具有百万年的人类史、一万年的文化史、五千多年的文明史。这次参观考察中国历史研究院、中国国家版本馆，我更加深切感到中国文化源远流长，中华文明博大精深。只有全面深入了解中华文明的历史，才能更有效地推动中华优秀传统文化创造性转化、创新性发展，更有力地推

① 《习近平著作选读》第二卷，人民出版社 2023 年版，第 36-37 页。

进中国特色社会主义文化建设，建设中华民族现代文明。[①]

——2023 年 6 月 2 日，习近平同志在文化传承发展座谈会上的讲话

三、背景、内容和意义

一个民族的复兴，总是以文化的兴盛为强大支撑；一个时代的进步，总是以文化的繁荣为鲜明标识。一切国家和民族的崛起，都以文化创新和文明进步为先导和基础。近代以来，面对西方资本主义工业文明的冲击，中华文明在探索中前行，各种思想流派、各种制度模式、各方政治势力轮番登台，但都没能找到实现民族独立、人民解放的正确道路和有效办法，没有找到中华文明创新发展的正确方向和有效路径。中国共产党坚持以马克思主义为指导，不断发展面向现代化、面向世界、面向未来的，民族的科学的大众的社会主义文化，实现了中华传统文化有史以来最为广泛而深刻的改造，为当代中国文化发展注入了新的强大活力，铸就了中华文明新辉煌。

党的十八大以来，习近平总书记把文化建设摆在治国理政的突出位置，亲自指挥、亲自部署，召开一系列重要会议，发表一系列重要讲话，作出一系列重大决策，不断深化对文化建设的规律性认识，提出一系列新思想新观点新论断，形成了习近平文化思想，明确了新时代新的文明使命。2023 年 6 月 2 日，习近平总书记在文化传承发展座谈会上强调，在新的起点上继续推动文化繁荣、建设文化强国、建设中华民族现代文明，是我们在新时代新的文化使命。要坚定文化自信、担当使命、奋发有为，共同努力创造属于我们这个时代的新文化，建设中华民族现代文明。2023 年 9 月 8 日，习近平总书记在黑龙江考察时指出，勇担新的文化使命，繁荣发展文化事业和文化产业，深入开展城乡精神文明建设，推进城乡公共文化服务体系一体建设，努力培育新风尚、展示新形象。2023 年 9 月 21 日，习近平总书记在浙江考察时强调，浙江要在建设中华民族现代文明上积极探索。要更好担负起新时代新的文化使命，赓续历史文脉，加强文化遗产保护，推动优秀传统文化创造性转化、创新性发展。坚守中华文化立场，积极发展反映时代要求、具有时代特色的新文化，发展中华文明的现代形

① 习近平：《在文化传承发展座谈会上的讲话》，《求是》2023 年第 17 期。

态。这些新思想新观点新论断，内涵十分丰富、思想十分深刻，是新时代党领导文化建设实践经验的理论总结，是我们党强烈文化担当和高度文化自信的集中体现，是推进文化传承发展和繁荣兴盛的根本指针。

中国式现代化赋予中华文明以现代力量，中华文明赋予中国式现代化以深厚底蕴。这一人类文明新形态，深深植根于中华优秀传统文化，体现科学社会主义的先进本质，借鉴吸收一切人类优秀文明成果，代表人类文明进步的发展方向，展现了不同于西方现代化模式的新图景。在新时代新征程上，我们要以习近平文化思想为指导，更好担负起新的文化使命，坚定文化自信，秉持开放包容，坚持守正创新，激发全民族文化创新创造活力，在新的历史起点上继续推动文化繁荣、建设文化强国、建设中华民族现代文明，不断促进人类文明交流互鉴，为强国建设、民族复兴注入强大精神力量。

71.“两中心一平台”建设

一、名词解析

“两中心一平台”是新时代文明实践中心、县级融媒体中心和“学习强国”学习平台。新时代文明实践中心打通宣传服务群众“最后一公里”，融媒体中心形成良性互动的立体化“宣传大格局”，“学习强国”学习平台提供实时更新“学习资源库”。推进“两中心一平台”建设，要从践行“两个维护”、把牢宣传思想工作基础的高度，充分认识其重要意义，充分挖掘“两中心一平台”的各种功能，为全面建设社会主义现代化国家、全面推进中华民族伟大复兴营造更好的舆论环境。

二、习近平总书记的相关重要论述

建设具有强大凝聚力和引领力的社会主义意识形态，是全党特别是宣传思想战线必须担负起的一个战略任务。要做好做强马克思主义宣传教育工作，特别是要在学懂弄通做实新时代中国特色社会主义思想上下功夫。

要把坚定“四个自信”作为建设社会主义意识形态的关键，坚持马克思主义在我国哲学社会科学领域的指导地位，建设具有中国特色、中国风格、中国气派的哲学社会科学。要把握正确舆论导向，提高新闻舆论传播力、引导力、影响力、公信力，巩固壮大主流思想舆论。要加强传播手段和话语方式创新，让党的创新理论“飞入寻常百姓家”。要扎实抓好县级融媒体中心建设，更好引导群众、服务群众。要旗帜鲜明坚持真理，立场坚定批驳谬误。要压实压紧各级党委（党组）责任，做到任务落实不马虎、阵地管理不懈怠、责任追究不含糊。

宣传思想工作是做人的工作的，要把培养担当民族复兴大任的时代新人作为重要职责。重中之重是要以坚定的理想信念筑牢精神之基，坚定对马克思主义的信仰，对社会主义和共产主义的信念，对中国特色社会主义道路、理论、制度、文化的自信。要强化教育引导、实践养成、制度保障，把社会主义核心价值观融入社会发展各方面，引导全体人民自觉践行。要抓住青少年价值观形成和确定的关键时期，引导青少年扣好人生第一粒扣子。要广泛开展先进模范学习宣传活动，营造崇尚英雄、学习英雄、捍卫英雄、关爱英雄的浓厚氛围。要大力弘扬时代新风，加强思想道德建设，深入实施公民道德建设工程，加强和改进思想政治工作，推进新时代文明实践中心建设，不断提升人民思想觉悟、道德水准、文明素养和全社会文明程度。要弘扬新风正气，推进移风易俗，培育文明乡风、良好家风、淳朴民风，焕发乡村文明新气象。①

——2018 年 8 月 21 日，习近平同志在全国宣传思想工作会议上的讲话要点

三、背景、内容和意义

2018 年 11 月 14 日，习近平总书记主持召开中央全面深化改革委员会第五次会议，审议通过了《关于加强县级融媒体中心建设的意见》。会议指出，组建县级融媒体中心，有利于整合县级媒体资源、巩固壮大主流思想舆论。要深化机构、人事、财政、薪酬等方面改革，调整优化媒体布局，推进融合发展，不断提高县级媒体传播力、引导力、影响力。要坚持管建

① 《习近平谈治国理政》第三卷，外文出版社 2020 年版，第 312-313 页。

同步、管建并举，坚持正确政治方向、舆论导向、价值取向，坚守社会责任，把社会效益放在首位。组建县级融媒体中心，有利于整合县级媒体资源、巩固壮大主流思想舆论。要深化机构、人事、财政、薪酬等方面改革，调整优化媒体布局，推进融合发展，不断提高县级媒体传播力、引导力、影响力。要坚持管建同步、管建并举，坚持正确政治方向、舆论导向、价值取向，坚守社会责任，把社会效益放在首位。

2018 年 7 月 6 日，中央全面深化改革委员会第三次会议审议通过《关于建设新时代文明实践中心试点工作的指导意见》，首次提出建设新时代文明实践中心。建设新时代文明实践中心，是时代之需、使命所系、群众所盼，是深入宣传习近平新时代中国特色社会主义思想的一个重要载体，是守正创新做好基层宣传思想工作的战略举措。建设新时代文明实践中心，是深入宣传习近平新时代中国特色社会主义思想的一个重要载体，要着眼于凝聚群众、引导群众，以文化人、成风化俗，调动各方力量，整合各种资源，创新方式方法，用中国特色社会主义文化、社会主义思想道德牢牢占领农村思想文化阵地，动员和激励广大农村群众积极投身社会主义现代化建设。

2019 年 1 月 1 日，由中宣部建设的“学习强国”学习平台在全国正式上线，这是贯彻落实习近平总书记关于加强学习、建设学习大国重要指示精神、推动全党大学习的有力抓手，是新形势下强化理论武装和思想教育的创新探索，是推动习近平新时代中国特色社会主义思想学习宣传贯彻不断深入的重要举措。“学习强国”学习平台由 PC 端、手机客户端两大终端组成，首次实现了“有组织、有管理、有指导、有服务”的学习，极大地满足了互联网条件下广大党员干部和人民群众多样化、自主化、便捷化的学习需求。

72. 意识形态安全

一、名词解析

政治安全是国家安全的重要组成部分，而意识形态安全与政权安全、制度安全一起构成了政治安全的核心内容。意识形态关乎旗帜、关乎道路、关乎国家政治安全，意识形态决定文化前进方向和发展道路，对一个政党、一个国家、一个民族的生存发展至关重要。

二、习近平总书记的相关重要论述

意识形态决定文化前进方向和发展道路。必须推进马克思主义中国化时代化大众化，建设具有强大凝聚力和引领力的社会主义意识形态，使全体人民在理想信念、价值理念、道德观念上紧紧团结在一起。要加强理论武装，推动新时代中国特色社会主义思想深入人心。深化马克思主义理论研究和建设，加快构建中国特色哲学社会科学，加强中国特色新型智库建设。坚持正确舆论导向，高度重视传播手段建设和创新，提高新闻舆论传播力、引导力、影响力、公信力。加强互联网内容建设，建立网络综合治理体系，营造清朗的网络空间。落实意识形态工作责任制，加强阵地建设和管理，注意区分政治原则问题、思想认识问题、学术观点问题，旗帜鲜明反对和抵制各种错误观点。①

——2017 年 10 月 18 日，习近平同志在中国共产党第十九次全国代表大会上的报告

坚定维护国家政权安全、制度安全、意识形态安全，加强重点领域安全能力建设，确保粮食、能源资源、重要产业链供应链安全，加强海外安全保障能力建设，维护我国公民、法人在海外合法权益，维护海洋权益，坚定捍卫国家主权、安全、发展利益。提高防范化解重大风险能力，严密防范系统性安全风险，严厉打击敌对势力渗透、破坏、颠覆、分裂活动。全面加强国家安全教育，提高各级领导干部统筹发展和安全能力，增强全民国家安全意识和素养，筑牢国家安全人民防线。②

——2022 年 10 月 16 日，习近平同志在中国共产党第二十次全国代表大会上的报告

① 《习近平著作选读》第二卷，人民出版社 2023 年版，第 34 页。
② 《习近平著作选读》第一卷，人民出版社 2023 年版，第 44 页。

三、背景、内容和意义

意识形态工作是党的一项极端重要的工作，能否做好意识形态工作，事关党的前途命运，事关国家长治久安，事关民族凝聚力和向心力。意识形态安全关系我们党的执政地位和执政安全，关系国家安危、民族存亡和百姓福祉，须臾不可忽视。

意识形态领域是政治安全的前沿阵地，意识形态斗争是没有硝烟、扑朔迷离的暗战。在经济全球化进程中，世界各国的经济发展紧密联结在一起，不同思想意识、政治理念、价值观念相互交流、交融、交锋，社会主义意识形态面临严峻挑战。当前，我们正在进行具有许多新的历史特点的伟大斗争，意识形态领域斗争是其中一个十分重要的方面。如果意识形态工作不力、意识形态领域出现问题，我国改革发展的大好局面就有可能丧失，人民群众的幸福也就无从谈起。我们一定要从中国特色社会主义事业的大局出发，充分认识意识形态工作的重要性和必要性，并付诸实际行动，扎实做好意识形态领域的各项工作。

意识形态工作的本质是政治原则问题，核心要义是坚持党的领导和中国特色社会主义政治制度。要加强思想政治工作，创新群众工作体制机制和方式方法，注重发挥工会、共青团、妇联等群团组织的作用，正确处理人民内部矛盾，最大限度凝聚全社会推进改革发展、维护社会和谐稳定的共识和力量。高度重视做好意识形态领域工作，切实维护意识形态安全。因此，抓意识形态工作，要特别关注和重视政治原则问题，坚决维护党的领导、维护中国特色社会主义制度，着力构筑制度安全和政权安全的牢固防线。

73. 提高新闻舆论“四力”

一、名词解析

提高新闻舆论“四力”是指提高新闻舆论传播力、引导力、影响力、公信力。这是2016年2月19日习近平总书记党的新闻舆论工作座谈会上对新闻舆论工作提出的明确要求。

二、习近平总书记的相关重要论述

坚持正确舆论导向，高度重视传播手段建设和创新，提高新闻舆论传播力、引导力、影响力、公信力。①

——2017年10月18日，习近平同志在中国共产党第十九次全国代表大会上的报告

宣传思想工作要把握大势，做到因势而谋、应势而动、顺势而为。我们要加快推动媒体融合发展，使主流媒体具有强大传播力、引导力、影响力、公信力，形成网上网下同心圆，使全体人民在理想信念、价值理念、道德观念上紧紧团结在一起，让正能量更强劲、主旋律更高昂。②

——2019年1月25日，习近平同志在十九届中央政治局第十二次集体学习时的讲话

三、背景、内容和意义

党的新闻舆论工作是党的一项重要工作，是治国理政、定国安邦的大事。做好党的新闻舆论工作，事关旗帜和道路，事关贯彻落实党的理论和路线方针政策，事关顺利推进党和国家各项事业，事关全党全国各族人民凝聚力和向心力，事关党和国家前途命运，意义重大、影响深远。新时代党的新闻舆论工作的职责和使命是，高举旗帜、引领导向，围绕中心、服务大局，团结人民、鼓舞士气，成风化人、凝心聚力，澄清谬误、明辨是非，连接中外、沟通世界。这是党中央对新闻舆论工作的基本定位和明确要求，为新闻舆论战线不负重托、履职尽责指明了方向。承担起这个职责和使命，必须把正确政治方向摆在第一位。

坚持提高新闻舆论传播力、引导力、影响力、公信力，是我们做好新形势下党的新闻舆论工作科学的方法论，是打开新局面、实现新突破的重要法宝。传播力、引导力、影响力、公信力紧密相连、不可分割，相互贯通、

① 《习近平著作选读》第二卷，人民出版社2023年版，第34页。

② 习近平：《加快推动媒体融合发展构建全媒体传播格局》，《求是》2019年第6期。

相互作用，统一于新时代新闻舆论工作的生动实践。新闻舆论提高传播力，关键在于传通并有效。提高引导力，必须要发挥新闻媒体强项之长、补齐弱项之短。提高影响力，须事、理、情、美等元素共同发挥作用。提高公信力，是新闻舆论主体安身立命的根基。

新闻舆论工作直接影响着人们的思想和行为，直接影响着社会的安定与和谐。加强和改进新闻舆论工作，不断提高新闻舆论传播力、引导力、影响力、公信力，必须打好舆论引导特别是热点问题舆论引导主动仗。唱响主旋律才能凝聚人心，传播正能量才能激发斗志。加强和改进新闻舆论工作，不断提高新闻舆论传播力、引导力、影响力、公信力，必须巩固壮大主流舆论，做大做强正面宣传。

74.“一个高举”“两个巩固”“三个建设”的宣传工作根本任务

一、名词解析

2018年6月29日，党中央印发的《中国共产党宣传工作条例》提出了“一个高举”“两个巩固”“三个建设”的宣传工作根本任务，即高举中国特色社会主义伟大旗帜，巩固马克思主义在意识形态领域的指导地位，巩固全党全国人民团结奋斗的共同思想基础，建设具有强大凝聚力和引领力的社会主义意识形态，建设具有强大生命力和创造力的社会主义精神文明，建设具有强大感召力和影响力的中华文化软实力。

二、习近平总书记的相关重要论述

文化是一个国家、一个民族的灵魂。文化兴国运兴，文化强民族强。没有高度的文化自信，没有文化的繁荣兴盛，就没有中华民族伟大复兴。要坚持中国特色社会主义文化发展道路，激发全民族文化创新创造活力，建设社会主义文化强国。

中国特色社会主义文化，源自于中华民族五千多年文明历史所孕育的中华优秀传统文化，熔铸于党领导人民在革命、建设、改革中创造的革命文化和社会主义先进文化，植根于中国特色社会主义伟大实践。发展中国特色社会主义文化，就是以马克思主义为指导，坚守中华文化立场，立足当代中国现实，结合当今时代条件，发展面向现代化、面向世界、面向未来的，民族的科学的大众的社会主义文化，推动社会主义精神文明和物质文明协调发展。要坚持为人民服务、为社会主义服务，坚持百花齐放、百家争鸣，坚持创造性转化、创新性发展，不断铸就中华文化新辉煌。①

——2017年10月18日，习近平同志在中国共产党第十九次全国代表大会上的报告

全面建设社会主义现代化国家，必须坚持中国特色社会主义文化发展道路，增强文化自信，围绕举旗帜、聚民心、育新人、兴文化、展形象建设社会主义文化强国，发展面向现代化、面向世界、面向未来的，民族的科学的大众的社会主义文化，激发全民族文化创新创造活力，增强实现中华民族伟大复兴的精神力量。

我们要坚持马克思主义在意识形态领域指导地位的根本制度，坚持为人民服务、为社会主义服务，坚持百花齐放、百家争鸣，坚持创造性转化、创新性发展，以社会主义核心价值观为引领，发展社会主义先进文化，弘扬革命文化，传承中华优秀传统文化，满足人民日益增长的精神文化需求，巩固全党全国各族人民团结奋斗的共同思想基础，不断提升国家文化软实力和中华文化影响力。②

——2022年10月16日，习近平同志在中国共产党第二十次全国代表大会上的报告

三、背景、内容和意义

宣传工作是党的一项极端重要的工作，是坚持党的政治路线、加强党的政治建设、加强党的思想政治领导、巩固党的群众基础和执政基础的重要方式，是为实现党的主张和奋斗目标动员组织党员、干部和群众所进行的理论武装、舆论引导、思想教育、文化建设、文明培育等工作和活动。

① 《习近平著作选读》第二卷，人民出版社2023年版，第33-34页。
② 《习近平著作选读》第一卷，人民出版社2023年版，第35-36页。

宣传工作是中国共产党领导人民不断夺取革命、建设、改革胜利的优良传统和政治优势。

《中国共产党宣传工作条例》(以下简称《条例》)是宣传领域的主干性、基础性党内法规，以刚性的法规制度为全党开展宣传工作提供了有力指导和支撑，标志着宣传工作科学化规范化制度化建设迈上新的台阶，在党的宣传事业发展史上具有重要的里程碑意义。《条例》以习近平新时代中国特色社会主义思想为指导，把习近平总书记关于宣传工作地位作用、目标任务、职责使命、实践要求的一系列重要论述贯穿其中。《条例》规定党的宣传工作的根本任务："一个高举"，即高举中国特色社会主义伟大旗帜；"两个巩固"，即巩固马克思主义在意识形态领域的指导地位，巩固全党全国人民团结奋斗的共同思想基础；"三个建设"，即建设具有强大凝聚力和引领力的社会主义意识形态，建设具有强大生命力和创造力的社会主义精神文明，建设具有强大感召力和影响力的中华文化软实力。

守正创新做好新时代宣传工作，就要全面落实"一个高举""两个巩固""三个建设"的宣传工作根本任务，不辜负新时代需要、不辜负党的重托、不辜负人民期望。中国共产党选择了马克思主义，就注定选择社会主义道路；选择了马克思主义中国化，也就注定要走向中国特色社会主义道路。作为党的宣传工作，也就注定要高举中国特色社会主义伟大旗帜。旗帜就是方向，旗帜展示形象，旗帜决定命运。因此，新时代宣传工作要自觉担当举旗帜、聚民心、育新人、兴文化、展形象的使命任务，促进全体人民在理想信念、价值理念、道德观念上紧紧团结在一起，为夺取新时代中国特色社会主义伟大胜利、实现中华民族伟大复兴的中国梦提供思想保证、舆论支持、精神动力和文化条件。

75. 新形势下宣传思想工作"五大使命任务"

一、名词解析

2018 年 8 月 21 日，习近平总书记在全国宣传思想工作会议上提出，新形势下宣传思想工作使命任务是：举旗帜、聚民心、育新人、兴文化、展形象。

二、习近平总书记的相关重要论述

——举旗帜，就是要高举马克思主义、中国特色社会主义的旗帜，坚持不懈用新时代中国特色社会主义思想武装全党、教育人民、推动工作，在学懂弄通做实上下功夫，推动当代中国马克思主义、二十一世纪马克思主义深入人心、落地生根。

——聚民心，就是要牢牢把握正确舆论导向，唱响主旋律，壮大正能量，做大做强主流思想舆论，把全党全国人民士气鼓舞起来、精神振奋起来，朝着党中央确定的宏伟目标团结一心向前进。

——育新人，就是要坚持立德树人、以文化人，建设社会主义精神文明、培育和践行社会主义核心价值观，提高人民思想觉悟、道德水准、文明素养，培养能够担当民族复兴大任的时代新人。

兴文化，就是要坚持中国特色社会主义文化发展道路，推动中华优秀传统文化创造性转化、创新性发展，继承革命文化，发展社会主义先进文化，激发全民族文化创新创造活力，建设社会主义文化强国。

——展形象，就是要推进国际传播能力建设，讲好中国故事、传播好中国声音，向世界展现真实、立体、全面的中国，提高国家文化软实力和中华文化影响力。

这个使命任务是新形势下宣传思想战线的光荣职责，是在新的历史起点上开创宣传思想工作新局面的根本要求，必须时刻牢记、努力践行。①

——2018 年 8 月 21 日，习近平同志在全国宣传思想工作会议上的讲话

我们要加强文化领域制度建设，举旗帜、聚民心、育新人、兴文化、展形象，积极培育和践行社会主义核心价值观，推动中华优秀传统文化创造性转化、创新性发展，传承革命文化、发展先进文化，努力创造光耀时代、光耀世界的中华文化。②

——2018 年 12 月 28 日，习近平同志在庆祝改革开放四十周年大会上的讲话

① 《习近平著作选读》第二卷，人民出版社 2023 年版，第 193-194 页。
② 《习近平著作选读》第二卷，人民出版社 2023 年版，第 226-227 页。

三、背景、内容和意义

在2018年的全国宣传思想工作会议上，习近平总书记深刻分析国内国际形势、意识形态领域态势、信息化发展趋势，提出做好新形势下宣传思想工作的使命任务是：举旗帜、聚民心、育新人、兴文化、展形象。习近平总书记提出的五个方面使命任务，是一个逻辑清晰、内涵丰富、相辅相成、联系贯通的有机整体，肩负起、完成好这个使命任务，必将为实现"两个一百年"奋斗目标、实现中华民族伟大复兴中国梦提供坚强思想保证和强大精神力量。

举旗帜，筑牢民族复兴的精神支柱。旗帜决定方向，道路决定命运。习近平新时代中国特色社会主义思想是当代中国马克思主义、21世纪马克思主义，是党和国家必须长期坚持的指导思想，必须把这面旗帜立住了、举稳了。面对纷纷扰扰的杂音噪音和形形色色的思想渗透，宣传思想工作者应当高扬新时代中国共产党人和中国人民的思想旗帜、精神旗帜，学在前列、干在前列，坚持不懈用习近平新时代中国特色社会主义思想武装头脑、指导实践、推动工作。

聚民心，汇聚民族复兴的磅礴力量。民心是最大的政治，人心齐则泰山移，聚民心为的就是聚出向心力、聚出战斗力。中华民族伟大复兴现在进入了攻坚克难关键期，需要汇聚更多民心民意、集中更多民智民力。这就要求我们把统一思想、凝聚力量作为做好新形势下宣传思想工作的中心环节，以百姓之心为心、以百姓之福为福，把全党全国人民的士气鼓舞起来、精神振奋起来，以坚定的信仰、信念和信心朝着既定目标团结一心昂首前进。

育新人，培养担当民族复兴大任的时代新人。事业发展关键在人，建设什么样的社会、实现什么样的目标，人是决定性因素。宣传思想工作是在人的头脑里搞建设，是武装人、引导人、塑造人、鼓舞人的重要工作，培养时代新人是题中应有之义。坚持立德树人、以文化人，在全社会立理想信念之基、铸主流价值之魂、固尊德守德之本、树时代文明之风，不断造就一大批担当民族复兴大任的社会主义建设者和接班人。

兴文化，夯实民族复兴的文化基石。文化兴国运兴、文化强民族强，文化繁荣兴盛事关实现民族复兴，事关人民美好生活。宣传思想工作者应当以满足人民精神文化生活新期待为己任，牢固树立以人民为中心的工作导向，坚持“二为”方向、“双百”方针，坚持创造性转化、创新性发展，大力提升文化产品和服务的质量效益，激发全民族文化创新创造活力，推出更多同新时代相匹配的文化精品，努力在中国特色社会主义文化发展道路上实现文化新跨越、创造文化新辉煌。

展形象，营造民族复兴的良好外部环境。国家形象是国家软实力的外化表现，对提升国际话语权和影响力具有重要意义。我们应当更加主动有效地对外讲好中国故事、传播好中国声音，按照“真实、立体、全面”的要求，不断展现好习近平总书记大国领袖的形象，展现好中国共产党、中国人民和中华民族的形象，展现好中国文明大国、东方大国、负责任大国、社会主义大国的形象，让世界更好了解中国、中国更好走向世界。

习近平总书记提出的这五项使命任务，是新形势下宣传思想战线的光荣职责，是在新的历史起点上开创宣传思想工作新局面的根本要求。这五个方面不是简单并列关系，而是相辅相成、相互促进的有机整体，在实践中不能顾此失彼、只抓其一不顾其他，而要注重协同性、关联性、整体性，从而贯通起来把握，结合起来推进。

76. 宣传思想干部增强“四力”

一、名词解析

2018 年 8 月 21 日，习近平总书记在全国宣传思想工作会议上提出，宣传思想干部要不断增强脚力、眼力、脑力、笔力，努力打造一支政治过硬、本领高强、求实创新、能打胜仗的宣传思想工作队伍。

二、习近平总书记的相关重要论述

要加强党对宣传思想工作的全面领导，旗帜鲜明坚持党管宣传、党管意识形态。要以党的政治建设为统领，牢固树立“四个意识”，坚决维护党中央权威和集中统一领导，牢牢把握正确政治方向。要加强作风建设，坚决纠正“四风”特别是形式主义、官僚主义。宣传思想干部要不断掌握新知识、熟悉新领域、开拓新视野，增强本领能力，加强调查研究，不断增强脚力、眼力、脑力、笔力，努力打造一支政治过硬、本领高强、求实创新、能打胜仗的宣传思想工作队伍。①

——2018年8月21日，习近平同志在全国宣传思想工作会议上的讲话要点

一切有价值、有意义的文艺创作和学术研究，都应该反映现实、观照现实，都应该有利于解决现实问题、回答现实课题。希望大家立足中国现实，植根中国大地，把当代中国发展进步和当代中国人精彩生活表现好展示好，把中国精神、中国价值、中国力量阐释好。原创性是好作品的标志。文艺创作要以扎根本土、深植时代为基础，在观念和手段结合上、内容和形式融合上进行深度创新，提高作品的精神高度、文化内涵、艺术价值。哲学社会科学研究要立足中国特色社会主义伟大实践，提出具有自主性、独创性的理论观点，构建中国特色学科体系、学术体系、话语体系。去年，我在全国宣传思想工作会议上强调要增强“脚力、眼力、脑力、笔力”，这也是创作精品力作的前提和基础。希望文化艺术界、社会科学界的委员带好头、作表率。除了天赋以外，确实要去积累、去挖掘，很多事情都是在细节，演电影、写小说都是细节，细节感人，细节要真实，而真实要去挖掘。②

——2019年3月4日，习近平同志在参加全国政协十三届二次会议文化艺术界、社会科学界委员联组会时的讲话

三、背景、内容和意义

开展增强“四力”教育实践工作，是贯彻落实习近平总书记关于宣传思想工作的重要思想的必然要求，是贯彻落实党中央关于加强宣传思想工作队伍建设工作部署的必然要求，是树牢“四个意识”、坚定“四个自信”、做到“两个维护”的必然要求，是宣传思想战线跟上时代步伐、担当时代

① 《习近平谈治国理政》第三卷，外文出版社2020年版，第311页。
② 习近平：《一个国家、一个民族不能没有灵魂》，《求是》2019年第8期。

责任，坚持守正创新、推动实践发展，坚守人民立场、满足人民期待的必由之路。

2019 年 2 月 12 日，中宣部召开宣传思想战线开展增强脚力、眼力、脑力、笔力教育实践工作电视电话会议强调，要从自觉承担起党的宣传思想工作使命任务的高度，从坚持以人民为中心的工作导向的高度，从打造高素质人才队伍的政治责任高度认识增强“四力”的重大意义，牢牢把握增强“四力”教育实践工作的目标要求和重点任务，以提高政治能力为根本，以增强专业本领为关键，以锐意创新创造为紧要，以培养优良作风为基础，推动宣传思想战线队伍整体素质实现大提升。

“四力”既是构成本领能力的重要内容，也是提升本领能力的方法路径，增强“四力”是一个有机联系、相互促进的整体，构成宣传思想干部的综合素质。增强脚力，就是要把实践和基层当作最好的课堂，把人民群众当作最好的老师。增强眼力，就是要善于观察、善于发现、善于判断、善于辨别，既见人之所见，亦见人之所未见。增强脑力，就是要善于思考，让脑子动起来、活起来，提高思考能力和抓问题能力，练就拨云见日的功夫。增强笔力，就是要善于表达，少一些结论和概念，多一些事实和分析；少一些空泛说教，多一些真情实感；少一些抽象道理，多一些鲜活事例，从而吸引人、打动人、感染人。

宣传思想工作进入守正创新的重要阶段，全面增强工作队伍“四力”，对于推动宣传思想战线在政治上强起来、工作上强起来，更好承担起举旗帜、聚民心、育新人、兴文化、展形象的使命任务，凝聚砥砺奋进新时代、同心共筑中国梦的磅礴力量，具有十分重要的意义。

七、新时代中国特色社会主义社会建设

77. 总体国家安全观

一、名词解析

2014 年 4 月 15 日，习近平总书记主持召开中央国家安全委员会第一次会议。习近平总书记在讲话中首次提出总体国家安全观，阐述了总体国家安全观的基本内涵、指导思想和贯彻原则。

二、习近平总书记的相关重要论述

当前我国国家安全内涵和外延比历史上任何时候都要丰富，时空领域比历史上任何时候都要宽广，内外因素比历史上任何时候都要复杂，必须坚持总体国家安全观，以人民安全为宗旨，以政治安全为根本，以经济安全为基础，以军事、文化、社会安全为保障，以促进国际安全为依托，走出一条中国特色国家安全道路。贯彻落实总体国家安全观，必须既重视外部安全，又重视内部安全，对内求发展、求变革、求稳定、建设平安中国，对外求和平、求合作、求共赢、建设和谐世界；既重视国土安全，又重视国民安全，坚持以民为本、以人为本，坚持国家安全一切为了人民、一切依靠人民，真正夯实国家安全的群众基础；既重视传统安全，又重视非传统安全，构建集政治安全、国土安全、军事安全、经济安全、文化安全、社会安全、科技安全、信息安全、生态安全、资源安全、核安全等于一体的国家安全体系；既重视发展问题，又重视安全问题，发展是安全的基础，安全是发展的条件，富国才能强兵，强兵才能卫国；既重视自身安全，又重视共同安全，打造命运共同体，推动各方朝着互利互惠、共同安全的目标相向而行。①

——2014 年 4 月 15 日，习近平同志在中央国家安全委员会第一次会议上的讲话

① 《习近平著作选读》第一卷，人民出版社 2023 年版，第 235 页。

国家安全是民族复兴的根基，社会稳定是国家强盛的前提。必须坚定不移贯彻总体国家安全观，把维护国家安全贯穿党和国家工作各方面全过程，确保国家安全和社会稳定。

我们要坚持以人民安全为宗旨、以政治安全为根本、以经济安全为基础、以军事科技文化社会安全为保障、以促进国际安全为依托，统筹外部安全和内部安全、国土安全和国民安全、传统安全和非传统安全、自身安全和共同安全，统筹维护和塑造国家安全，夯实国家安全和社会稳定基层基础，完善参与全球安全治理机制，建设更高水平的平安中国，以新安全格局保障新发展格局。①

——2022 年 10 月 16 日，习近平同志在中国共产党第二十次全国代表大会上的报告

三、背景、内容和意义

国泰民安是人民群众最基本、最普遍的愿望，是改革发展的重要前提。维护国家安全，是中国特色社会主义事业顺利推进的保障，也是实现国家长治久安和中华民族伟大复兴的前提。中国国家安全领域主要包括政治安全、国土安全、军事安全、经济安全、文化安全、社会安全、科技安全、网络安全、生态安全、资源安全、核安全、海外利益安全、生物安全、太空安全、极地安全和深海安全领域。

2014 年 4 月 15 日，习近平总书记在中央国家安全委员会第一次会议上首次提出总体国家安全观重大战略思想，这是以习近平同志为核心的党中央对国家安全理论的重大创新，是新形势下维护和塑造中国特色国家安全的行动指南。总体国家安全观是我们党历史上第一个被确立为国家安全工作指导思想的重大战略思想，是中国共产党和中国人民捍卫国家主权、安全、发展利益百年奋斗实践经验和集体智慧的结晶，是马克思主义国家安全理论中国化的最新成果，是习近平新时代中国特色社会主义思想的重要组成部分，是新时代国家安全工作的根本遵循和行动指南。

总体国家安全观是一个内容丰富、开放包容、不断发展的思想体系，

① 《习近平著作选读》第一卷，人民出版社 2023 年版，第 43 页。

其核心要义可以概括为五大要素和五对关系。五大要素就是要以人民安全为宗旨，以政治安全为根本，以经济安全为基础，以军事、科技、文化、社会安全为保障，以促进国际安全为依托。五对关系就是既重视发展问题，又重视安全问题；既重视外部安全，又重视内部安全；既重视国土安全，又重视国民安全；既重视传统安全，又重视非传统安全；既重视自身安全，又重视共同安全。厘清五大要素、把握五对关系，是理解总体国家安全观的关键所在。

78. 习近平总书记关于加强和改进人民信访工作的重要思想

一、名词解析

党的十八大以来，以习近平同志为核心的党中央始终把信访工作摆在重要位置。习近平总书记时刻把人民群众的安危冷暖放在心上，对信访工作作出了一系列重要指示批示，要求信访部门和信访干部牢记为民解难、为党分忧的政治责任，加强党对信访工作的领导，形成了习近平总书记关于加强和改进人民信访工作的重要思想，为我们做好新时代信访工作提供了根本遵循。

二、习近平总书记的相关重要论述

现在，群众工作对象更加多元，群众诉求更加多样，群众工作环境更加复杂。这就要求我们深入研究和准确把握新形势下群众工作的特点和规律，改进群众工作方法，提高群众工作水平。群众诉求很多是通过信访这个渠道反映出来的。信访问题，有的是历史遗留的“老大难”问题，有的是正在发生的现实问题，大多非常棘手。不管怎么难，我们都要想方设法去化解，不能躲着、拖着。当干部就要为群众排忧解难，对上访群众有什么好怕的？我在正定工作时就常常把桌子往大街上一摆，坐在那里听取群众意见，解决了很多上访问题，也真实了解了民情民意。我在宁德工作时推动建立了地、县、乡三级领导干部下访制度，把领导下访日变成群众服务日。此后，我每到一个地方任职都坚持这样做。信访是送上门来的群众工作，既可以消气，也可以通气，关键是要通过信访渠道摸清群众愿望和诉求，找到工作差距和不足，举一反三，加以改进，更好为群众服务。[①]

——2022 年 3 月 1 日，习近平同志在 2022 年春季学期中央党校（国家行政学院）中青年干部培训班开班式上的讲话

健全共建共治共享的社会治理制度，提升社会治理效能。在社会基层坚持和发展新时代“枫桥经验”，完善正确处理新形势下人民内部矛盾机制，加强和改进人民信访工作，畅通和规范群众诉求表达、利益协调、权益保障通道，完善网格化管理、精细化服务、信息化支撑的基层治理平台，健全城乡社区治理体系，及时把矛盾纠纷化解在基层、化解在萌芽状态。加快推进市域社会治理现代化，提高市域社会治理能力。强化社会治安整体防控，推进扫黑除恶常态化，依法严惩群众反映强烈的各类违法犯罪活动。发展壮大群防群治力量，营造见义勇为社会氛围，建设人人有责、人人尽责、人人享有的社会治理共同体。[②]

——2022 年 10 月 16 日，习近平同志在中国共产党第二十次全国代表大会上的报告

三、背景、内容和意义

习近平总书记关于加强和改进人民信访工作的重要思想，是党的十八大以来信访工作最重要的理论成果和最根本的实践要求。这一重要思想坚持用马克思主义立场观点方法认识信访制度、推进信访工作、分析信访形势、解决信访问题，从本质属性、政治责任、根本保证、人民立场、首要任务、重要功能、方式方法、动力源泉、力量保障等方面，系统回答了信访工作是什么、信访形势怎么看、信访工作怎么干等一系列重大理论和实践问题，充分体现了马克思主义人民观和辩证唯物主义方法论，是习近平新时代中国特色社会主义思想的重要组成部分，是指导新时代信访工作高

① 习近平：《努力成长为对党和人民忠诚可靠、堪当时代重任的栋梁之才》，《求是》2023 年第 13 期。

② 《习近平著作选读》第一卷，人民出版社 2023 年版，第 44-45 页。

质量发展的强大思想武器，使我们党对信访工作的规律性认识上升到了新高度，把新时代信访工作理论提升到了新境界。

习近平总书记关于加强和改进人民信访工作的重要思想，从不同的角度和方面对新时代信访工作的本质属性、根本立场、职责使命、功能定位、重点任务、改革方向等问题进行了深刻思考、作出了系统回答，是我们党深化对信访工作规律性认识的重大理论和实践成果，是党中央关于加强和改进信访工作的顶层设计和整体谋划，是习近平新时代中国特色社会主义思想的重要组成部分，也是我们守正创新做好新时代新征程信访工作的科学指南和根本遵循，其主要内容可以概括为“九个坚持”：一是坚持党对信访工作的全面领导，二是坚持人民至上，三是坚持为民解难、为党分忧，四是坚持改革和完善信访制度，五是坚持把信访纳入法治轨道，六是坚持“三到位一处理”工作要求，七是坚持和发展新时代“枫桥经验”，八是坚持底线思维，九是坚持建设高素质信访工作队伍。

奋进新征程、建功新时代，必须深入学习贯彻习近平新时代中国特色社会主义思想，精准把握新时代信访工作的基本原则和总体要求，统筹发展和安全，坚守人民情怀，坚持人民至上，牢记职责使命，主动担当作为，不断开创新时代信访工作新局面。

79. 新时代“七大战略”

一、名词解析

新时代“七大战略”分别是科教兴国战略、人才强国战略、创新驱动发展战略、乡村振兴战略、区域协调发展战略、可持续发展战略、军民融合发展战略。

二、习近平总书记的相关重要论述

从现在到二〇二〇年，是全面建成小康社会决胜期。要按照十六大、十七大、十八大提出的全面建成小康社会各项要求，紧扣我国社会主要矛盾变化，统筹推进经济建设、政治建设、文化建设、社会建设、生态文明建设，坚定实施科教兴国战略、人才强国战略、创新驱动发展战略、乡村振兴战略、区域协调发展战略、可持续发展战略、军民融合发展战略，突出抓重点、补短板、强弱项，特别是要坚决打好防范化解重大风险、精准脱贫、污染防治的攻坚战，使全面建成小康社会得到人民认可、经得起历史检验。①

——2017 年 10 月 18 日，习近平同志在中国共产党第十九次全国代表大会上的报告

教育、科技、人才是全面建设社会主义现代化国家的基础性、战略性支撑。必须坚持科技是第一生产力、人才是第一资源、创新是第一动力，深入实施科教兴国战略、人才强国战略、创新驱动发展战略，开辟发展新领域新赛道，不断塑造发展新动能新优势。②

——2022 年 10 月 16 日，习近平同志在中国共产党第二十次全国代表大会上的报告

三、背景、内容和意义

科教兴国战略。在“科学技术是第一生产力”思想的指导下，坚持教育为本，把科技和教育摆在经济、社会发展的重要位置，增强国家的科技实力和科学技术向现实生产力转化的能力，提高科技对经济的贡献率，提高全民族的科技文化素质，把经济建设转移到依靠科技进步和提高劳动者素质的轨道上来，加速实现国家的繁荣昌盛。

人才强国战略。人才是实现民族振兴、赢得国际竞争主动的战略资源。这充分体现了党中央对人才工作的重视。当今世界的综合国力竞争，说到底是人才竞争。人才与发展是相辅相成的。只有以人为本、崇尚知识、尊重人才，进一步加快人才体制机制创新，我们在全面建设社会主义现代化国家的康庄大道上才能走得更稳更远。

创新驱动发展战略。创新始终是推动一个国家、一个民族向前发展的重要力量。我国是一个发展中大国，正在大力推进经济发展方式转变和经

① 《习近平著作选读》第二卷，人民出版社 2023 年版，第 23 页。
② 《习近平著作选读》第一卷，人民出版社 2023 年版，第 27-28 页。

济结构调整，必须把创新驱动发展战略实施好。实施创新驱动发展战略，就是要推动以科技创新为核心的全面创新，坚持需求导向和产业化方向，坚持企业在创新中的主体地位，发挥市场在资源配置中的决定性作用和社会主义制度优势，提高科技进步对经济增长的贡献度，形成新的增长动力源泉，推动经济持续健康发展。

乡村振兴战略。农业农村农民问题是关系国计民生的根本性问题，必须始终把解决好“三农”问题作为全党工作重中之重。要坚持农业农村优先发展，按照产业兴旺、生态宜居、乡风文明、治理有效、生活富裕的总要求，建立健全城乡融合发展体制机制和政策体系，加快推进农业农村现代化，健全自治、法治、德治相结合的乡村治理体系。培养造就一支懂农业、爱农村、爱农民的“三农”工作队伍。

区域协调发展战略。加大力度支持革命老区、民族地区、边疆地区、贫困地区加快发展，强化举措推进西部大开发形成新格局，深化改革加快东北等老工业基地振兴，发挥优势推动中部地区崛起，创新引领率先实现东部地区优化发展，建立更加有效的区域协调发展新机制。

可持续发展战略。所谓可持续发展战略，是指实现可持续发展的行动计划和纲领，是国家在多个领域实现可持续发展的总称，它要使各方面的发展目标，尤其是社会、经济与生态、环境的目标相协调。

军民融合发展战略。军民融合关乎国家安全和发展全局，既是兴国之举，又是强军之策。我们将在更大范围、更高层次、更深程度上将国防和军队建设与地方经济社会发展互通互融，实现资源最佳配置和充分利用。

80. 脱贫攻坚精神

一、名词解析

2021 年 2 月 25 日，习近平总书记在全国脱贫攻坚总结表彰大会上发表重要讲话时首次提出脱贫攻坚精神。脱贫攻坚精神的内涵是“上下同心、尽锐出战、精准务实、开拓创新、攻坚克难、不负人民”，是在脱贫攻坚伟大斗争中锻造形成的。

二、习近平总书记的相关重要论述

伟大事业孕育伟大精神，伟大精神引领伟大事业。脱贫攻坚伟大斗争，锻造形成了“上下同心、尽锐出战、精准务实、开拓创新、攻坚克难、不负人民”的脱贫攻坚精神。脱贫攻坚精神，是中国共产党性质宗旨、中国人民意志品质、中华民族精神的生动写照，是爱国主义、集体主义、社会主义思想的集中体现，是中国精神、中国价值、中国力量的充分彰显，赓续传承了伟大民族精神和时代精神。全党全国全社会都要大力弘扬脱贫攻坚精神，团结一心，英勇奋斗，坚决战胜前进道路上的一切困难和风险，不断夺取坚持和发展中国特色社会主义新的更大的胜利！①

——2021年2月25日，习近平同志在全国脱贫攻坚总结表彰大会上的讲话

这五十年，中国人民始终发扬自强不息精神，在风云变幻中把握中国前进方向，书写了中国以及人类发展的壮阔史诗。在新中国成立以来国家建设和发展的基础上，中国人民开启了改革开放历史新时期，成功开创和发展中国特色社会主义，不断解放和发展社会生产力，不断提高生活水平，实现了从生产力相对落后的状况到经济总量跃居世界第二的历史性突破。经过艰苦奋斗，中国人民用自己的双手在中华大地上实现了全面建成小康社会的目标，打赢了脱贫攻坚战，历史性地解决了绝对贫困问题，开启了全面建设社会主义现代化国家新征程，迎来了中华民族伟大复兴的光明前景。②

——2021年10月25日，习近平同志在中华人民共和国恢复联合国合法席位五十周年纪念会议上的讲话

三、背景、内容和意义

党的十八大以来，党中央把脱贫攻坚摆在治国理政的突出位置，把脱贫攻坚作为全面建成小康社会的底线任务，组织开展了声势浩大的脱贫攻

① 《习近平著作选读》第二卷，人民出版社2023年版，第442页。
② 《习近平著作选读》第二卷，人民出版社2023年版，第541页。

坚战。在这场人民战争中，我国出台了一系列超常规政策举措，构建了一整套行之有效的制度体系，走出了一条中国特色减贫道路，锻造形成了“上下同心、尽锐出战、精准务实、开拓创新、攻坚克难、不负人民”的脱贫攻坚精神。

截至2020年底，我国建档立卡贫困人口全部实现不愁吃不愁穿，全面实现义务教育、基本医疗、住房安全和饮水安全有保障，人均纯收入从2015年的2982元增加到2020年的10740元，年均增幅29.2%，比全国农民收入增速快20个百分点；工资性收入和生产经营性收入占比逐年上升，转移性收入占比逐年下降，自主脱贫能力稳步提高。满满的获得感、幸福感洋溢在脱贫群众心间。脱贫攻坚取得胜利后，“三农”工作重心历史性转移到全面推进乡村振兴。全面实施乡村振兴战略的深度、广度、难度都不亚于脱贫攻坚。

人无精神则不立，国无精神则不强。在脱贫攻坚伟大斗争中，全国上下以共同意志、共同行动，完成了这项对中华民族、对整个人类都具有重大意义的伟业，极大增强了全党全国各族人民的自信心和自豪感、凝聚力和向心力。“上下同心、尽锐出战、精准务实、开拓创新、攻坚克难、不负人民”，习近平总书记对脱贫攻坚精神的精辟概括，深刻阐明了我们党团结带领全国各族人民进行脱贫攻坚伟大斗争的精神实质，深刻揭示了脱贫攻坚战取得全面胜利的力量源泉。在中华民族伟大复兴的征程上，脱贫攻坚精神筑起一座新的精神丰碑，必将成为推动新时代中国发展进步、战胜一切风险挑战的重要精神动力。

81. 全面实施乡村振兴战略

一、名词解析

乡村振兴战略是习近平总书记于2017年10月18日在党的十九大报告中提出的战略。农业农村农民问题是关系国计民生的根本性问题，必须始终把解决好“三农”问题作为全党工作的重中之重，全面实施乡村振兴战略。

二、习近平总书记的相关重要论述

实施乡村振兴战略，要全面贯彻落实党的十九大精神，以新时代中国特色社会主义思想为指导，加强党对“三农”工作的领导，坚持稳中求进工作总基调，牢固树立新发展理念，落实高质量发展的要求，统筹推进“五位一体”总体布局和协调推进“四个全面”战略布局，坚持把解决好“三农”问题作为全党工作重中之重，坚持农业农村优先发展，按照产业兴旺、生态宜居、乡风文明、治理有效、生活富裕的总要求，建立健全城乡融合发展体制机制和政策体系，统筹推进农村经济建设、政治建设、文化建设、社会建设、生态文明建设和党的建设，加快推进乡村治理体系和治理能力现代化，加快推进农业农村现代化，走中国特色社会主义乡村振兴道路，让农业成为有奔头的产业，让农民成为有吸引力的职业，让农村成为安居乐业的美丽家园。[①]

——2017 年 12 月 28 日，习近平同志在中央农村工作会议上的讲话

乡村振兴是实现中华民族伟大复兴的一项重大任务。要围绕立足新发展阶段、贯彻新发展理念、构建新发展格局带来的新形势、提出的新要求，坚持把解决好“三农”问题作为全党工作重中之重，坚持农业农村优先发展，走中国特色社会主义乡村振兴道路，持续缩小城乡区域发展差距，让低收入人口和欠发达地区共享发展成果，在现代化进程中不掉队、赶上来。全面实施乡村振兴战略的深度、广度、难度都不亚于脱贫攻坚，要完善政策体系、工作体系、制度体系，以更有力的举措、汇聚更强大的力量，加快农业农村现代化步伐，促进农业高质高效、乡村宜居宜业、农民富裕富足。[②]

——2021 年 2 月 25 日，习近平同志在全国脱贫攻坚总结表彰大会上的讲话

三、背景、内容和意义

乡村是具有自然、社会、经济特征的地域综合体，兼具生产、生活、

① 《习近平著作选读》第二卷，人民出版社 2023 年版，第 81 页。
② 《习近平著作选读》第二卷，人民出版社 2023 年版，第 443-444 页。

生态、文化等多重功能，与城镇互促互进、共生共存，共同构成人类活动的主要空间。乡村兴则国家兴，乡村衰则国家衰。我国人民日益增长的美好生活需要和不平衡不充分的发展之间的矛盾在乡村最为突出，我国仍处于并将长期处于社会主义初级阶段，它的特征很大程度上表现在乡村。全面建设社会主义现代化强国，最艰巨最繁重的任务在农村，最广泛最深厚的基础在农村，最大的潜力和后劲也在农村。实施乡村振兴战略，是解决新时代我国社会主要矛盾、实现“两个一百年”奋斗目标和中华民族伟大复兴中国梦的必然要求，具有重大现实意义和深远历史意义。

全面推进乡村振兴是新时代建设农业强国的重要任务。习近平总书记指出：“实施乡村振兴战略，要按照产业兴旺、生态宜居、乡风文明、治理有效、生活富裕的总要求，推动农业全面升级、农村全面进步、农民全面发展。”实施乡村振兴战略，要坚持党管农村工作，坚持农业农村优先发展，坚持农民主体地位，坚持乡村全面振兴，坚持城乡融合发展，坚持人与自然和谐共生，坚持因地制宜、循序渐进。巩固和完善农村基本经营制度，保持土地承包关系稳定并长久不变，第二轮土地承包到期后再延长三十年。确保国家粮食安全，把中国人的饭碗牢牢端在自己手中。加强农村基层基础工作，培养造就一支懂农业、爱农村、爱农民的“三农”工作队伍。

82. 健康中国战略

一、名词解析

健康中国战略，是2017年10月18日习近平总书记在党的十九大报告中提出的发展战略。人民健康是民族昌盛和国家富强的重要标志，要完善国民健康政策，为人民群众提供全方位全周期健康服务。

二、习近平总书记的相关重要论述

人民健康是民族昌盛和国家富强的重要标志。要完善国民健康政策，为人民群众提供全方位全周期健康服务。深化医药卫生体制改革，全面建立中国特色基本医疗卫生制度、医疗保障制度和优质高效的医疗卫生服务体系，健全现代医院管理制度。加强基层医疗卫生服务体系和全科医生队伍建设。全面取消以药养医，健全药品供应保障制度。坚持预防为主，深入开展爱国卫生运动，倡导健康文明生活方式，预防控制重大疾病。实施食品安全战略，让人民吃得放心。坚持中西医并重，传承发展中医药事业。支持社会办医，发展健康产业。促进生育政策和相关经济社会政策配套衔接，加强人口发展战略研究。积极应对人口老龄化，构建养老、孝老、敬老政策体系和社会环境，推进医养结合，加快老龄事业和产业发展。①

——2017 年 10 月 18 日，习近平同志在中国共产党第十九次全国代表大会上的报告

人民健康是民族昌盛和国家强盛的重要标志。把保障人民健康放在优先发展的战略位置，完善人民健康促进政策。优化人口发展战略，建立生育支持政策体系，降低生育、养育、教育成本。实施积极应对人口老龄化国家战略，发展养老事业和养老产业，优化孤寡老人服务，推动实现全体老年人享有基本养老服务。深化医药卫生体制改革，促进医保、医疗、医药协同发展和治理。促进优质医疗资源扩容和区域均衡布局，坚持预防为主，加强重大慢性病健康管理，提高基层防病治病和健康管理能力。深化以公益性为导向的公立医院改革，规范民营医院发展。发展壮大医疗卫生队伍，把工作重点放在农村和社区。重视心理健康和精神卫生。促进中医药传承创新发展。创新医防协同、医防融合机制，健全公共卫生体系，提高重大疫情早发现能力，加强重大疫情防控救治体系和应急能力建设，有效遏制重大传染性疾病传播。深入开展健康中国行动和爱国卫生运动，倡导文明健康生活方式。②

——2022 年 10 月 16 日，习近平同志在中国共产党第二十次全国代表大会上的报告

三、背景、内容和意义

新中国成立后特别是改革开放以来，中国卫生健康事业获得了长足发

① 《习近平著作选读》第二卷，人民出版社 2023 年版，第 39-40 页。
② 《习近平著作选读》第一卷，人民出版社 2023 年版，第 40 页。

展，居民主要健康指标总体优于中高收入国家平均水平。随着工业化、城镇化、人口老龄化进程加快，中国居民生产生活方式和疾病谱不断发生变化。心脑血管疾病、癌症、慢性呼吸系统疾病、糖尿病等慢性非传染性疾病导致的死亡人数占总死亡人数的 88%，导致的疾病负担占疾病总负担的 70% 以上。居民健康知识知晓率偏低，吸烟、过量饮酒、缺乏锻炼、不合理膳食等不健康生活方式比较普遍，由此引起的疾病问题日益突出。

2016 年 8 月，习近平总书记在全国卫生与健康大会上发表重要讲话指出：人们常把健康比作 1，事业、家庭、名誉、财富等就是 1 后面的 0，人生圆满全系于 1 的稳固。习近平总书记在会上提出“要把人民健康放在优先发展的战略地位”，顺应民众关切，对“健康中国”建设作出全面部署，“切实解决影响人民群众健康的突出环境问题”“推动全民健身和全民健康深度融合”“加强食品安全监管”“努力减少公共安全事件对人民生命健康的威胁”“为老年人提供连续的健康管理服务和医疗服务”等要求，明确了环保、体育、食品安全、公共安全、民政养老等部门须“守土有责”，也契合了“把以治病为中心转变为以人民健康为中心”的新主旨。

实施健康中国战略是关系到我们国家现代化建设全局的战略任务，是保障人民享有幸福安康生活的内在要求。老百姓不仅希望得病之后能够及时地得到医治，也希望通过健康促进，不生病、少生病、不得大病。健康中国建设的根本目的是全民健康，全民健康就是指每一个人都不能落下，是全人群全生命周期的健康，让每个人在他不同的生命阶段都能够获得理想的健康状况。要实现这样一个目标，就需要全社会的共同努力，共建共享。

83.“三治结合”的乡村治理体系

一、名词解析

“三治结合”的乡村治理体系是指以自治增活力、以法治强保障、以德治扬正气，健全党组织领导的自治、法治、德治相结合的乡村治理体系，构建共建共治共享的社会治理格局。

二、习近平总书记的相关重要论述

加强农村基层基础工作，健全自治、法治、德治相结合的乡村治理体系。培养造就一支懂农业、爱农村、爱农民的“三农”工作队伍。[①]

——2017年10月18日，习近平同志在中国共产党第十九次全国代表大会上的报告

健全自治、法治、德治相结合的乡村治理体系，是实现乡村善治的有效途径。要以党的领导统揽全局，创新村民自治的有效实现形式，推动社会治理和服务重心向基层下移。要丰富基层民主协商的实现形式，发挥村民监督的作用，让农民自己“说事、议事、主事”，做到村里的事村民商量着办。法治是乡村治理的前提和保障，要把政府各项涉农工作纳入法治化轨道，加强农村法治宣传教育，完善农村法治服务，引导干部群众尊法学法守法用法，依法表达诉求、解决纠纷、维护权益。[②]

——2017年12月28日，习近平同志在中央农村工作会议上的讲话

三、背景、内容和意义

乡村治理是实施乡村振兴战略的重要内容，建设“三治结合”的乡村治理体系，既是当前全面依法治国形势下，加强基层民主法治建设的应有之义，也是新时代乡村社会转型发展、实现乡村振兴战略的本质要求，更是推进国家治理体系和治理能力现代化的重要基石。“三治结合”的乡村治理体系，为推动社会治理重心向基层下移指明了方向，更为乡村由“管理民主”向“治理有效”升级找到了路径。

基层群众自治制度是我国的一项基本政治制度，是农村基层民主的一种基本形态，也是实现乡村善治的活力源泉。健全“三治结合”的乡村治理体系，首先就是要以自治增活力。

乡村不是法外之地，必须用法治为乡村有效治理打基础、作保障。推动乡村法治建设的首要任务是提高农民群众的法治意识，提高基层干部群众的法律素养，引导他们尊法律、学法律、懂法律、用法律，在严格守法

① 《习近平著作选读》第二卷，人民出版社2023年版，第27页。
② 《习近平著作选读》第二卷，人民出版社2023年版，第94-95页。

的同时，依法表达诉求、解决纠纷、维护权益。

加强德治是开展乡村治理的先天优势，也是降低社会治理成本、实现“治理有效”目标的必由之路。通过制定村规民约、村民道德公约等自律规范，弘扬中华优秀传统文化，引导农民爱党爱国、向上向善、孝老爱亲、重义守信、勤俭持家。德润民心天下安。坚持以德治扬正气，乡村治理就有了根与魂，乡村社会才会更有人情味，才能长治久安。

八、新时代中国特色社会主义生态文明建设

84. 习近平生态文明思想

一、名词解析

习近平生态文明思想首次提出于2018年5月18日至19日召开的全国生态环境保护大会。习近平生态文明思想是习近平新时代中国特色社会主义思想的重要组成部分，是对党的十八大以来习近平总书记围绕生态文明建设提出的一系列新理念、新思想、新战略的高度概括和科学总结，是新时代生态文明建设的根本遵循和行动指南，也是马克思主义关于人与自然关系理论的最新成果。

二、习近平总书记的相关重要论述

人与自然是生命共同体，人类必须尊重自然、顺应自然、保护自然。人类只有遵循自然规律才能有效防止在开发利用自然上走弯路，人类对大自然的伤害最终会伤及人类自身，这是无法抗拒的规律。

我们要建设的现代化是人与自然和谐共生的现代化，既要创造更多物质财富和精神财富以满足人民日益增长的美好生活需要，也要提供更多优质生态产品以满足人民日益增长的优美生态环境需要。必须坚持节约优先、保护优先、自然恢复为主的方针，形成节约资源和保护环境的空间格局、产业结构、生产方式、生活方式，还自然以宁静、和谐、美丽。①

——2017年10月18日，习近平同志在中国共产党第十九次全国代表大会上的报告

大自然是人类赖以生存发展的基本条件。尊重自然、顺应自然、保护自然，是全面建设社会主义现代化国家的内在要求。必须牢固树立和践行绿水青山就是金山银山的理念，站在人与自然和谐共生的高度谋划

① 《习近平著作选读》第二卷，人民出版社2023年版，第41-42页。

发展。[①]

——2022年10月16日，习近平同志在中国共产党第二十次全国代表大会上的报告

三、背景、内容和意义

生态环境是人类生存最为基础的条件，生态文明建设是关系中华民族永续发展的根本大计。党的十八大以来，以习近平同志为核心的党中央把生态文明建设纳入中国特色社会主义事业总体布局，牢固树立和践行绿水青山就是金山银山的理念，以前所未有的力度抓生态文明建设，推动生态环境保护发生历史性、转折性、全局性变化。要深入贯彻习近平生态文明思想，全面推进美丽中国建设，以高品质生态环境支撑高质量发展，加快推进人与自然和谐共生的现代化，共谋全球生态文明建设之路。

习近平生态文明思想来源于实践，指导实践，并在实践中经受检验，得到丰富和发展。习近平总书记历来对生态环境工作看得很重，历来把生态文明建设作为很重要的工作来抓，走到哪里，就把对生态文明建设和生态环境保护的关切和叮嘱讲到哪里，从国际和国内、历史和现实的维度上，深刻回答了为什么建设生态文明、建设什么样的生态文明、怎样建设生态文明等重大理论和实践问题，以新的视野、新的认识、新的理念，赋予生态文明建设理论新的时代内涵，把我们党对生态文明的认识和把握提升到一个新高度。

习近平生态文明思想内涵丰富、博大精深，开辟了马克思主义人与自然关系理论的新境界，指引我国生态文明建设和生态环境保护发生了历史性、转折性、全局性变化，取得历史性成就。习近平生态文明思想的主要内容集中体现为“十个坚持”：坚持党对生态文明建设的全面领导，坚持生态兴则文明兴，坚持人与自然和谐共生，坚持绿水青山就是金山银山，坚持良好生态环境是最普惠的民生福祉，坚持绿色发展是发展观的深刻革命，坚持统筹山水林田湖草沙系统治理，坚持用最严格制度最严密法治保护生态环境，坚持把建设美丽中国转化为全体人民自觉行动，坚持共谋全球生

① 《习近平著作选读》第一卷，人民出版社2023年版，第41页。

态文明建设之路。

85. 美丽中国建设

一、名词解析

建设美丽中国，是全面建设社会主义现代化国家的重要目标，也是满足人民日益增长的优美生态环境需要的必然要求。我国经济社会发展已经进入加快绿色化、低碳化的高质量发展的新阶段，要实现到21世纪中叶建成美丽中国的战略目标，必须从我国国情和生态文明建设的实际出发，加快绿色低碳循环发展，坚持山水林田湖草沙一体化保护和系统治理，建立健全系统完整的生态文明制度体系，推进生态环境治理体系和治理能力现代化，谱写新时代社会主义生态文明建设新篇章。

二、习近平总书记的相关重要论述

生态文明是人民群众共同参与共同建设共同享有的事业，要把建设美丽中国转化为全体人民自觉行动。每个人都是生态环境的保护者、建设者、受益者，没有哪个人是旁观者、局外人、批评家，谁也不能只说不做、置身事外。要增强全民节约意识、环保意识、生态意识，培育生态道德和行为准则，开展全民绿色行动，动员全社会都以实际行动减少能源资源消耗和污染排放，为生态环境保护作出贡献。①

——2018年5月18日，习近平同志在全国生态环境保护大会上的讲话

我们要推进美丽中国建设，坚持山水林田湖草沙一体化保护和系统治理，统筹产业结构调整、污染治理、生态保护、应对气候变化，协同推进降碳、减污、扩绿、增长，推进生态优先、节约集约、绿色低碳发展。②

——2022年10月16日，习近平同志在中国共产党第二十次全国代表大会上的报告

① 《习近平著作选读》第二卷，人民出版社2023年版，第173页。
② 《习近平著作选读》第一卷，人民出版社2023年版，第41页。

三、背景、内容和意义

党的十八大以来，我们把生态文明建设作为关系中华民族永续发展的根本大计，开展了一系列开创性工作，决心之大、力度之大、成效之大前所未有，生态文明建设从理论到实践都发生了历史性、转折性、全局性变化，美丽中国建设迈出重大步伐：我们从解决突出生态环境问题入手，注重点面结合、标本兼治，实现由重点整治到系统治理的重大转变；坚持转变观念、压实责任，不断增强全党全国推进生态文明建设的自觉性主动性，实现由被动应对到主动作为的重大转变；紧跟时代、放眼世界，承担大国责任、展现大国担当，实现由全球环境治理参与者到引领者的重大转变；不断深化对生态文明建设规律的认识，形成习近平生态文明思想，实现由实践探索到科学理论指导的重大转变。

2023 年 7 月 17 日至 18 日召开的全国生态环境保护大会强调，今后五年是美丽中国建设的重要时期，要深入贯彻习近平生态文明思想，坚持以人民为中心，牢固树立和践行绿水青山就是金山银山的理念，把建设美丽中国摆在强国建设、民族复兴的突出位置，推动城乡人居环境明显改善、美丽中国建设取得显著成效，以高品质生态环境支撑高质量发展，加快推进人与自然和谐共生的现代化。

建设美丽中国是全面建设社会主义现代化国家的重要目标。经过顽强努力，我国天更蓝、地更绿、水更清，万里河山更加多姿多彩。新时代生态文明建设的成就举世瞩目，成为新时代党和国家事业取得历史性成就、发生历史性变革的显著标志。建设美丽中国，要从我国国情和生态文明建设的实际出发，加快形成绿色生产方式和生活方式，坚持山水林田湖草沙一体化保护和系统治理，用最严格制度最严密法治保护生态环境。

86.“双碳”目标

一、名词解析

“碳达峰”与“碳中和”一起，简称“双碳”目标。“碳达峰”是指某个地区或行业年度二氧化碳排放量达到历史最高值，然后经历平台期进入持续下降的过程，是二氧化碳排放量由增转降的历史拐点，标志着碳排放与经济发展实现脱钩，达峰目标包括达峰年份和峰值。我国承诺2030年前，二氧化碳的排放不再增长，达到峰值之后逐步降低，这意味着中国要在2030年前，使二氧化碳的排放总量达到峰值之后，不再增长，并逐渐下降；“碳中和”是指企业、团体或个人测算在一定时间内直接或间接产生的温室气体排放总量，然后通过植树造林、节能减排等形式，抵消自身产生的二氧化碳排放量，实现二氧化碳“零排放”。中国将在2060年前，通过植树造林、节能减排、产业调整等形式，抵消自身产生的二氧化碳排放。

二、习近平总书记的相关重要论述

实现碳达峰、碳中和是一项多维、立体、系统的工程，要坚定不移贯彻新发展理念，坚持系统观念，处理好发展和减排、整体和局部、短期和中长期的关系，把碳达峰、碳中和纳入生态文明建设整体布局，以经济社会发展全面绿色转型为引领，以能源绿色低碳发展为关键，加快形成节约资源和保护环境的产业结构、生产方式、生活方式、空间格局，坚定不移走生态优先、绿色低碳的高质量发展道路。①

——2021年3月15日，习近平同志在中央财经委员会第九次会议上的讲话

实现碳达峰、碳中和是我国向世界作出的庄严承诺，也是一场广泛而

---

①《习近平著作选读》第二卷，人民出版社2023年版，第455页。

深刻的经济社会变革，绝不是轻轻松松就能实现的。现在，一些部门和地方上马高耗能、高排放项目的冲动依然强烈。在今年一月举行的省部级主要领导干部学习贯彻党的十九届五中全会精神专题研讨班上，我专门强调要注意防范八个认识误区，其中一个认识误区就是借扩大内需、形成国内大市场之机，大搞高能耗、高排放的项目。有关部门和地方要严把关口，不符合要求的项目要坚决拿下来！各级党委和政府要拿出抓铁有痕、踏石留印的劲头，明确时间表、路线图、施工图，推动经济社会发展建立在资源高效利用和绿色低碳发展的基础之上。①

——2021 年 4 月 30 日，习近平同志主持中共十九届中央政治局第二十九次集体学习时的讲话

三、背景、内容和意义

目前，气候变化在全球范围内造成了规模空前的影响，极端天气为我们的日常生产生活带来了诸多不便，天气模式的改变导致粮食生产面临威胁，海平面上升造成发生灾难性洪灾的风险不断增加，临海城市和国家面临巨大生存危机，全球生态平衡时刻遭到破坏。

2021 年 3 月 15 日，习近平总书记在中央财经委员会第九次会议中提出我国力争 2030 年前实现“碳达峰”，2060 年前实现“碳中和”，构建以新能源为主体的新型电力系统，并强调这是党中央经过深思熟虑作出的重大战略决策，事关中华民族永续发展和人类命运共同体构建。“碳达峰”的主要措施是大幅提高非化石能源的比例，提高能源利用效率和效益，构建以可再生能源为主体的电力系统，推动终端电气化水平，引入碳市场交易机制，加大以氢能为代表的低碳能源的开发力度。“碳中和”将引领生产方式革新，会影响我们的生活消费模式，深入树立节能减排观念是实现减排目标的重要途径。

“碳达峰”和“碳中和”发展目标顺应我国可持续发展的内在要求，有利于构建绿色低碳可持续的循环经济发展，助推绿色生产方式和生活方式，实现社会高质量发展。路虽远，行则将至；事虽难，做则必成。我们

① 《习近平著作选读》第二卷，人民出版社 2023 年版，第 464 页。

要坚持以习近平生态文明思想为根本遵循和行动指南，保持加强生态文明建设的战略定力，积极稳妥推进“碳达峰”“碳中和”，共同建设人与自然和谐共生的美丽家园，以高水平保护促进高质量发展、创造高品质生活。

87. 领导干部任期生态文明建设责任制

一、名词解析

2015 年 5 月，中共中央、国务院日前印发《关于加快推进生态文明建设的意见》规定，建立领导干部任期生态文明建设责任制，完善节能减排目标责任考核及问责制度。严格责任追究，对违背科学发展要求、造成资源环境生态严重破坏的要记录在案，实行终身追责，不得转任重要职务或提拔使用，已经调离的也要问责。对推动生态文明建设工作不力的，要及时诫勉谈话；对不顾资源和生态环境盲目决策、造成严重后果的，要严肃追究有关人员的领导责任；对履职不力、监管不严、失职渎职的，要依纪依法追究有关人员的监管责任。

二、习近平总书记的相关重要论述

实践证明，生态环境保护能否落到实处，关键在领导干部。一些重大生态环境事件背后，都有领导干部不负责任、不作为的问题，都有一些地方环保意识不强、履职不到位、执行不严格的问题，都有环保有关部门执法监督作用发挥不到位、强制力不够的问题。要落实领导干部任期生态文明建设责任制，实行自然资源资产离任审计，认真贯彻依法依规、客观公正、科学认定、权责一致、终身追究的原则。要针对决策、执行、监管中的责任，明确各级领导干部责任追究情形。对造成生态环境损害负有责任的领导干部，不论是否已调离、提拔或者退休，都必须严肃追责。各级党委和政府要切实重视、加强领导，纪检监察机关、组织部门和政府有关监管部门要各尽其责、形成合力。一旦发现需要追责的情形，必须追责到底，决不能让制度规定成为“没有牙齿的老虎”。[①]

——2017年5月26日，习近平同志主持中共十八届中央政治局第四十一次集体学习时的讲话

奉法者强则国强，奉法者弱则国弱。令在必信，法在必行。制度的生命力在于执行，关键在真抓，靠的是严管。我们已出台一系列改革举措和相关制度，要像抓中央环境保护督察一样抓好落实。制度的刚性和权威必须牢固树立起来，不得做选择、搞变通、打折扣。要落实领导干部生态文明建设责任制，严格考核问责。对那些不顾生态环境盲目决策、造成严重后果的人，必须追究其责任，而且应该终身追责。对破坏生态环境的行为不能手软，不能下不为例。要下大气力抓住破坏生态环境的反面典型，释放出严加惩处的强烈信号。对任何地方、任何时候、任何人，凡是需要追责的，必须一追到底，决不能让制度规定成为“没有牙齿的老虎”。[②]

——2018年5月18日，习近平同志在全国生态环境保护大会上的讲话

三、背景、内容和意义

生态文明建设是中国特色社会主义事业的重要内容，关系人民福祉，关乎民族未来，事关“两个一百年”奋斗目标和中华民族伟大复兴中国梦的实现。党中央、国务院高度重视生态文明建设，先后出台了一系列重大决策部署，推动生态文明建设取得了重大进展和积极成效。但总体上看我国生态文明建设水平仍滞后于经济社会发展，资源约束趋紧，环境污染严重，生态系统退化，发展与人口资源环境之间的矛盾日益突出，已成为经济社会可持续发展的重大瓶颈制约。

落实领导干部任期生态文明建设责任制是贯彻落实党中央关于加快推进生态文明建设要求的具体体现，是党中央关于生态文明建设战略部署的又一重大成果，对于领导干部牢固树立和践行新发展理念，坚持节约资源和保护环境的基本国策，推动形成绿色发展方式和生活方式，促进自然资源资产节约集约利用和生态环境安全，完善生态文明绩效评价考核和责任追究制度，推动领导干部切实履行自然资源资产管理和生态环境保护责任

① 《习近平著作选读》第一卷，人民出版社2023年版，第612页。
② 《习近平著作选读》第二卷，人民出版社2023年版，第174页。

具有十分重要的意义。

领导干部自然资源资产离任审计内容主要包括：贯彻执行中央生态文明建设方针政策和决策部署情况，遵守自然资源资产管理和生态环境保护法律法规情况，自然资源资产管理和生态环境保护重大决策情况，完成自然资源资产管理和生态环境保护目标情况，履行自然资源资产管理和生态环境保护监督责任情况，组织自然资源资产和生态环境保护相关资金征管用和项目建设运行情况，履行其他相关责任情况。

九、新时代国防和军队建设

88. 习近平强军思想

一、名词解析

习近平强军思想，是习近平新时代中国特色社会主义思想的重要组成部分，是对马克思主义军事思想的丰富和发展，是新时代国防和军队建设必须长期坚持的根本指导思想。习近平强军思想奠基于党在长期革命和建设实践中的理论创造和工作经验，同时又结合时代需求进行了创新发展，有力推进了我国的国防和军队现代化建设历史进程。

二、习近平总书记的相关重要论述

在波澜壮阔的强军实践中，我们着眼于实现中华民族伟大复兴的中国梦，围绕新时代建设一支什么样的强大人民军队、怎样建设强大人民军队，深入进行理论探索和实践创造，形成了新时代党的强军思想。明确强国必须强军，巩固国防和强大人民军队是新时代坚持和发展中国特色社会主义、实现中华民族伟大复兴的战略支撑；明确党在新时代的强军目标是建设一支听党指挥、能打胜仗、作风优良的人民军队，必须同国家现代化进程相一致，力争到二〇三五年基本实现国防和军队现代化，到本世纪中叶把人民军队全面建成世界一流军队；明确党对军队的绝对领导是人民军队建军之本、强军之魂，必须全面贯彻党领导军队的一系列根本原则和制度，确保部队绝对忠诚、绝对纯洁、绝对可靠；明确军队是要准备打仗的，必须聚焦能打仗、打胜仗，创新发展军事战略指导，构建中国特色现代作战体系，全面提高新时代备战打仗能力，有效塑造态势、管控危机、遏制战争、打赢战争；明确作风优良是我军鲜明特色和政治优势，必须加强作风建设、纪律建设，坚定不移正风肃纪、反腐惩恶，大力弘扬我党我军光荣传统和优良作风，永葆人民军队性质、宗旨、本色；明确推进强军事业必须坚持政治建军、改革强军、科技兴军、依法治军，更加注重聚焦实战、更加注重创新驱动、更加注重体系建设、更加注重集约高效、更加注重军民融合，全面提高革命化现代化正规化水平；明确改革是强军的必由之路，必须推进军队组织形态现代化，构建中国特色现代军事力量体系，完善中国特色社会主义军事制度；明确创新是引领发展的第一动力，必须坚持向科技创新要战斗力，统筹推进军事理论、技术、组织、管理、文化等各方面创新，建设创新型人民军队；明确现代化军队必须构建中国特色军事法治体系，推动治军方式根本性转变，提高国防和军队建设法治化水平；明确军民融合发展是兴国之举、强军之策，必须坚持发展和安全兼顾、富国和强军统一，形成全要素、多领域、高效益军民融合深度发展格局，构建一体化的国家战略体系和能力。对新时代党的强军思想，要全面准确学习领会，毫不动摇贯彻落实。①

——2017年12月22日，习近平同志在中央军委扩大会议上的讲话

如期实现建军一百年奋斗目标，加快把人民军队建成世界一流军队，是全面建设社会主义现代化国家的战略要求。必须贯彻新时代党的强军思想，贯彻新时代军事战略方针，坚持党对人民军队的绝对领导，坚持政治建军、改革强军、科技强军、人才强军、依法治军，坚持边斗争、边备战、边建设，坚持机械化信息化智能化融合发展，加快军事理论现代化、军队组织形态现代化、军事人员现代化、武器装备现代化，提高捍卫国家主权、安全、发展利益战略能力，有效履行新时代人民军队使命任务。②

——2022年10月16日，习近平同志在中国共产党第二十次全国代表大会上的报告

三、背景、内容和意义

建设一支听党指挥、能打胜仗、作风优良的人民军队，是实现“两个一百年”奋斗目标、实现中华民族伟大复兴的战略支撑。必须全面贯彻党领导人民军队的一系列根本原则和制度，确立新时代党的强军思想在国防和军队建设中的指导地位，坚持政治建军、改革强军、科技兴军、依法治军，更加注重聚焦实战，更加注重创新驱动，更加注重体系建设，更加注重集约高效，更加注重军民融合，实现党在新时代的强军目标。

---

① 《习近平著作选读》第二卷，人民出版社2023年版，第78-79页。
② 《习近平著作选读》第一卷，人民出版社2023年版，第45页。

习近平强军思想统筹发展和安全两件大事，统筹经济建设和国防建设两大领域，统筹国际和国内两个大局，统筹军队和地方两大部门，涵盖战争指导、建军治军和改革创新等各方面，打通建设、指挥、管理、监督等链路，是一块“理论整钢”。

习近平强军思想的主要内容集中体现为“十一个明确”：明确党对人民军队的绝对领导是人民军队建军之本、强军之魂；明确强国必须强军；明确党在新时代的强军目标是建设一支听党指挥、能打胜仗、作风优良的人民军队；明确军队是要准备打仗的；明确推进强军事业必须坚持政治建军、改革强军、科技强军、人才强军、依法治军；明确改革是强军的必由之路；明确科技是核心战斗力；明确强军之道要在得人；明确依法治军是我们党建军治军基本方式；明确军民融合发展是兴国之举、强军之策；明确作风优良是我军鲜明特色和政治优势。

习近平强军思想立论于马克思主义基本原理，立足于新时代国防和军队鲜活实践，深刻回答了强军兴军的使命任务、目标方向、原则制度、根本指向、战略布局、重要路径等一系列根本性问题，是一个逻辑严密、意蕴深远的科学军事理论体系。习近平强军思想是以习近平同志为核心的党中央，在指导建设强军事业伟大实践中孕育的科学思想体系，揭示了强军制胜的根本规律，闪耀着马克思主义思想方法的光辉，是指引强军事业发展进步的科学指南。用习近平强军思想武装头脑，根本的是要把蕴含其中的立场、观点、方法学到手，学会以正确思想方法观察分析处理重大问题，真正掌握实现新时代的强军目标、建成世界一流军队的思想武器。

89. 新时代的强军目标

一、名词解析

党在新时代的强军目标是建设一支听党指挥、能打胜仗、作风优良的人民军队，把人民军队建设成为世界一流军队。党在新时代的强军目标的提出，体现了我们党一以贯之的建军治军指导思想和方针原则，回答了为什么强军、强军强什么、怎样强军的重大课题，立起了人民军队作为大国军队、强国军队应有的样子。

二、习近平总书记的相关重要论述

党的十八大以来，我们着眼于实现“两个一百年”奋斗目标、实现中华民族伟大复兴的中国梦，提出建设一支听党指挥、能打胜仗、作风优良的人民军队这一党在新形势下的强军目标，与时俱进创新军事战略指导，制定新形势下军事战略方针。我们在古田召开全军政治工作会议，大力加强政治建军，坚定不移开展党风廉政建设和反腐败斗争。我们推进全面深化国防和军队改革，建立军委管总、战区主战、军种主建的新格局，实现了人民军队组织形态的整体性重塑，迈出了构建中国特色军事力量体系的历史性步伐，人民军队体制一新、结构一新、格局一新、面貌一新。我们坚持依法治军、从严治军，推进治军方式根本性转变。我们坚持战斗力这个唯一的根本的标准，深入推进练兵备战，坚决捍卫国家领土主权和海洋权益。我们深入贯彻新发展理念，更加注重聚焦实战，更加注重创新驱动，更加注重体系建设，更加注重集约高效，更加注重军民融合，不断提高人民军队建设质量和效益。①

——2017 年 8 月 1 日，习近平同志在庆祝中国人民解放军建军九十周年大会上的讲话

建设一支听党指挥、能打胜仗、作风优良的人民军队，是实现“两个一百年”奋斗目标、实现中华民族伟大复兴的战略支撑。必须全面贯彻党领导人民军队的一系列根本原则和制度，确立新时代党的强军思想在国防和军队建设中的指导地位，坚持政治建军、改革强军、科技兴军、依法治军，更加注重聚焦实战，更加注重创新驱动，更加注重体系建设，更加注重集约高效，更加注重军民融合，实现党在新时代的强军目标。②

——2017 年 10 月 18 日，习近平同志在中国共产党第十九次全国代表大会上的报告

---

① 《习近平著作选读》第一卷，人民出版社 2023 年版，第 624-625 页。
② 《习近平著作选读》第二卷，人民出版社 2023 年版，第 20 页。

三、背景、内容和意义

中国特色社会主义进入新时代，国防和军队建设也进入新时代。在新的历史条件下，党领导建立和发展的具有光荣传统的人民军队，如何谱写强军事业新篇章，是时代提出的重大课题。习近平主席创造性提出党在新时代的强军目标是建设一支听党指挥、能打胜仗、作风优良的人民军队，明确了新时代我们党建军治军的总方略，为建设巩固国防和强大军队提供了战略指引。

听党指挥是灵魂，决定军队建设的政治方向。坚持党对人民军队的绝对领导是人民军队永远不变的军魂。九十多年来，人民军队之所以能够始终保持强大的凝聚力向心力战斗力，经受住各种考验，不断从胜利走向胜利，最根本的就是靠党的坚强领导。实践证明，听党指挥是人民军队建设的首要，是人民军队的命脉所在。这一条丢了，其他工作再怎么做，最终也会全盘皆输。前进道路上，必须铸牢听党指挥这个强军之魂，确保绝对忠诚、绝对纯洁、绝对可靠。

能打胜仗是核心，反映军队的根本职能和军队建设的根本指向。军队首先是一个战斗队，是为打仗而存在的。能打仗、打胜仗是军队的根本价值所在。人民军队必须牢固树立战斗力这个唯一的根本的标准，坚持一切建设和工作向能打胜仗聚焦，锻造召之即来、来之能战、战之必胜的精兵劲旅，确保一旦有事，敢于亮剑、果断出手、决战决胜。

作风优良是保证，关系军队的性质、宗旨、本色。古往今来，作风优良才能塑造英雄部队，作风松散可以搞垮常胜之师。在长期实践中，人民军队形成了一整套光荣传统和优良作风，这是人民军队的鲜明特色和政治优势，也是人民军队战无不胜、攻无不克的重要保证。必须加强作风建设、纪律建设，坚定不移正风肃纪、反腐惩恶，做到信念不动摇、思想不松懈、斗志不衰退、作风不涣散，永葆人民军队政治本色。

听党指挥、能打胜仗、作风优良，三者相互联系、密不可分，抓住了建设强大人民军队最根本、最紧要、最现实的问题，明确了加强军队建设的聚焦点和着力点，体现了坚持党的建军原则、人民军队根本职能、特有政治优势的高度统一。建军治军抓住听党指挥、能打胜仗、作风优良这三条，就抓住了要害，就能起到纲举目张的作用。

90. 巩固提高一体化国家战略体系和能力

一、名词解析

巩固提高一体化国家战略体系和能力，是党中央把握强国强军面临的新形势新任务新要求，着眼于更好统筹发展和安全、更好统筹经济建设和国防建设作出的战略部署。随着科学技术快速发展，国家战略竞争力、社会生产力、军队战斗力的耦合关联越来越紧，必须把国防和军队现代化融入国家现代化，把国防和军队建设融入经济社会发展大体系，在国家总体战略中统一富国和强军两大目标、统筹发展和安全两件大事、统合经济和国防两种实力，系统提升我国应对战略风险、维护战略利益、实现战略目的的整体实力。

二、习近平总书记的相关重要论述

推进强军事业，必须深入推进军民融合发展，构建军民一体化的国家战略体系和能力。把军民融合发展上升为国家战略，是我们党长期探索经济建设和国防建设协调发展规律的重大成果，是从国家发展和安全全局出发作出的重大决策，是应对复杂安全威胁、赢得国家战略优势的重大举措。要强化顶层设计，加强需求整合，统筹增量存量，同步推进体制和机制改革、体系和要素融合、制度和标准建设，加快形成全要素、多领域、高效益的军民融合深度发展格局，努力开创经济建设和国防建设协调发展、平衡发展、兼容发展新局面。我们的国防是全民的国防，推进国防和军队现代化是全党全国人民的共同事业。中央和国家机关、地方各级党委和政府要强化国防意识，满腔热忱支持国防和军队建设改革，为强军创造良好条件、提供有力支撑。①

——2017 年 8 月 1 日，习近平同志在庆祝中国人民解放军建军九十周年大会上的讲话

① 《习近平著作选读》第一卷，人民出版社 2023 年版，第 628 页。

巩固提高一体化国家战略体系和能力。加强军地战略规划统筹、政策制度衔接、资源要素共享。优化国防科技工业体系和布局，加强国防科技工业能力建设。深化全民国防教育。加强国防动员和后备力量建设，推进现代边海空防建设。加强军人军属荣誉激励和权益保障，做好退役军人服务保障工作。巩固发展军政军民团结。[①]

——2022年10月16日，习近平同志在中国共产党第二十次全国代表大会上的报告

三、背景、内容和意义

党的十八大以来，以习近平同志为核心的党中央立足世界发展大势和国家安全大局，就巩固提高一体化国家战略体系和能力作出一系列重大决策，采取一系列重大举措，取得一系列重大成果，推动顶层筹划显著加强，制度机制不断健全，创新实践逐步深入，基础设施建设、国防科技工业、军事人才培养、国防动员等方面协作深化拓展，军政军民团结更加巩固，有力促进了国防实力和经济实力同步提升。

巩固提高一体化国家战略体系和能力，关键是要在一体化上下功夫，实现国家战略能力最大化。坚持党中央集中统一领导，加强各领域战略布局一体融合、战略资源一体整合、战略力量一体运用，加强军地战略规划统筹、政策制度衔接、资源要素共享，努力形成统一领导、军地协调、顺畅高效的组织管理体系，国家主导、需求牵引、市场运作相统一的工作运行体系，系统完备、衔接配套、有效激励的政策制度体系。更好发挥我国社会主义制度能够集中力量办大事的政治优势，发挥社会主义市场经济条件下新型举国体制优势，聚力加强自主创新、原始创新，加快推进高水平科技自立自强。强化国防科技工业服务强军胜战导向，加强国防科技工业能力建设，构建技术先进、布局合理、灵活反应、开放融合的国防科技工业体系，增强产业链供应链韧性。向重点领域聚焦用力，在基础设施建设、国防科技工业、武器装备采购、人才培养、军队保障社会化等领域，盘活用好存量资源，优化配置增量资源，打造一批龙头工程、精品工程，以点

① 《习近平著作选读》第一卷，人民出版社2023年版，第46页。

带面推动整体水平提升，促进国防实力和经济实力同步提升。向新兴领域不断拓展，加快提升海洋、太空、网信、生物、新能源等新兴领域战略能力，谋取国家发展和竞争新优势，形成多维一体、协同推进、跨越发展的格局。加快构建大国储备体系，提升国家储备维护国家安全的能力。

91. 新古田会议

一、名词解析

2014 年 10 月 30 日至 31 日，全军政治工作会议在福建省上杭县古田镇召开，被称为“新古田会议”。中共中央总书记、国家主席、中央军委主席习近平出席会议并发表重要讲话强调，发挥政治工作对强军兴军的生命线作用为实现党在新形势下的强军目标而奋斗。

二、习近平总书记的相关重要论述

党的方向就是我军政治工作的方向，党和军队新形势下的中心任务决定我军政治工作的任务。军队政治工作的时代主题是，紧紧围绕实现中华民族伟大复兴的中国梦，为实现党在新形势下的强军目标提供坚强政治保证。全军必须坚持以马克思列宁主义、毛泽东思想、邓小平理论、“三个代表”重要思想、科学发展观为指导，贯彻党中央关于全面推进依法治国和从严治党的部署要求，贯彻依法治军、从严治军方针，紧紧围绕我军政治工作的时代主题，加强和改进新形势下我军政治工作，充分发挥政治工作对强军兴军的生命线作用。①

——2014 年 10 月 31 日，习近平同志在福建上杭古田镇召开的全军政治工作会议上的讲话

强军兴军开创新局面。着眼于实现中国梦强军梦，制定新形势下军事战略方针，全力推进国防和军队现代化。召开古田全军政治工作会议，恢

① 《习近平著作选读》第一卷，人民出版社 2023 年版，第 311 页。

复和发扬我党我军光荣传统和优良作风，人民军队政治生态得到有效治理。国防和军队改革取得历史性突破，形成军委管总、战区主战、军种主建新格局，人民军队组织架构和力量体系实现革命性重塑。加强练兵备战，有效遂行海上维权、反恐维稳、抢险救灾、国际维和、亚丁湾护航、人道主义救援等重大任务，武器装备加快发展，军事斗争准备取得重大进展。人民军队在中国特色强军之路上迈出坚定步伐。①

——2017 年 10 月 18 日，习近平同志在中国共产党第十九次全国代表大会上的报告

三、背景、内容和意义

1929 年 12 月 28 日至 29 日，毛泽东同志在龙岩上杭县古田村召开了红四军党的第九次代表大会，史称“古田会议”。古田是我军政治工作的重要发祥地、奠基地，是我们党思想建党、政治建军原则的确立地，是人民军队的定型地。2014 年 10 月，全军政治工作会议选择在古田召开，意义深远。

革命的政治工作是革命军队的生命线。实行革命的政治工作，保证了我军始终是党的绝对领导下的革命军队，为我军战胜强大敌人和艰难险阻提供了不竭力量，使我军始终保持了人民军队的本色和作风。当前，军队政治工作的时代主题是，紧紧围绕实现中华民族伟大复兴的中国梦，为实现党在新形势下的强军目标提供坚强政治保证。

加强和改进新形势下我军政治工作，当前最紧要的是把 4 个带根本性的东西立起来：把理想信念在全军牢固立起来，把党性原则在全军牢固立起来，把战斗力标准在全军牢固立起来，把政治工作威信在全军牢固立起来。加强和改进新形势下我军政治工作，同时还要重点抓好以下 5 个方面：着力抓好铸牢军魂工作，着力抓好高中级干部管理，着力抓好作风建设和反腐败斗争，着力抓好战斗精神培育，着力抓好政治工作创新发展。

① 《习近平著作选读》第二卷，人民出版社 2023 年版，第 5 页。

十、新时代中国特色大国外交

92. 习近平外交思想

一、名词解析

习近平外交思想是习近平新时代中国特色社会主义思想的重要组成部分，是马克思主义基本原理同中国特色大国外交实践相结合的重大理论结晶，是以习近平同志为核心的党中央治国理政思想在外交领域的重大理论成果，是新时代我国对外工作的根本遵循和行动指南，是指导中国迎来中华民族伟大复兴并日益走近世界舞台中央的对外政策总方针，为更有力推进构建新型国际关系、构建人类命运共同体，更加奋发有为地开展中国特色大国外交提供了思想保障。

二、习近平总书记的相关重要论述

我国对外工作要坚持以新时代中国特色社会主义外交思想为指导，统筹国内国际两个大局，牢牢把握服务民族复兴、促进人类进步这条主线，推动构建人类命运共同体，坚定维护国家主权、安全、发展利益，积极参与引领全球治理体系改革，打造更加完善的全球伙伴关系网络，努力开创中国特色大国外交新局面，为全面建成小康社会、进而全面建设社会主义现代化强国创造有利条件、作出应有贡献。

党的十八大以来，在党中央坚强领导下，面对国际形势风云变幻，我国对外工作攻坚克难、砥砺前行、波澜壮阔，开创性推进中国特色大国外交，经历了许多风险考验，打赢了不少大仗硬仗，办成了不少大事难事，取得了历史性成就。在实践中，我们积累了有益经验和深刻体会，对外工作要坚持统筹国内国际两个大局，坚持战略自信和保持战略定力，坚持推进外交理论和实践创新，坚持战略谋划和全球布局，坚持捍卫国家核心和重大利益，坚持合作共赢和义利相兼，坚持底线思维和风险意识。

党的十八大以来，我们深刻把握新时代中国和世界发展大势，在对外工作上进行一系列重大理论和实践创新，形成了新时代中国特色社会主义外交思想，概括起来主要有以下十个方面：坚持以维护党中央权威为统领加强党对对外工作的集中统一领导，坚持以实现中华民族伟大复兴为使命推进中国特色大国外交，坚持以维护世界和平、促进共同发展为宗旨推动构建人类命运共同体，坚持以中国特色社会主义为根本增强战略自信，坚持以共商共建共享为原则推动“一带一路”建设，坚持以相互尊重、合作共赢为基础走和平发展道路，坚持以深化外交布局为依托打造全球伙伴关系，坚持以公平正义为理念引领全球治理体系改革，坚持以国家核心利益为底线维护国家主权、安全、发展利益，坚持以对外工作优良传统和时代特征相结合为方向塑造中国外交独特风范。我们要全面贯彻落实新时代中国特色社会主义外交思想，不断为实现中华民族伟大复兴的中国梦、推动构建人类命运共同体创造良好外部条件。[①]

——2018 年 6 月 22 日，习近平同志在中央外事工作会议上的讲话

三、背景、内容和意义

党的十八大以来，中国特色社会主义阔步进入新时代。以习近平同志为核心的党中央，在推进新时代中国特色社会主义伟大事业的历史征程中，领导我国对外工作战胜许多艰难险阻，办成不少大事要事，取得全方位、开创性历史成就，走出中国特色大国外交新路，为实现中华民族伟大复兴进入不可逆转的历史进程营造了良好外部环境。习近平总书记以马克思主义政治家、思想家、战略家的非凡理论勇气、卓越政治智慧、深厚天下情怀，把马克思主义基本原理同新时代中国外交工作的实际紧密结合，精辟回答中国应推动建设什么样的世界、构建什么样的国际关系，新形势下中国需要什么样的外交、怎样办外交等重大理论和实践问题，提出一系列原创性的外交新理念新思想新战略，创立了习近平外交思想，为新时代对外工作开辟了崭新境界，指明了前进方向。

2018 年 6 月 22 日至 23 日，中央外事工作会议召开，这次会议最重要的成果是确立了习近平外交思想的指导地位。会议指出，党的十八大以来，我们深刻把握新时代中国和世界发展大势，在对外工作上进行一系列重大

① 《习近平著作选读》第二卷，人民出版社 2023 年版，第 176-177 页。

理论和实践创新，形成了习近平外交思想，概括起来主要有以下 10 个方面：坚持以维护党中央权威为统领加强党对对外工作的集中统一领导，坚持以实现中华民族伟大复兴为使命推进中国特色大国外交，坚持以维护世界和平、促进共同发展为宗旨推动构建人类命运共同体，坚持以中国特色社会主义为根本增强战略自信，坚持以共商共建共享为原则推动“一带一路”建设，坚持以相互尊重、合作共赢为基础走和平发展道路，坚持以深化外交布局为依托打造全球伙伴关系，坚持以公平正义为理念引领全球治理体系改革，坚持以国家核心利益为底线维护国家主权、安全、发展利益，坚持以对外工作优良传统和时代特征相结合为方向塑造中国外交独特风范。我们要全面贯彻落实习近平外交思想，不断为实现中华民族伟大复兴的中国梦、推动构建人类命运共同体创造良好外部条件。

习近平外交思想是党在新时代对外工作的集中体现，是中国特色社会主义理论体系的重要组成部分，体现了鲜明的中国特色、强烈的时代特征和深邃的战略视野。这一重要思想科学回答了中国作为国际社会重要一员推动建设什么样的世界、构建什么样的国际关系，以及新形势下中国需要什么样的外交、怎样办外交等重大问题，明确了现阶段对外工作的形势任务、目标原则、路径手段、战略策略、体制机制，是一个科学、系统、完备的思想体系，是新时期我国外交事业最宝贵的精神财富。

93. 中国特色大国外交

一、名词解析

中国特色大国外交理念是与时俱进不断发展的有中国特色的大国外交新战略。中国特色大国外交理念要求我们在总结实践经验的基础上，丰富和发展对外工作理念，使我国对外工作有鲜明的中国特色、中国风格、中国气派。中国特色大国外交要求我们要继续高举和平、发展、合作、共赢的旗帜，统筹国内国际两个大局，统筹发展安全两件大事，牢牢把握坚持和平发展、促进民族复兴这条主线，维护国家主权、安全、发展利益，为和平发展营造更加有利的国际环境，维护和延长我国发展的重要战略机遇期，为实现“两个一百年”奋斗目标、实现中华民族伟大复兴的中国梦提供有力保障。

二、习近平总书记的相关重要论述

中国必须有自己特色的大国外交。我们要在总结实践经验的基础上，丰富和发展对外工作理念，使我国对外工作有鲜明的中国特色、中国风格、中国气派。要坚持中国共产党领导和中国特色社会主义，坚持我国的发展道路、社会制度、文化传统、价值观念。要坚持独立自主的和平外交方针，坚持把国家和民族发展放在自己力量的基点上，坚定不移走自己的路，走和平发展道路，同时决不能放弃我们的正当权益，决不能牺牲国家核心利益。要坚持国际关系民主化，坚持和平共处五项原则，坚持国家不分大小、强弱、贫富都是国际社会平等成员，坚持世界的命运必须由各国人民共同掌握，维护国际公平正义，特别是要为广大发展中国家说话。①

——2014 年 11 月 28 日，习近平同志在中央外事工作会议上的讲话

我国对外工作要坚持以新时代中国特色社会主义外交思想为指导，统筹国内国际两个大局，牢牢把握服务民族复兴、促进人类进步这条主线，推动构建人类命运共同体，坚定维护国家主权、安全、发展利益，积极参与引领全球治理体系改革，打造更加完善的全球伙伴关系网络，努力开创中国特色大国外交新局面，为全面建成小康社会、进而全面建设社会主义现代化强国创造有利条件、作出应有贡献。②

——2018 年 6 月 22 日，习近平同志在中央外事工作会议上的讲话

三、背景、内容和意义

中国特色大国外交理念，是新中国一贯的外交政策与思想在新时代的传承与发展。中国坚定奉行独立自主的和平外交政策，尊重各国人民自主选择发展道路的权利，维护国际公平正义，反对把自己的意志强加于人，反对干涉别国内政，反对以强凌弱。中国决不会以牺牲别国利益为代价来

---

①《习近平著作选读》第一卷，人民出版社 2023 年版，第 319 页。
②《习近平著作选读》第二卷，人民出版社 2023 年版，第 176 页。

发展自己，也决不放弃自己的正当权益，任何人不要幻想让中国吞下损害自身利益的苦果。中国奉行防御性的国防政策。中国发展不对任何国家构成威胁。中国无论发展到什么程度，永远不称霸，永远不搞扩张。中国特色大国外交理念的核心价值观，是蕴含着中华民族传统文化中“天下为公”的思想情怀的，是符合人类文明中崇尚和平友善的普遍诉求的。

中国特色大国外交理念的价值观基础是带有鲜明中国特色的义利观，是中华民族传统文化中的优良品格。中国特色大国外交是要坚持这种正确的义利观，做到义利兼顾，讲信义、重情义、扬正义、树道义。

中国特色大国外交理念的政策主张是多边主义。中国将继续坚持合作共赢，推动建立以合作共赢为核心的新型国际关系。一方面，我国对外工作将贯彻落实总体国家安全观，增强全国人民对中国特色社会主义的道路自信、理论自信、制度自信、文化自信，维护国家长治久安。另一方面，我国将在不结盟原则下广交朋友、深化合作，形成全球伙伴关系网络，争取世界各国对和平、发展、合作、共赢的中国梦的理解与支持。

当前，中国特色大国外交理念的政策框架包括构建新型国际伙伴关系、促进“一带一路”国际合作倡议、推动构建人类命运共同体价值观等组成部分。通过践行与发展中国特色大国外交理念，我国在外交实践中积极发展中俄、中美、中欧、中非等国际伙伴关系，进一步深化区域合作，推动“一带一路”框架下的国际合作；积极参与全球治理与治理体系改革，倡导“人类命运共同体”意识。

94.“一带一路”建设

一、名词解析

2013 年，习近平总书记提出了共同建设“丝绸之路经济带”和“21 世纪海上丝绸之路”的倡议，受到国际社会普遍欢迎。共建“一带一路”，秉持共商共建共享原则，坚持开放、绿色、廉洁理念，以高标准、可持续、惠民生为目标，全面推进政策沟通、设施联通、贸易畅通、资金融通、民心相通，努力建设和平之路、繁荣之路、开放之路、绿色之路、创新之路、文明之路。这一倡议的核心内涵，是促进基础设施建设和互联互通，加强经济政策协调和发展战略对接，促进协同联动发展，实现共同繁荣。这一倡议的最高目标，是在“一带一路”建设国际合作框架内，各方携手应对世界经济面临的挑战，开创发展新机遇，谋求发展新动力，拓展发展新空间，实现优势互补、互利共赢，不断朝着人类命运共同体方向迈进。

二、习近平总书记的相关重要论述

前进道路上，我们必须高举和平、发展、合作、共赢的旗帜，恪守维护世界和平、促进共同发展的外交政策宗旨，推动建设相互尊重、公平正义、合作共赢的新型国际关系。我们要尊重各国人民自主选择发展道路的权利，维护国际公平正义，倡导国际关系民主化，反对把自己的意志强加于人，反对干涉别国内政，反对以强凌弱。我们要发挥负责任大国作用，支持广大发展中国家发展，积极参与全球治理体系改革和建设，共同为建设持久和平、普遍安全、共同繁荣、开放包容、清洁美丽的世界而奋斗。我们要支持开放、透明、包容、非歧视性的多边贸易体制，促进贸易投资自由化便利化，推动经济全球化朝着更加开放、包容、普惠、平衡、共赢的方向发展。我们要以共建“一带一路”为重点，同各方一道打造国际合作新平台，为世界共同发展增添新动力。中国决不会以牺牲别国利益为代价来发展自己，也决不放弃自己的正当权益。中国奉行防御性的国防政策，中国发展不对任何国家构成威胁。中国无论发展到什么程度都永远不称霸。①

——2018年12月28日，习近平同志在庆祝改革开放四十周年大会上的讲话

中国坚持对外开放的基本国策，坚持打开国门搞建设，积极促进“一带一路”国际合作，努力实现政策沟通、设施联通、贸易畅通、资金融通、民心相通，打造国际合作新平台，增添共同发展新动力。加大对发展中国家特别是最不发达国家援助力度，促进缩小南北发展差距。中国支持多边

① 《习近平著作选读》第二卷，人民出版社2023年版，第228-229页。

贸易体制，促进自由贸易区建设，推动建设开放型世界经济。[①]

——2022年10月16日，习近平同志在中国共产党第二十次全国代表大会上的报告

三、背景、内容和意义

“一带一路”的理念是共同发展，目标是合作共赢。它不是中国一家分蛋糕或拿蛋糕的大头，而是沿线各国共同把蛋糕做大，一起分蛋糕。在这一过程中，既要通过加强各方合作为国际社会作贡献，也要通过扩大对外合作，促进国内改革，服务国内发展。我们要把中国自身发展需要同国际合作需要相结合，尤其是要充分反映国际社会的合作共识。

共建“一带一路”追求的是发展，崇尚的是共赢，传递的是希望。共建“一带一路”，是经济合作倡议，不是搞地缘政治联盟或军事同盟，不针对谁也不排除谁；是开放包容进程，不是要关起门来搞小圈子或者“中国俱乐部”；是中国同世界共享机遇、共谋发展的阳光大道，不是这样那样的所谓“陷阱”，不以意识形态划界，不搞零和游戏。“一带一路”建设跨越不同地域、不同发展阶段、不同文明，是各方共同打造的国际公共产品，是世界各国人民携手迈向人类命运共同体的康庄大道。

中国经济发展进入新常态，机遇和挑战并存，挑战之一就是地区发展不平衡。“一带一路”建设通过扩大向西开放，以开放促发展，有助于加快西部发展步伐，助推东中西部梯次联动并进。同时，“一带一路”涵盖了中国中西部和沿海省区市，紧扣中国区域发展战略、新型城镇化战略、对外开放战略，将助推中国形成全方位开放新格局。“一带一路”建设有利于我们把对外经济合作和深化国内改革、扩大开放紧密融合，同各国一道勾画创新发展、协调发展、绿色发展、开放发展、共享发展的新愿景，也将有助于中国全面深化改革及扩大对外开放、实现“两个一百年”奋斗目标的伟大历史进程。

① 《习近平著作选读》第二卷，人民出版社2023年版，第49页。

95. 推动构建新型国际关系

一、名词解析

推动构建新型国际关系，就是要秉持相互尊重、公平正义、合作共赢原则，走出一条对话而不对抗、结伴而不结盟的国与国交往新路；中国坚持在和平共处五项原则基础上同各国发展友好合作，深化拓展平等、开放、合作的全球伙伴关系。这是新时代中国外交理论和实践的重要创新。要推进大国协调合作，打造周边命运共同体，加强同发展中国家团结合作，不断完善我国全方位、多层次、立体化的外交布局，构建新型政党关系，开创国际关系新模式。

二、习近平总书记的相关重要论述

中国将高举和平、发展、合作、共赢的旗帜，恪守维护世界和平、促进共同发展的外交政策宗旨，坚定不移在和平共处五项原则基础上发展同各国的友好合作，推动建设相互尊重、公平正义、合作共赢的新型国际关系。①

——2017 年 10 月 18 日，习近平同志在中国共产党第十九次全国代表大会上的报告

中国坚持在和平共处五项原则基础上同各国发展友好合作，推动构建新型国际关系，深化拓展平等、开放、合作的全球伙伴关系，致力于扩大同各国利益的汇合点。促进大国协调和良性互动，推动构建和平共处、总体稳定、均衡发展的大国关系格局。坚持亲诚惠容和与邻为善、以邻为伴周边外交方针，深化同周边国家友好互信和利益融合。秉持真实亲诚理念和正确义利观加强同发展中国家团结合作，维护发展中国家共同利益。中国共产党愿在独立自主、完全平等、互相尊重、互不干涉内部事务原则基

① 《习近平著作选读》第二卷，人民出版社 2023 年版，第 47 页。

础上加强同各国政党和政治组织交流合作，积极推进人大、政协、军队、地方、民间等各方面对外交往。①

——2022年10月16日，习近平同志在中国共产党第二十次全国代表大会上的报告

三、背景、内容和意义

我们的事业是同世界各国合作共赢的事业。建立以合作共赢为核心的新型国际关系，是我们党立足时代发展潮流和我国根本利益作出的战略选择，反映了中国人民和世界人民的共同心愿。面对国际形势的深刻变化和世界各国同舟共济的客观要求，各国应该共同推动建立以合作共赢为核心的新型国际关系，各国人民应该一起来维护世界和平、促进共同发展。

推动全球治理体系变革，建设更好的国际关系，不是一国一地区的事情，而是国际社会大家的事，世界各国都需要贡献自己的力量。尽管冷战已经结束，然而冷战思维却没有退出历史舞台。“国强必争、国强必霸”的传统观念依然存在，新型国际关系的建设并不是一帆风顺的。只有走出冷战思维窠臼，顺应时代发展潮流，树立人类命运共同体意识，构建新型国际关系，才能走出争权夺利甚至兵戎相见的恶性竞争，开创人类更加光明的未来。国家间只有尊重各国人民自主选择发展道路的权利，维护世界公平正义，反对把自己的意志强加于人，反对干涉别国内政，反对恃强凌弱，坚持共商、共建、共赢，才能建立一个持久和平、共同繁荣的世界。

构建新型国际关系，其核心内涵是相互尊重、公平正义、合作共赢，走出一条国与国交往的新路。这正是人类命运共同体理念在国家间关系中的体现。只有以人类命运共同体理念为指导，从政治、安全、经济、文化、生态等国际交往的各个方面体现出这个核心内涵，才能把新型国际关系落到实处。

---

①《习近平著作选读》第一卷，人民出版社2023年版，第50页。

96. 正确义利观

一、名词解析

习近平总书记在2013年3月出访非洲期间首次提出正确义利观。2014年11月，习近平总书记在中央外事工作会议上再次强调："要坚持正确义利观，做到义利兼顾，要讲信义、重情义、扬正义、树道义。"正确义利观，是新时代中国外交的鲜明旗帜、鲜明特征。正是始终秉持正确义利观，中华民族才在自身困难之际，仍不忘铁肩担道义、真情共患难。

二、习近平总书记的相关重要论述

政策和策略是党的生命，也是外交工作的生命。做好外交工作，胸中要装着国内国际两个大局，国内大局就是"两个一百年"奋斗目标，实现中华民族伟大复兴的中国梦；国际大局就是为我国改革发展稳定争取良好外部条件，维护国家主权、安全、发展利益，维护世界和平稳定、促进共同发展。要找到利益的共同点和交汇点，坚持正确义利观，有原则、讲情谊、讲道义，多向发展中国家提供力所能及的帮助。要推进外交工作改革创新，加强外交活动的策划设计，力求取得最大效果。要做好外交工作的统筹兼顾，组织和协调好方方面面，注意发挥各自优势，把外交工作办得更好。①

——2013年10月24日，习近平同志在周边外交工作座谈会上的讲话

中国将努力构建总体稳定、均衡发展的大国关系框架，积极同美国发展新型大国关系，同俄罗斯发展全面战略协作伙伴关系，同欧洲发展和平、增长、改革、文明伙伴关系，同金砖国家发展团结合作的伙伴关系。中国将继续坚持正确义利观，深化同发展中国家务实合作，实现同呼吸、共命运、齐发展。中国将按照亲诚惠容理念同周边国家深化互利合作，秉持真

① 《习近平著作选读》第一卷，人民出版社2023年版，第155页。

实亲诚对非政策理念同非洲国家共谋发展，推动中拉全面合作伙伴关系实现新发展。[①]

——2017年1月18日，习近平同志习近平同志在联合国日内瓦总部的演讲

三、背景、内容和意义

当前，一些国家的政策调整以邻为壑，保护主义和内顾倾向不断加重，一味追求权利和利益，尽力逃避国际责任和义务。短期来看，这些政策以损害他国利益增进自身利益；但长期来看，这些政策必将引发其他国家针锋相对的政策调整，并由此形成不公平竞争甚至是相互敌对的国际关系氛围，最后大家都是输家。为此，坚持义利并举、倡导合作共赢是解决当前国际问题的良方。

习近平总书记提出的正确义利观，从维护国际和平与发展的大局出发，把中国的发展同世界的和平与发展紧密联系起来。习近平总书记指出："义，反映的是我们的一个理念，共产党人、社会主义国家的理念。这个世界上一部分人过得很好，一部分人过得很不好，不是个好现象。真正的快乐幸福是大家共同快乐、共同幸福。我们希望全世界共同发展，特别是希望广大发展中国家加快发展。我们有义务对贫穷的国家给予力所能及的帮助，有时甚至要重义轻利、舍利取义，绝不能唯利是图、斤斤计较。"正确义利观是在和平与发展的新时代背景下，国际关系和国际秩序深刻变革之中提出的我国国家利益观，继承和弘扬了中国外交的优良传统，体现了国际主义精神，是新时代中国外交的一面重要旗帜。

坚持正确义利观的重要思想，体现了以习近平同志为核心的党中央对中国未来国际地位和作用的战略谋划，反映了新时代中国特色社会主义的内在要求，对做好新时代外交工作，尤其是做好周边和发展中国家工作具有重要指导意义。中国人民的利益同各国人民共同利益相结合，在中国与世界各国良性互动、互利共赢中开拓前进，才能为中国的和平发展开辟更加广阔的空间，为夺取新时代中国特色社会主义伟大胜利营造稳定有利的外部环境。

---

① 《习近平著作选读》第一卷，人民出版社2023年版，第571页。

97. 构建人类命运共同体

一、名词解析

人类命运共同体，就是每个民族、每个国家的前途命运都紧紧联系在一起，应该风雨同舟、荣辱与共，努力把我们生于斯、长于斯的这个星球建成一个和睦的大家庭，把世界各国人民对美好生活的向往变成现实。

二、习近平总书记的相关重要论述

新的征程上，我们必须高举和平、发展、合作、共赢旗帜，奉行独立自主的和平外交政策，坚持走和平发展道路，推动建设新型国际关系，推动构建人类命运共同体，推动共建“一带一路”高质量发展，以中国的新发展为世界提供新机遇。中国共产党将继续同一切爱好和平的国家和人民一道，弘扬和平、发展、公平、正义、民主、自由的全人类共同价值，坚持合作、不搞对抗，坚持开放、不搞封闭，坚持互利共赢、不搞零和博弈，反对霸权主义和强权政治，推动历史车轮向着光明的目标前进！①

——2021 年 7 月 1 日，习近平同志在庆祝中国共产党成立一百周年大会上的讲话

构建人类命运共同体是世界各国人民前途所在。万物并育而不相害，道并行而不相悖。只有各国行天下之大道，和睦相处、合作共赢，繁荣才能持久，安全才有保障。中国提出了全球发展倡议、全球安全倡议，愿同国际社会一道努力落实。中国坚持对话协商，推动建设一个持久和平的世界；坚持共建共享，推动建设一个普遍安全的世界；坚持合作共赢，推动建设一个共同繁荣的世界；坚持交流互鉴，推动建设一个开放包容的世界；

① 《习近平著作选读》第二卷，人民出版社 2023 年版，第 485 页。

坚持绿色低碳，推动建设一个清洁美丽的世界。[①]

——2022 年 10 月 16 日，习近平同志在中国共产党第二十次全国代表大会上的报告

三、背景、内容和意义

推动构建人类命运共同体，是当代中国共产党人回答和解决关乎人类前途命运的时代之问的中国方案，是应对人类共同挑战、建设更加繁荣美好世界的人间正道，也是新时代对外工作的总目标。要站在人类历史发展高度，深刻把握构建人类命运共同体的丰富内涵、价值理念，积极参与全球治理体系改革和建设，以高质量共建“一带一路”等为平台，促进世界共同繁荣和发展。

构建人类命运共同体，就是要携手世界各国人民共同建设持久和平、普遍安全、共同繁荣、开放包容、清洁美丽的世界。建设持久和平的世界，就要坚持国家之间的对话协商，坚持大国小国一律平等，构建对话不对抗、结伴不结盟的伙伴关系，尊重彼此核心利益和重大关切，管控矛盾分歧，努力形成相互尊重、公平正义、合作共赢的新型国际关系。建设普遍安全的世界，就要树立共同、综合、合作、可持续的安全观，统筹应对传统和非传统安全威胁，反对一切形式的恐怖主义，营造公道正义、共建共享的安全格局。建设共同繁荣的世界，就要坚持你好我好大家好的理念，推进开放、包容、普惠、平衡、共赢的经济全球化，创造全人类共同发展的良好条件，共同推动世界各国发展繁荣，让发展成果惠及世界各国。建设开放包容的世界，就要坚持交流互鉴，促进和而不同、兼收并蓄的文明交流，不同文明之间要对话不要对立，要交流不要取代，要包容不要冲突，推动人类文明实现创造性发展。建设清洁美丽的世界，就要倡导绿色、低碳、循环、可持续的生产生活方式，采取行动应对气候变化，构筑尊崇自然、绿色发展的生态体系，促进人与自然和谐共生，共建地球生命共同体。

构建人类命运共同体理念顺应了历史潮流，回应了时代要求，凝聚了各国共识，为人类社会实现共同发展、持续繁荣、长治久安绘制了蓝图，对中国的和平发展、世界的繁荣进步都具有重大而深远的意义。

---

① 《习近平著作选读》第一卷，人民出版社 2023 年版，第 51 页。

十一、新时代党风廉政建设和反腐败斗争

98. 习近平总书记关于党的自我革命的重要思想

一、名词解析

2024年1月8日至10日召开的中国共产党第二十届中央纪律检查委员会第三次全体会议最重大的政治成果，就是正式提出并深刻阐述习近平总书记关于党的自我革命的重要思想。党的十八大以来，习近平总书记带领全党以前所未有的决心力度推进全面从严治党，不断深化对党的自我革命的认识，系统回答了我们党为什么要自我革命、为什么能自我革命、怎样推进自我革命等重大问题，形成了习近平总书记关于党的自我革命的重要思想。习近平总书记关于党的自我革命的重要思想，是新时代新征程深入推进全面从严治党、党风廉政建设和反腐败斗争的根本遵循。

二、习近平总书记的相关重要论述

一个马克思主义政党，要保持先进性和纯洁性，实现崇高使命，必须“以补过为心，以求过为急，以能改其过为善，以得闻其过为明”，一刻不放松地解决自身存在的问题，始终跟上时代、实践、人民的要求。我们党为什么能够在现代中国各种政治力量的反复较量中脱颖而出？为什么能够始终走在时代前列、成为中国人民和中华民族的主心骨？根本原因在于我们党始终保持了自我革命精神，保持了承认并改正错误的勇气，一次次拿起手术刀来革除自身的病症，一次次靠自己解决了自身问题。这种能力既是我们党区别于世界上其他政党的显著标志，也是我们党长盛不衰的重要原因所在。①

——2017年2月13日，习近平同志在省部级主要领导干部学习贯彻党的十八届六中全会精神专题研讨班上的讲话

古人说：“成其身而天下成，治其身而天下治。”党的十八大以来，我

① 《习近平著作选读》第一卷，人民出版社2023年版，第577页。

经常讲跳出历史周期率问题，这是关系党千秋伟业的一个重大问题，关系党的生死存亡，关系我国社会主义制度的兴衰成败。如何跳出历史周期率？党始终在思索、一直在探索。毛泽东同志在延安的窑洞里给出了第一个答案，这就是“让人民来监督政府”；经过百年奋斗特别是党的十八大以来新的实践，党又给出了第二个答案，这就是自我革命。自我革命就是补钙壮骨、排毒杀菌、壮士断腕、去腐生肌，不断清除侵蚀党的健康肌体的病毒，不断提高自身免疫力，防止人亡政息。勇于自我革命和接受人民监督是内在一致的，都源于党的初心使命。一百年来，党外靠发展人民民主、接受人民监督，内靠全面从严治党、推进自我革命，勇于坚持真理、修正错误，勇于刀刃向内、刮骨疗毒，保证了党长盛不衰、不断发展壮大。我将无我、不负人民，始终代表最广大人民根本利益，才能本着彻底的自我革命精神检视自身、常思己过，坚决同一切损害党的先进性和纯洁性的因素作斗争；才能摆脱一切利益集团、权势团体、特权阶层的“围猎”腐蚀，并向党内成为这些集团、团体、阶层同伙的人开刀，永葆党的生机活力；才能让人民信赖我们、支持我们，真心实意帮助我们改正缺点，坚定跟着党一起奋斗。全面从严治党是新时代党的自我革命的伟大实践，开辟了百年大党自我革命的新境界。①

——2022 年 1 月 18 日，习近平同志在中共第十九届中央纪律检查委员会第六次全体会议上的讲话

三、背景、内容和意义

勇于自我革命是我们党区别于其他政党的显著标志，是我们党最鲜明的品格和最大优势，是党跳出治乱兴衰历史周期率、历经百年沧桑更加充满活力的成功秘诀。我们党从来不代表任何利益集团、任何权势团体、任何特权阶层的利益，没有自己特殊的利益，这是党敢于自我革命的勇气之源、底气所在。

2024 年 1 月 8 日，习近平总书记在中国共产党第二十届中央纪律检查委员会第三次全体会议上发表重要讲话指出，在深入推进党的自我革命

① 《习近平著作选读》第二卷，人民出版社 2023 年版，第 587-588 页。

实践中需要把握好九个问题，即：以坚持党中央集中统一领导为根本保证，以引领伟大社会革命为根本目的，以新时代中国特色社会主义思想为根本遵循，以跳出历史周期率为战略目标，以解决大党独有难题为主攻方向，以健全全面从严治党体系为有效途径，以锻造坚强组织、建设过硬队伍为重要着力点，以正风肃纪反腐为重要抓手，以自我监督和人民监督相结合为强大动力。这“九个以”的实践要求，进一步深化了我们党对自我革命的认识，丰富和发展了马克思主义建党学说，构成了习近平总书记关于党的自我革命的重要思想的思想精髓和核心要义。在反腐败斗争实践中，我们要深刻领会习近平总书记关于党的自我革命的重要思想，扎实把握好这九个问题，把每条战线、每个环节的自我革命抓具体、抓深入，清除一切侵蚀党的健康肌体的病毒。

党的自我革命永远在路上，全面从严治党永远在路上。全党要深入学习贯彻习近平总书记关于党的自我革命的重要思想，刀刃向内、刮骨疗毒，清除存量、遏制增量，推动防范和治理腐败问题常态化、长效化，把党建设得更加坚强有力，为以中国式现代化全面推进强国建设、民族复兴伟业提供坚强保障。

99. 跳出治乱兴衰历史周期率的“两个答案”

一、名词解析

中国共产党自成立以来，就把为共产主义、社会主义而奋斗确定为自己的纲领，把为中国人民谋幸福、为中华民族谋复兴确立为自己的初心使命，并为此进行了一系列伟大探索。在此过程中，面对执政考验，毛泽东、习近平先后提出了“人民监督”“自我革命”两个跳出历史周期率的答案。这“两个答案”，是总结中国共产党的百年奋斗历程和奋斗经验的重大论断。

二、习近平总书记的相关重要论述

我们党历史这么长、规模这么大、执政这么久，如何跳出治乱兴衰的历史周期率？毛泽东同志在延安的窑洞里给出了第一个答案，这就是“只有让人民来监督政府，政府才不敢松懈”。经过百年奋斗特别是党的十八大以来新的实践，我们党又给出了第二个答案，这就是自我革命。①

——2021 年 11 月 11 日，习近平同志在中共十九届六中全会第二次全体会议上的讲话

经过不懈努力，党找到了自我革命这一跳出治乱兴衰历史周期率的第二个答案，自我净化、自我完善、自我革新、自我提高能力显著增强，管党治党宽松软状况得到根本扭转，风清气正的党内政治生态不断形成和发展，确保党永远不变质、不变色、不变味。②

——2022 年 10 月 16 日，习近平同志在中国共产党第二十次全国代表大会上的报告

三、背景、内容和意义

历史周期率是历史过程中反复出现的由于统治集团违背社会发展规律，丧失民心，导致政权覆没的周期性现象。历史周期率在我国最先是由中国近现代著名学者黄炎培提出的。黄炎培先后经历了辛亥革命、清帝退位、民国建立、北洋军阀、国民党新军阀等政权轮番更替，目睹了这些政权更迭给国家和民族带来的巨大灾难，痛心之余，他不断思考政权如何跳出治乱兴衰的周期性动荡的问题，并在 1945 年和毛泽东对话时提出了“如何跳出历史周期率”这一历史命题。

人民监督：跳出历史周期率第一个答案的提出。1945 年 7 月 4 日，黄炎培与毛泽东在延安窑洞里进行了一场经典的对话。黄炎培说：“我生六十多年，耳闻的不说，所亲眼看到的，真所谓‘其兴也勃焉，其亡也忽焉’。一人、一家、一团体、一政党、一地方乃至一国，不少都没有能够跳出这个周期率的支配力。大凡初起之时，都是艰难困苦，聚精会神，没有一事

---

① 《习近平著作选读》第二卷，人民出版社 2023 年版，第 559 页。
② 《习近平著作选读》第一卷，人民出版社 2023 年版，第 12 页。

不用心，没有一人不卖力，力求从万死中求得一生，因而无不显得生气勃勃、气象一新。及至环境渐渐好转了，精神也就渐渐放下了。有的因为历时长久，自然的惰性发作，由少数演变为多数，到风气养成，虽有大力也无法扭转，并且无法补救。一部历史，或政怠宦成，或人亡政息，或求荣取辱，总之没有跳出这个历史周期率。”毛泽东回答：“我们共产党已经找到了新路，能够跳出这个历史周期率。这条新路，就是民主。只有让人民来监督政府，政府才不敢松懈；只有人人起来负责，才不会人亡政息。”这一著名的对答，也被称为“窑洞对”。发扬民主，接受人民监督，这是中国共产党对跳出历史周期率的第一次历史性回答。

自我革命：跳出历史周期率第二个答案的提出。自“窑洞对”后，中国共产党的几代领导集体一直对如何跳出历史周期率保持着强烈的忧患意识和高度警觉。党的十八大以来，习近平总书记着眼中华民族伟大复兴战略全局和世界百年未有之大变局，在多个重要场合和重要会议高频次深情回顾并郑重提及当年的“窑洞对”，把跳出“其兴也勃焉，其亡也忽焉”的“历史周期率”作为我们党要永远面对的重大“考题”。2021 年 11 月 11 日，在党的十九届六中全会第二次全体会议上，习近平总书记指出：“我们党历史这么长、规模这么大、执政这么久，如何跳出治乱兴衰的历史周期率？毛泽东同志在延安的窑洞里给出了第一个答案，这就是‘只有让人民来监督政府，政府才不敢松懈’。经过百年奋斗特别是党的十八大以来新的实践，我们党又给出了第二个答案，这就是自我革命。”

党的百年奋斗获得“人民监督”“自我革命”破解治乱兴衰历史周期率的“两个答案”。这是对中华民族 5000 年历史的一个伟大贡献，也是对共产党执政规律、社会主义建设规律、人类社会发展规律认知的重大收获。

100. 推进“两个革命”

一、名词解析

“两个革命”是指社会革命和自我革命，推进“两个革命”是指我们党在领导人民进行伟大社会革命的同时，必须勇于进行自我革命，把党建设得更加坚强有力。

二、习近平总书记的相关重要论述

不忘初心、牢记使命，必须以正视问题的勇气和刀刃向内的自觉不断推进党的自我革命。“君子之过也，如日月之食焉：过也，人皆见之；更也，人皆仰之。”敢于直面问题、勇于修正错误，是我们党的显著特点和优势。列宁说过：“公开承认错误，揭露犯错误的原因，分析产生错误的环境，仔细讨论改正错误的方法——这才是一个郑重的党的标志”。强大的政党是在自我革命中锻造出来的。回顾党的历史，我们党总是在推动社会革命的同时，勇于推动自我革命，始终坚持真理、修正错误，敢于正视问题、克服缺点，勇于刮骨疗毒、去腐生肌。正因为我们党始终坚持这样做，才能够在危难之际绝处逢生、失误之后拨乱反正，成为永远打不倒、压不垮的马克思主义政党。[①]

——2020 年 1 月 8 日，习近平同志在“不忘初心、牢记使命”主题教育总结大会上的讲话

我们党历经百年、成就辉煌，党内党外、国内国外赞扬声很多。越是这样越要发扬自我革命精神，千万不能在一片喝彩声中迷失自我。正所谓“不诱于誉，不恐于诽”。全党同志要永葆自我革命精神，增强全面从严治党永远在路上的政治自觉，决不能滋生已经严到位、严到底的情绪！从最近连续查处的大案要案看，党风廉政建设和反腐败斗争必须一刻也不放松抓、持之以恒抓！中央委员会的同志们、党的各级领导干部要保持头脑清醒，对全党的思想、组织、作风、廉洁等情况要有客观正确的认识和把握，以正视问题的勇气和刀刃向内的自觉推进党的自我革命。生了病就要及时医，该吃药就吃药，该开刀就开刀。不论什么问题，不论谁出问题，该出手时就出手，对腐败问题尤其要坚决查处，不断清除损害党的先进性和纯洁性的因素，不断清除侵蚀党的健康肌体的病毒。特别是对那些攫取国家和人民利益、侵蚀党的执政根基、动摇社会主义国家政权的人，对那些在

① 《习近平著作选读》第二卷，人民出版社 2023 年版，第 301 页。

党内搞政治团伙、小圈子、利益集团的人，要毫不手软、坚决查处！①

——2021 年 11 月 11 日，习近平同志在中共十九届六中全会第二次全体会议上的讲话

三、背景、内容和意义

中国共产党领导的革命，从内容上看，其实是两个方面的革命：一方面是党领导人民在革命、建设、改革进程中开展的社会革命，另一方面是在党在管党治党、执政兴国过程中不断进行的自我革命。这两个革命，一个对外，一个对内，同等重要，不可偏废。

中国共产党领导的社会革命，构成了党领导人民进行革命、建设和改革发展的伟大历史，这是中国近代以来最为可歌可泣的伟大历史，也是中华民族最为值得骄傲自豪的光辉篇章。在中国共产党的坚强领导下，我们推翻了封建主义、帝国主义、官僚资本主义这“三座大山”对中国的黑暗统治后，建立起了中华人民共和国，开辟了社会主义中国的发展道路，揭开了中华民族伟大复兴的光辉篇章。在这百年的奋斗历程中，党始终坚持与人民群众的血肉联系，扎根本土、着眼世界，在传承和发展中华优秀传统文化中弘扬革命文化、发展社会主义先进文化，团结带领全国各族人民不畏艰险、英勇奋斗，不断从胜利走向胜利，从辉煌走向辉煌，形成发展了激励全党全军全体人民在革命、建设和改革中不断发展前进的伟大智慧和不竭力量。

中国共产党领导的自我革命，就是中国共产党一以贯之进行的管党治党、全面从严治党。在近百年的革命、建设、改革进程中，中国共产党形成了许多优良传统、严谨作风和政治优势，在新时代，仍然需要传承这些优良传统、弘扬这些严谨作风和发扬这些政治优势，深入推进新时代党的建设新的伟大工程，自觉将党的自我革命进行到底。在党的百年奋斗史中，中国共产党始终保持与人民群众的血肉联系，坚持为人民谋利益、谋幸福，自觉做到密切联系群众，不断加强党的自身建设，不断自我净化、自我完善、自我革新、自我提高，始终保持党的先进性和纯洁性，真正做到立党为公、执政为民。

---

① 《习近平著作选读》第二卷，人民出版社 2023 年版，第 560-561 页。

推进“两个革命”的重要理论，是对我们党百余年来奋斗历程、伟大成就和宝贵经验的新概括、新总结。在新时代继续推进“两个伟大革命”，对于夺取新时代中国特色社会主义伟大胜利、实现中华民族伟大复兴中国梦具有重大意义。

101. 反腐败斗争压倒性胜利

一、名词解析

2018 年 12 月 13 日，中央政治局会议指出：“反腐败斗争取得压倒性胜利，全面从严治党取得重大成果。”从形成“压倒性态势”到取得“压倒性胜利”，标志着我国反腐斗争成果已经从量的积累迈向质的转变。

二、习近平总书记的相关重要论述

人民群众最痛恨腐败现象，腐败是我们党面临的最大威胁。只有以反腐败永远在路上的坚韧和执着，深化标本兼治，保证干部清正、政府清廉、政治清明，才能跳出历史周期率，确保党和国家长治久安。当前，反腐败斗争形势依然严峻复杂，巩固压倒性态势、夺取压倒性胜利的决心必须坚如磐石。要坚持无禁区、全覆盖、零容忍，坚持重遏制、强高压、长震慑，坚持受贿行贿一起查，坚决防止党内形成利益集团。在市县党委建立巡察制度，加大整治群众身边腐败问题力度。不管腐败分子逃到哪里，都要缉拿归案、绳之以法。推进反腐败国家立法，建设覆盖纪检监察系统的检举举报平台。强化不敢腐的震慑，扎牢不能腐的笼子，增强不想腐的自觉，通过不懈努力换来海晏河清、朗朗乾坤。①

——2017 年 10 月 18 日，习近平同志在中国共产党第十九次全国代表大会上的报告

我们深入推进全面从严治党，坚持打铁必须自身硬，从制定和落实中

① 《习近平著作选读》第二卷，人民出版社 2023 年版，第 55 页。

央八项规定开局破题，提出和落实新时代党的建设总要求，以党的政治建设统领党的建设各项工作，坚持思想建党和制度治党同向发力，严肃党内政治生活，持续开展党内集中教育，提出和坚持新时代党的组织路线，突出政治标准选贤任能，加强政治巡视，形成比较完善的党内法规体系，推动全党坚定理想信念、严密组织体系、严明纪律规矩。我们持之以恒正风肃纪，以钉钉子精神纠治“四风”，反对特权思想和特权现象，坚决整治群众身边的不正之风和腐败问题，刹住了一些长期没有刹住的歪风，纠治了一些多年未除的顽瘴痼疾。我们开展了史无前例的反腐败斗争，以“得罪千百人、不负十四亿”的使命担当祛疴治乱，不敢腐、不能腐、不想腐一体推进，“打虎”“拍蝇”“猎狐”多管齐下，反腐败斗争取得压倒性胜利并全面巩固，消除了党、国家、军队内部存在的严重隐患，确保党和人民赋予的权力始终用来为人民谋幸福。①

——2022 年 10 月 16 日，习近平同志在中国共产党第二十次全国代表大会上的报告

三、背景、内容和意义

党的十八大以来，面对新危险、新考验、新形势，以习近平同志为核心的党中央，高举中国特色社会主义伟大旗帜，协调推进“四个全面”战略布局，励精图治、攻坚克难，使得党和国家的各项事业都蓬勃发展，焕然一新，推动党和国家事业发生了历史性变革，取得了历史性成就，引领中国特色社会主义进入了新时代，创立了习近平新时代中国特色社会主义思想。深入推进党风廉政建设与反腐败斗争是习近平新时代中国特色社会主义思想的重要内容，贯穿于习近平新时代中国特色社会主义思想的十四个基本方略始终。

在反腐败问题上，习近平总书记继承了我们党始终重视党风廉政建设的优良传统，坚持“党要管党、全面从严治党”原则，以“无禁区、全覆盖、零容忍”态度严惩腐败，坚持“老虎”“苍蝇”一起打，以猛药去疴、重典治乱的决心，以刮骨疗毒、壮士断腕的勇气，深入开展党风廉政建设

① 《习近平著作选读》第一卷，人民出版社 2023 年版，第 11-12 页。

和反腐败斗争，有效地遏制住了腐败多发高发势头，赢得了全党全社会的广泛赞誉和衷心拥护。习近平总书记围绕党风廉政建设和反腐败斗争作的一系列重要论述，内涵丰富，立意深远，深刻回答了在中国特色社会主义进入新时代后党和国家反腐败工作涉及的重大理论和现实问题，提出了一系列新的理念、思路和举措，是新的历史条件下开展党风廉政建设和反腐败斗争的纲领性文件，是习近平新时代中国特色社会主义思想在反腐败问题上的具体表达和集中体现。

党的领导是中国特色社会主义建设的根本保证。党政军民学，东西南北中，党是领导一切的。要想办好中国的事情，关键在党，关键在党要管党、全面从严治党；要想完善和发展中国特色社会主义制度、坚持中国特色社会主义道路也必须要坚持党要管党、全面从严治党的根本原则，必须要体现党风廉政建设与反腐败斗争的根本要求。党的十八大以来，以习近平同志为核心的党中央坚持全面从严治党，坚决遏制腐败现象蔓延势头，着力构建不敢腐、不能腐、不想腐的体制机制。从十八届中央纪委一次全会到四次全会，党中央对反腐败斗争形势的总体判断是“依然严峻复杂”；2015年初召开的十八届中央纪委五次全会上，党中央认为“腐败和反腐败呈胶着状态”；2016年初召开的十八届中央纪委六次全会上，党中央认为“反腐败斗争压倒性态势正在形成”；2016年底召开的中央政治局会议认为“反腐败斗争压倒性态势已经形成”；2017年10月，党的十九大报告提出，“反腐败斗争压倒性态势已经形成并巩固发展”；2018年1月，习近平总书记在十九届中央纪委二次全会上发表重要讲话强调“要深化标本兼治，夺取反腐败斗争压倒性胜利”；2019年1月，习近平总书记在十九届中央纪委三次全会上发表重要讲话强调“取得全面从严治党更大战略性成果，巩固发展反腐败斗争压倒性胜利”；2022年10月，党的二十大报告提出“党的反腐败斗争取得压倒性胜利并全面巩固”。

短短几年的时间，反腐败斗争形势从“依然严峻复杂”到“压倒性态势已经形成并巩固发展”，再从“夺取反腐败斗争压倒性胜利”到“反腐败斗争取得压倒性胜利并全面巩固”，这是全面深刻、鼓舞人心的变化，变化的背后离不开以习近平同志为核心的党中央反腐败的坚决意志与责任担当，离不开全国绝大多数人民的拥护与支持。

102. 党和国家监督体系

一、名词解析

党和国家监督体系是党在长期执政条件下实现自我净化、自我完善、自我革新、自我提高的重要制度保障，也是党确保权力始终用来为人民谋幸福的关键之举。党的十九大提出健全党和国家监督体系，构建党统一指挥、全面覆盖、权威高效的监督体系，把党内监督同国家机关监督、民主监督、司法监督、群众监督、舆论监督贯通起来，增强监督合力。

二、习近平总书记的相关重要论述

自我监督是世界性难题，是国家治理的哥德巴赫猜想。我们要通过行动回答“窑洞之问”，练就中国共产党人自我净化的“绝世武功”。党的十八大以来全面从严治党的实践证明，我们党自我净化的机制是有效的，我们完全有能力解决自身存在的问题。要构建党统一指挥、全面覆盖、权威高效的监督体系，把党内监督同国家机关监督、民主监督、司法监督、群众监督、舆论监督贯通起来。[①]

——2018 年 1 月 11 日，习近平同志在中共第十九届中央纪律检查委员会第二次全体会议上的讲话

坚持制度治党、依规治党，以党章为根本，以民主集中制为核心，完善党内法规制度体系，增强党内法规权威性和执行力，形成坚持真理、修正错误，发现问题、纠正偏差的机制。健全党统一领导、全面覆盖、权威高效的监督体系，完善权力监督制约机制，以党内监督为主导，促进各类监督贯通协调，让权力在阳光下运行。推进政治监督具体化、精准化、常态化，增强对“一把手”和领导班子监督实效。发挥政治巡视利剑作用，加强巡视整改和成果运用。落实全面从严治党政治责任，用

① 《习近平著作选读》第二卷，人民出版社 2023 年版，第 126 页。

好问责利器。[①]

——2022 年 10 月 16 日，习近平同志在中国共产党第二十次全国代表大会上的报告

三、背景、内容和意义

党和国家监督体系是国家治理体系的重要组成部分，是党在长期执政条件下实现自我净化、自我完善、自我革新、自我提高的重要制度保障。党中央提出健全党和国家监督体系，构建党统一指挥、全面覆盖、权威高效的监督体系，把党内监督同国家机关监督、民主监督、司法监督、群众监督、舆论监督贯通起来，增强监督合力。

坚持和完善党和国家监督体系，强化对权力运行的制约和监督。必须健全党统一领导、全面覆盖、权威高效的监督体系，增强监督严肃性、协同性、有效性，形成决策科学、执行坚决、监督有力的权力运行机制，确保党和人民赋予的权力始终用来为人民谋幸福。我们党是马克思主义政党，始终坚持立党为公、执政为民。社会主义国家的一切权力属于人民，党的各级组织、所有党员干部和一切公职人员，行使权力都必须接受党和人民监督。

健全党和国家监督体系，关键要在党中央集中统一领导下，以党内监督带动各方面监督，进一步完善对权力运行的制约和监督机制。要增强监督严肃性、协同性、有效性，形成决策科学、执行坚决、监督有力的权力运行机制。要推进纪律监督、监察监督、派驻监督、巡视监督统筹衔接，健全人大监督、民主监督、行政监督、司法监督、群众监督、舆论监督制度，发挥审计监督、统计监督职能作用，增强监督合力，形成发现问题、纠正偏差的有效机制。

实现党的历史使命，必须坚持和完善党和国家监督体系。党要团结带领人民进行伟大斗争、建设伟大工程、推进伟大事业、实现伟大梦想，必须自身始终过硬。只有构建起更加科学、更加严密、更加有效的监督体系，把权力关进制度的笼子，让人民监督权力，让权力在阳光下运行，才能确

① 《习近平著作选读》第一卷，人民出版社 2023 年版，第 54 页。

保党始终成为坚持和发展中国特色社会主义、实现中华民族伟大复兴的坚强领导核心。

103. 权力监督“四个全覆盖”

一、名词解析

权力监督“四个全覆盖”是指形成“纪律监督、监察监督、派驻监督、巡视监督”四个全覆盖的权力监督格局。

二、习近平总书记的相关重要论述

国家监察体制改革是事关全局的重大政治体制改革，是强化党和国家自我监督的重大决策部署。要按照党中央确定的时间表和路线图，完成国家和省、市、县监察委员会组建工作，建立党统一领导的反腐败工作机构，构建集中统一、权威高效的监察体系。要结合制定监察法，修改完善相关法律，形成巡视、派驻、监察三个全覆盖的权力监督格局，把制度优势转化为治理效能。①

——2018 年 1 月 11 日，习近平同志在中共第十九届中央纪律检查委员会第二次全体会议上的讲话

坚持构建自我净化、自我完善、自我革新、自我提高的制度规范体系，为推进伟大自我革命提供制度保障。我们健全党和国家监督制度，以党内监督为主导，发挥巡视监督利剑作用和派驻监督探头作用，推进纪律检查体制、国家监察体制、审计统计监督体制改革，推动各项监督贯通协同，实现党内监督全覆盖、对公职人员监察全覆盖。坚持制度治党、依规治党，健全党的组织法规、领导法规、自身建设法规、监督保障法规，让制度“长牙”“带电”。经过新时代全面从严治党的革命性锻造，我们形成了比较完善的党内法规体系，构建起党统一领导、全面覆盖、权威高效的监督体系，

① 《习近平著作选读》第二卷，人民出版社 2023 年版，第 126-127 页。

营造了尊崇制度、遵守制度的良好氛围，推动各方面制度更加成熟定型，形成了中国共产党之治、中国之治的独特优势。[①]

——2022年1月18日，习近平同志在中共第十九届中央纪律检查委员会第六次全体会议上的讲话

三、背景、内容和意义

办好中国的事情，关键在党。我们党全面领导、长期执政，最根本的挑战来自党的自身，最严峻的挑战是对自身实施有效监督。勇于自我革命，是我们党最鲜明的品格，也是我们党最大的优势。党的十八大以来，全面从严治党力度空前、成效卓著，党和国家监督的全面性、系统性、协调性显著增强，形成了“四个全覆盖”权力监督格局。

纪律监督得到深层次革新，纪检机关充分发挥党内监督专责机关作用，坚持把纪律挺在前面，深化运用监督执纪“四种形态”，实现了由“惩治极少数”向“管住大多数”拓展；国家监察体制改革不断深化，实现对所有行使公权力的公职人员监察全覆盖，成为健全党和国家监督体系的创制之举；派驻机构改革持续推进，进一步强化“派”的权威、释放“驻”的优势，发挥“探头”作用，延伸监督触角，实现全面覆盖，盯住驻在单位党员干部和行使公权力的公职人员，把制度优势转化为治理效能；巡视监督深化政治“体检”，实现全面覆盖，推动深化改革，力度、广度、深度和效果大幅提升，成为党之利器、国之利器。

“四个全覆盖”是有机整体。要把纪律监督、监察监督、派驻监督、巡视监督统一于推进全面从严治党、党风廉政建设和反腐败斗争，统一于全面依法治国，统一于服务保障高质量发展，统筹规划、联动协作、优势互补，努力实现监督执纪执法效果最大化。

① 《习近平著作选读》第二卷，人民出版社2023年版，第591-592页。

104.“三重一大”决策监督机制

一、名词解析

“三重一大”是指重大事项决策、重要干部任免、重大项目投资决策、大额资金使用。“三重一大”决策监督机制是指重大事项决策、重要干部任免、重要项目安排、大额资金的使用，必须经集体讨论作出决定的制度。

二、习近平总书记的相关重要论述

要强化对公权力的监督制约，督促掌握公权力的部门、组织合理分解权力、科学配置权力、严格职责权限，完善权责清单制度，加快推进机构、职能、权限、程序、责任法定化。要盯紧公权力运行各个环节，完善及时发现问题的防范机制、精准纠正偏差的矫正机制，管好关键人、管到关键处、管住关键事、管在关键时，特别是要把一把手管住管好。要认真执行民主集中制，完善“三重一大”决策监督机制，用好批评和自我批评的锐利武器，把上级对下级、同级之间以及下级对上级的监督充分调动起来，增强监督实效。要把日常监督和信访举报、巡视巡察结合起来，加强对问题整改落实情况的督促检查，对整改抓不好的要严肃问责。①

——2018 年 12 月 13 日，习近平同志在十九届中央政治局第十一次集体学习时的讲话

三、背景、内容和意义

贯彻执行“三重一大”决策监督机制，关系到党和国家事业的发展，也是构建惩治和预防腐败体系的重要内容。只有不断健全“三重一大”决策程序和监督机制，加强对决策权力运行的监督制约，才能不断提高科学决策、民主决策、依法决策水平，逐步将权力运行纳入制度化、规范化、

① 习近平：《在新的起点上深化国家监察体制改革》，《求是》2019 年第 5 期。

程序化轨道。

加强对“三重一大”事项的监督，是建立规范的领导干部权力运行机制，确保领导干部正确行使手中权力，从源头上预防腐败，从根本上保证各项工作健康发展的重要举措。不断完善“三重一大”各项配套制度。当前要重点解决一些单位“三重一大”集体决策制度不配套、不具体、不落实等问题，提高各级领导班子决策能力和领导水平，实现科学决策、民主决策、依法决策，我们就必须深入总结经验、科学把握规律、采取有力措施，把“三重一大”集体决策制度执行好、落实好。

加强“三重一大”决策监督机制，要正确处理好民主与集中、服从多数与尊重少数、个别酝酿与会议决定、集体领导与分工合作、注重团结和坚持原则的关系，拓宽听取意见的渠道和途径，尽可能听取多方面的意见建议，保证班子成员的意见真实表达，形成团结和谐、畅所欲言、各抒己见、认真讨论的风气，按照民主集中制原则形成最终决议，使决策能够真正体现讨论成果、反映多数人意见。公开是最好的防腐剂，推进“三重一大”决策监督机制要进一步深化党务、政务公开，除依法应当保密的事项外，“三重一大”事项、决策依据、决策结果等都应以多种形式、在适当范围公开，保证党员干部和人民群众的知情权，自觉接受人民群众监督。

105. 遵守政治纪律和政治规矩的“五个必须”

一、名词解析

遵守政治纪律和政治规矩的“五个必须”是指：一是必须维护党中央权威，决不允许背离党中央要求另搞一套；二是必须维护党的团结，决不允许在党内培植私人势力；三是必须遵循组织程序，决不允许擅作主张、我行我素；四是必须服从组织决定，决不允许搞非组织活动；五是必须管好亲属和身边工作人员，决不允许他们擅权干政、谋取私利。这是 2015 年 1 月 13 日习近平总书记在十八届中央纪委五次全会上对党员干部提出的要求。

二、习近平总书记的相关重要论述

当前，遵守政治纪律和政治规矩，重点要做到以下五个方面。一是必须维护党中央权威，决不允许背离党中央要求另搞一套，全党同志特别是各级领导干部在任何时候任何情况下都必须在思想上政治上行动上同党中央保持高度一致，听从党中央指挥，不得阳奉阴违、自行其是，不得对党中央的大政方针说三道四，不得公开发表同中央精神相违背的言论。二是必须维护党的团结，决不允许在党内培植私人势力，要坚持五湖四海，团结一切忠实于党的同志，团结大多数，不得以人划线，不得搞任何形式的派别活动。三是必须遵循组织程序，决不允许擅作主张、我行我素，重大问题该请示的请示，该汇报的汇报，不允许超越权限办事，不能先斩后奏。四是必须服从组织决定，决不允许搞非组织活动，不得跟组织讨价还价，不得违背组织决定，遇到问题要找组织、依靠组织，不得欺骗组织、对抗组织。五是必须管好亲属和身边工作人员，决不允许他们擅权干政、谋取私利，不得纵容他们影响政策制定和人事安排、干预正常工作运行，不得默许他们利用特殊身份谋取非法利益。①

——2015年1月13日，习近平同志在中共第十八届中央纪律检查委员会第五次全体会议上的讲话

党的十八大以来，我们把全面从严治党纳入“四个全面”战略布局，这是新的历史条件下我们党应对世情国情党情变化的必然选择。我们坚持问题导向，主要从以下几个方面推进全面从严治党。一是抓思想从严，坚持用马克思主义中国化最新成果武装头脑、凝心聚魂，用理想信念和党性教育固本培元、补钙壮骨，着力教育引导全党坚定理想、坚定信念，增强中国特色社会主义道路自信、理论自信、制度自信、文化自信。二是抓管党从严，坚持和落实党的领导，引导全党增强政治意识、大局意识、核心意识、看齐意识，着力落实管党治党责任，不断增强各级党组织管党治党意识和能力。三是抓执纪从严，坚持把纪律挺在前面，严明党的政治纪律和政治规矩，着力推动全党牢记“五个必须”、防止“七个有之”，保证全党团结统一、步调一致。四是抓治吏从严，坚持正确用人导向，深化干部

① 《习近平著作选读》第一卷，人民出版社2023年版，第348-349页。

人事制度改革，破解“四唯”难题，着力整治用人上的不正之风，优化选人用人环境。五是抓作风从严，坚持以上率下，锲而不舍、扭住不放，着力解决许多过去被认为解决不了的问题，推动党风政风不断好转。六是抓反腐从严，坚持以零容忍态度惩治腐败，“老虎”“苍蝇”一起打，着力扎紧制度的笼子，特别是清除了周永康、薄熙来、郭伯雄、徐才厚、令计划等腐败分子，有效遏制腐败蔓延势头。①

——2016年10月27日，习近平同志在中共十八届六中全会第二次全体会议上的讲话

三、背景、内容和意义

党内规矩是党的各级组织和全体党员必须遵守的行为规范和规则。党的规矩总的包括四个部分：其一，党章是全党必须遵循的总章程，也是总规矩。其二，党的纪律是刚性约束，政治纪律更是全党在政治方向、政治立场、政治言论、政治行动方面必须遵守的刚性约束。其三，国家法律是党员、干部必须遵守的规矩，法律是党领导人民制定的，全党必须模范执行。其四，党在长期实践中形成的优良传统和工作惯例。

党章等党内规章制度、党的纪律、国家法律是全党必须遵守的规矩，党在长期实践中形成的优良传统和工作惯例也是十分重要的党内规矩。对我们这么一个大党来讲，不仅要靠党章和纪律，还得靠党的优良传统和工作惯例。这些规矩看着没有白纸黑字的规定，但都是一种传统、一种范式、一种要求。纪律是成文的规矩，一些未明文列入纪律的规矩是不成文的纪律；纪律是刚性的规矩，一些未明文列入纪律的规矩是自我约束的纪律。党内很多规矩是我们党在长期实践中形成的优良传统和工作惯例，经过实践检验，约定俗成、行之有效，反映了我们党对一些问题的深刻思考和科学总结，需要全党长期坚持并自觉遵循。

人不以规矩则废，党不以规矩则乱。对于党内存在的一些无视党的纪律和规矩的问题如不下大气力整治，就会像传染病一样蔓延开来，最终严重危害党的肌体。领导干部违纪往往是从破坏规矩开始的。规矩不能立起

① 《习近平著作选读》第一卷，人民出版社2023年版，第517页。

来、严起来，很多问题就会慢慢产生出来。很多事实都证明了这一点。讲规矩是对党员、干部党性的重要考验，是对党员、干部对党忠诚度的重要检验。各级党组织要把严守纪律、严明规矩放到重要位置来抓，努力在全党营造守纪律、讲规矩的氛围。各级领导干部特别是高级干部要牢固树立纪律和规矩意识，在守纪律、讲规矩上作表率，自觉做政治上的明白人。

106. 无视政治纪律和政治规矩的“七个有之”

一、名词解析

无视政治纪律和政治规矩的“七个有之”是指：搞任人唯亲、排斥异己的有之；搞团团伙伙、拉帮结派的有之；搞匿名诬告、制造谣言的有之；搞收买人心、拉动选票的有之；搞封官许愿、弹冠相庆的有之；搞自行其是、阳奉阴违的有之；搞尾大不掉、妄议中央的有之。这是习近平总书记2014年10月23日在十八届四中全会第二次全体会议上指出的无视政治纪律和政治规矩的一些突出问题，具有很强的现实针对性。

二、习近平总书记的相关重要论述

二〇一四年，十月八日，我在党的群众路线教育实践活动总结大会上讲：“党内政治生活是党组织教育管理党员和党员进行党性锻炼的主要平台，从严治党必须从党内政治生活严起。有什么样的党内政治生活，就有什么样的党员、干部作风。”“从严治党，最根本的就是要使全党各级组织和全体党员、干部都按照党内政治生活准则和党的各项规定办事。”十月二十三日，我在党的十八届四中全会第二次全体会议上讲到党员、干部特别是领导干部要严守政治纪律和政治规矩时强调：“一些人无视党的政治纪律和政治规矩，为了自己的所谓仕途，为了自己的所谓影响力，搞任人唯亲、排斥异己的有之，搞团团伙伙、拉帮结派的有之，搞匿名诬告、制造谣言的有之，搞收买人心、拉动选票的有之，搞封官许愿、弹冠相庆的有之，搞自行其是、阳奉阴违的有之，搞尾大不掉、妄议中央的也有之，如此等等。有的人已经到了肆无忌惮、胆大妄为的地步！而这些问题往往没有引起一些地方和部门党组织的注意，发现了问题也没有上升到党纪国法高度来认识和处理。这是不对的，必须加以纠正。”这就是“七个有之”，我主要是从政治上讲的。[①]

——2016年10月27日，习近平同志在中共十八届六中全会第二次全体会议上的讲话

从党的十八届四中全会开始，我就反复强调警惕“七个有之”。“七个有之”本质上是政治问题，概括起来是两个方面。一个是政治问题和经济问题交织形成利益集团，妄图攫取党和国家权力；一个是山头主义和宗派主义作祟，大搞非组织活动，破坏党的集中统一。对政治上的这种隐患不能采取鸵鸟政策，王顾左右而言他，必须采取断然措施予以防范和遏制，消除隐患后患。要时刻强调政治纪律和政治规矩，严肃查处违规逾矩行为，决不允许搞小山头、小团伙、小圈子，决不允许自行其是、各自为政。要弘扬忠诚老实、公道正派、实事求是、清正廉洁等价值观，使党员、干部在严肃认真的党内政治生活中加强党性锻炼，锤炼政治能力，提高思想境界和政治觉悟。古人说，“内无妄思，外无妄动”。党的领导干部更要对组织和人民常怀感恩敬畏之心，对功名利禄要知足，对物质享受和个人待遇要知止。“惟江上之清风，与山间之明月，耳得之而为声，目遇之而成色，取之无禁，用之不竭。”苏轼的这份情怀，正是今人所欠缺的，也是最为珍贵的。生不带来、死不带去。想通这个道理，就一定能够以身作则、以上率下，以清廉养浩然正气。[②]

——2018年1月11日，习近平同志在中共第十九届中央纪律检查委员会第二次全体会议上的讲话

三、背景、内容和意义

党的十八大以来，党中央多次强调，党员、干部特别是领导干部要严守政治纪律和政治规矩。这是政治立场问题，也是政治定力的体现。然而，在现实中，一些党员干部包括某些领导干部在政治上不够坚定，不同程度

① 《习近平著作选读》第一卷，人民出版社2023年版，第521页。
② 《习近平著作选读》第二卷，人民出版社2023年版，第120-121页。

存在无视政治纪律和政治规矩的“七个有之”问题，不仅败坏了党风政风，还产生了严重的腐败问题。无视政治纪律和政治规矩的“七个有之”问题，是习近平总书记指出的无视政治纪律和政治规矩的一些突出问题，是从无数案例中抽象和总结出来的，具有极强的现实针对性。

杜绝“七个有之”，是严肃党内政治生活、严明政治纪律和政治规矩的重要遵循。“七个有之”的问题是政治问题，是不良政治文化问题，是不良政治生态的最大病根，集中到一点，就是“四个意识”不强、没有在思想上政治上行动上同以习近平同志为核心的党中央保持高度一致的问题，需要我们保持政治敏锐性和政治鉴别力，加以坚决反对、深入查处，继续“治标”；需要我们从严明党的政治纪律和政治规矩、切实加强政治建设这个根本上强化教育，抓早抓小，注重“治本”。我们对“七个有之”问题高度警觉，坚决清除对党不忠诚不老实、阳奉阴违的两面人、两面派。任何时候任何情况下，每一名党员领导干部，在政治上都要站得稳、靠得住，对党忠诚老实，严格按照党章规定、党内政治生活准则办事，自觉接受党的纪律和规矩约束。

“七个有之”违反党的政治纪律和组织纪律，破坏党内政治生态，危害极大。坚持和开展严肃的党内政治生活，是全面从严治党的重要基础，是我们党坚持党的性质和宗旨、保持先进性和纯洁性的重要法宝，是政治生态的“净化器”，也是坚持党的自我革命和解决“七个有之”问题的一把“金钥匙”。坚持和开展严肃的党内政治生活，防止和杜绝“七个有之”问题，必须以党章为根本遵循，坚持党的政治路线、思想路线、组织路线、群众路线，着力增强党内政治生活的政治性、时代性、原则性、战斗性，着力维护党中央权威、保证党的团结统一、保持党的先进性和纯洁性，着力提高党员干部的领导水平和执政水平、增强拒腐防变和抵御风险能力，不断实现自我净化、自我完善、自我革新、自我提高。

107. 保护干部的“三个区分开来”

一、名词解析

“三个区分开来”是指：把干部在推进改革中因缺乏经验、先行先试出现的失误和错误，同明知故犯的违纪违法行为区分开来；把上级尚无明确限制的探索性试验中的失误和错误，同上级明令禁止后依然我行我素的违纪违法行为区分开来；把为推动发展的无意过失，同为谋取私利的违纪违法行为区分开来。

二、习近平总书记的相关重要论述

好干部是选出来的，更是管出来的。严管就是厚爱，是对干部真正负责。要坚持从严教育、从严管理、从严监督，把从严管理干部贯彻落实到干部队伍建设全过程。同时，要用科学办法进行管理，切实管到位、管到点子上。干部管理是一门科学，要敢抓善管、精准施策，体现组织的力度；也是一门艺术，要撑腰鼓劲、关爱宽容，体现组织的温度。组织敢于担当，干部才会有底气。要在强化责任约束的同时鼓励创新、宽容失误。探索就有可能失误，做事就有可能出错，洗碗越多摔碗的几率就会越大。我们要正确把握失误的性质和影响，坚持我讲的“三个区分开来”，切实保护干部干事创业的积极性。①

——2018 年 11 月 26 日，习近平同志在十九届中央政治局第十次集体学习时的讲话

全面建设社会主义现代化国家，必须有一支政治过硬、适应新时代要求、具备领导现代化建设能力的干部队伍。坚持党管干部原则，坚持德才兼备、以德为先、五湖四海、任人唯贤，把新时代好干部标准落到实处。树立选人用人正确导向，选拔忠诚干净担当的高素质专业化干部，选优配

① 习近平：《努力造就一支忠诚干净担当的高素质干部队伍》，《求是》2019 年第 2 期。

强各级领导班子。坚持把政治标准放在首位，做深做实干部政治素质考察，突出把好政治关、廉洁关。加强实践锻炼、专业训练，注重在重大斗争中磨砺干部，增强干部推动高质量发展本领、服务群众本领、防范化解风险本领。加强干部斗争精神和斗争本领养成，着力增强防风险、迎挑战、抗打压能力，带头担当作为，做到平常时候看得出来、关键时刻站得出来、危难关头豁得出来。完善干部考核评价体系，引导干部树立和践行正确政绩观，推动干部能上能下、能进能出，形成能者上、优者奖、庸者下、劣者汰的良好局面。抓好后继有人这个根本大计，健全培养选拔优秀年轻干部常态化工作机制，把到基层和艰苦地区锻炼成长作为年轻干部培养的重要途径。重视女干部培养选拔工作，发挥女干部重要作用。重视培养和用好少数民族干部，统筹做好党外干部工作。做好离退休干部工作。加强和改进公务员工作，优化机构编制资源配置。坚持严管和厚爱相结合，加强对干部全方位管理和经常性监督，落实“三个区分开来”，激励干部敢于担当、积极作为。关心关爱基层干部特别是条件艰苦地区干部。[①]

——2022 年 10 月 16 日，习近平同志在中国共产党第二十次全国代表大会上的报告

三、背景、内容和意义

党的十八大以来，以习近平同志为核心的党中央始终强调领导干部要敢于担当，鼓励各地各部门探索建立和完善激励机制、容错机制和保护机制，旗帜鲜明地鼓励和保护勇于改革创新的领导干部，激励广大干部奋发有为，撸起袖子加油干，凝聚形成创新创业的强大合力。对创新者容错，就是要引导领导干部创造性地贯彻执行党的路线方针政策，对经济社会发展中出现的新情况、新问题提出前瞻性的解决思路和措施；对担当者容错，就是要引导广大干部在推动具体工作落实中主动化解矛盾、勇于承担责任，在艰难险阻中敢于迎难而上；对实干者容错，就是要引导广大干部立足本职工作，在经济发展、民生建设、服务群众等普通岗位上积极履职、主动作为。

① 《习近平著作选读》第一卷，人民出版社 2023 年版，第 54-55 页。

为进一步建立激励机制和容错纠错机制，2018 年中共中央办公厅专门印发了《关于进一步激励广大干部新时代新担当新作为的意见》（以下简称《意见》)。《意见》强调，各级党委（党组）要大力加强干部思想教育，引导和促进广大干部强化“四个意识”，坚定“四个自信”，切实增强政治担当、历史担当、责任担当，努力创造属于新时代的光辉业绩。要落实好干部标准，大力选拔敢于负责、勇于担当、善于作为、实绩突出的干部，鲜明树立重实干重实绩的用人导向。要完善干部考核评价机制，改进考核方式方法，充分发挥考核对干部的激励鞭策作用。这对充分调动和激发干部队伍的积极性、主动性、创造性，教育引导广大干部为夺取新时代中国特色社会主义伟大胜利、实现中华民族伟大复兴的中国梦不懈奋斗，具有十分重要的意义。

习近平总书记关于“三个区分开来”的重要论述体现了马克思主义执政党建设激励创新、严管厚爱的精神，以及提升政治能力、思维能力和实践能力的新要求。实现中华民族伟大复兴要求全党必须准备付出更为艰苦的努力，要求党员干部客观看待前进道路上出现的困难和挑战，以敢于斗争敢于胜利的精神积极创造、主动担责、勇敢探索，并提升发现问题、纠正偏差、少犯错误的政治能力。“三个区分开来”科学把握党的事业发展的艰巨性、复杂性，立足全面从严治党实践，从体制机制、能力作风、方法策略等方面强化全面从严治党的政治考量、价值导向和纪法规定，蕴含着对先行先试的鼓励宽容，对艰辛探索中的不确定性的正确评估，以及由此形成的风险预示，是以伟大自我革命引领伟大社会革命的必然要求。我们要全面落实习近平总书记关于“三个区分开来”的重要要求，宽容干部在工作中特别是改革创新中的失误错误，旗帜鲜明为敢于担当的干部撑腰鼓劲。要围绕建设高素质专业化干部队伍，强化能力培训和实践锻炼，同时把关心关爱干部的各项措施落到实处。要大力宣传改革创新、干事创业的先进典型，激励广大干部见贤思齐、奋发有为，撸起袖子加油干，凝聚形成创新创业的强大合力。

108. 全面从严治党“三大主体责任”

一、名词解析

全面从严治党“三大主体责任”是指党风廉政建设责任制、党建工作责任制和意识形态工作责任制。全面从严治党是各级党组织的职责所在，各级党组织及其负责人都是责任主体，必须担负起全面从严治党的主体责任。

二、习近平总书记的相关重要论述

党内监督是全党的任务，党委（党组）负主体责任，书记是第一责任人，党委常委会委员（党组成员）和党委委员在职责范围内履行监督职责。党的各级领导干部一定要把责任扛在肩上，做到知责、尽责、负责，敢抓敢管，勇于监督。党内监督要坚持惩前毖后、治病救人，立足于小、立足于早，开展批评和自我批评，及时进行约谈函询、诫勉谈话，及时发现问题、纠正偏差。分析这些年来查处的典型腐败案件，都有一个量变到质变、小节到大错的过程。如果在刚发现问题时组织就及时拉一把，一些干部也不至于在错误的道路上越滑越远。党组织要多了解党员、干部日常的思想、工作、作风、生活状况，多注意干部群众的反映，抓早抓小，防微杜渐。要把党内监督体现在时时处处事事上，敦促党员、干部按本色做人、按角色办事。全党同志要习惯于在同志间相互提醒和督促中修正错误、共同进步。[①]

——2016 年 10 月 27 日，习近平同志在中共十八届六中全会第二次全体会议上的讲话

坚持抓住“关键少数”以上率下，压紧压实全面从严治党政治责任。必须落实领导干部管党治党责任，坚持抓领导、领导抓，从党中央做起、从高级干部严起，一级示范给一级看、一级带领着一级干，无私无畏、旗

① 《习近平著作选读》第一卷，人民出版社 2023 年版，第 527-528 页。

帜鲜明，敢于斗争、善于斗争，推动主体责任和监督责任一贯到底，巩固发展全党动手一起抓的良好局面。①

——2022 年 1 月 18 日，习近平同志在中共第十九届中央纪律检查委员会第六次全体会议上的讲话

三、背景、内容和意义

党风廉政建设责任制。党风廉政建设责任制是指各级党委（党组）及其职能部门的领导班子、领导干部在党风廉政建设中应当承担责任的制度。党风廉政建设的责任主体为各级党政领导班子及其成员。党风廉政建设责任制的法规依据是 2010 年 11 月 10 日颁布的《关于实行党风廉政建设责任制的规定》（中发〔2010〕19 号）第六条：“领导班子对职责范围内的党风廉政建设负全面领导责任。领导班子主要负责人是职责范围内的党风廉政建设第一责任人，应当重要工作亲自部署、重大问题亲自过问、重点环节亲自协调、重要案件亲自督办。”党风廉政建设责任制是新时代党内法规制度建设的重要内容，坚持全面从严治党必须要压紧压实党风廉政建设责任制，在党内法规制度体系建设中贯彻和体现党风廉政建设责任制要求，体现出党风廉政建设责任制、全面从严治党精神。

党建工作责任制。党建工作责任制是加强党的建设的管理机制。建立健全党建工作责任制，目标是要形成党委统一领导、一把手负总责、分管领导具体负责、党的各级组织抓落实的党的建设工作格局。党建工作责任制实行集体领导与个人分工负责相结合，各级领导干部“一岗双责”，谁主管谁负责，一级抓一级，层层抓落实，做到党建工作与教育、教研、管理等工作一起部署、落实、检查、考核、总结，切实把党建工作摆到更加突出位置，真正扛起全面从严治党的政治责任。在党内法规制度建设中，党建工作责任制是多部党内法规重要的责任机制和有力保障。党内法规制度建设应当以加强和完善党的全面领导为出发点，以“把抓好党建作为最大的政绩”作为价值目标，完善工作机制，夯实主体责任，确保党建工作责任制的落地生根。

① 《习近平著作选读》第二卷，人民出版社 2023 年版，第 594 页。

意识形态工作责任制。意识形态工作关乎旗帜、关乎道路、关乎国家政治安全。旗帜指引方向，道路决定命运，因此，意识形态涉及的都是原则性、战略性和根本性问题，涉及党治国理政、管党执政的合法性和正当性，涉及中国特色社会主义事业的方向性和导向性。从意识形态角度来看，要想高举旗帜，坚定道路，维护好国家政治安全，就必须始终坚持管党意识形态原则，核心就是坚持正确的政治方向，站稳政治立场，坚决同党中央保持高度一致，坚决维护中央权威。因此，意识形态的首要问题就是举什么旗、走什么路问题，在这个问题上，一定要政治态度鲜明、政治立场坚定、政治认识清醒，高举中国特色社会主义伟大旗帜不含糊，坚定中国特色社会主义道路不动摇，以对党和人民事业负责的态度牢牢掌握意识形态工作的领导权、管理权。2015 年 10 月，中央办公厅颁布的《党委（党组）意识形态工作责任制实施办法》（中办发〔2015〕52 号）指出，全党要强化党管宣传、党管意识形态，牢牢掌握意识形态工作的领导权主动权。这是十八大以来意识形态领域的第一部中央党内法规，在党的历史上第一次以党内法规形式，对意识形态工作责任制作出制度规定，具有里程碑式的意义。

109. 健全全面从严治党体系

一、名词解析

健全全面从严治党体系，是党的二十大提出的加强新时代党的建设的重大举措。全面从严治党体系是一个内涵丰富、功能完备、科学规范、运行高效的动态系统。健全这个体系，需要我们坚持制度治党、依规治党，更加突出党的各方面建设有机衔接、联动集成、协同协调，更加突出体制机制的健全完善和法规制度的科学有效，更加突出运用治理的理念、系统的观念、辩证的思维管党治党建设党。

二、习近平总书记的相关重要论述

我们要落实新时代党的建设总要求，健全全面从严治党体系，全面推进党的自我净化、自我完善、自我革新、自我提高，使我们党坚守初心使命，始终成为中国特色社会主义事业的坚强领导核心。①

——2022年10月16日，习近平同志在中国共产党第二十次全国代表大会上的报告

健全全面从严治党体系，是党的二十大提出的加强新时代党的建设的重大举措。全面从严治党体系应是一个内涵丰富、功能完备、科学规范、运行高效的动态系统。健全这个体系，需要我们坚持制度治党、依规治党，更加突出党的各方面建设有机衔接、联动集成、协同协调，更加突出体制机制的健全完善和法规制度的科学有效，更加突出运用治理的理念、系统的观念、辩证的思维管党治党建设党。要坚持内容上全涵盖，党的建设推进到哪里，全面从严治党体系就要构建到哪里，无论党的政治建设、思想建设、组织建设、作风建设、纪律建设，还是制度建设、反腐败斗争，都要自觉贯彻全面从严治党战略方针，不能把全面从严治党局限于正风、肃纪、反腐。坚持对象上全覆盖，面向党的各级组织和全体党员，做到管全党、治全党，重点是抓好"关键少数"，管好党员领导干部特别是高级干部、"一把手"，在管党治党上没有特殊党员、不留任何死角和空白。坚持责任上全链条，压实各级党委（党组）全面从严治党主体责任、各级纪委的监督责任，推动各级党委（党组）书记扛起第一责任人责任、领导班子其他成员切实担负"一岗双责"，让每名党员、干部行使应有权利、履行应尽责任，做到权责对等、失责必问，压力层层传导，责任环环相扣，切实增强管党治党的责任感使命感，巩固发展全党动手一起抓的良好局面。坚持制度上全贯通，把制度建设要求体现到全面从严治党全过程、各方面、各层级，以党章为根本，以民主集中制为核心，不断完善党内法规制度体系，增强党内法规权威性和执行力，用制度促进全面从严治党体系贯通、联动，真正实现制度治党、依规治党。②

——2023年1月9日，习近平同志在二十届中央纪委二次全会上的讲话

① 《习近平著作选读》第一卷，人民出版社2023年版，第52页。
② 习近平：《健全全面从严治党体系推动新时代党的建设新的伟大工程向纵深发展》，《求是》2023年第12期。

三、背景、内容和意义

党的十八大以来，以习近平同志为核心的党中央以前所未有的政治勇气和十年磨一剑的战略定力推进全面从严治党，在管党治党上更加注重整体推进、协同发力。我们党不断深化对自我革命规律的认识，不断推进党的建设理论创新、实践创新、制度创新，初步构建起全面从严治党体系。要坚持内容上全涵盖、对象上全覆盖、责任上全链条、制度上全贯通，进一步健全全面从严治党体系，使全面从严治党各项工作更好体现时代性、把握规律性、富于创造性。全面从严治党体系的主要内容和核心要求是：

政治建设是党的根本性建设。我们党把政治建设摆在首位，旗帜鲜明坚持和加强党的全面领导，严肃党内政治生活、净化党内政治生态，推动全党增强“四个意识”、坚定“四个自信”、做到“两个维护”。

思想建设是党的基础性建设。我们党坚持不懈用习近平新时代中国特色社会主义思想凝心铸魂，全面加强党的思想建设，加强理想信念教育，引导广大党员干部经受全面深刻的政治教育、思想淬炼、精神洗礼。

党的力量来自组织。我们党提出和坚持新时代党的组织路线，以组织体系建设为重点，增强党组织政治功能和组织功能，推动各级党组织全面进步、全面过硬。

党的作风就是党的形象。我们党以制定和落实中央八项规定开局破题，发扬钉钉子精神，持之以恒纠治“四风”，下大力气解决群众反映强烈的突出问题。中央八项规定，已成为新时代共产党人的一张“金色名片”。

纪律是管党治党的“戒尺”。我们党把纪律建设纳入党的建设总体布局，把严的要求贯彻到党规制定、党纪教育、执纪监督全过程。发挥纪律建设标本兼治作用，做实做细经常性纪律教育，精准运用“四种形态”，让党员干部切身感受到党的严管和厚爱。

把权力关进制度笼子。我们党把制度建设贯穿党的各项建设，形成比较完善的党内法规制度，搭建起党和国家监督体系的“四梁八柱”。

反腐败是最彻底的自我革命。我们党开展史无前例的反腐败斗争，不敢腐、不能腐、不想腐一体推进，“打虎”“拍蝇”“猎狐”多管齐下，反腐败斗争取得压倒性胜利并全面巩固。

健全全面从严治党体系，是全党的共同责任，必须充分发挥党的政治优势、组织优势、制度优势。要深刻把握党自我革命历史经验特别是党的十八大以来全面从严治党新鲜经验，立足新的形势任务，在党中央集中统一领导下，健全各负其责、统一协调的管党治党责任格局，把全的要求、严的基调、治的理念落实到全面从严治党体系的构建之中，不断提升制度化、规范化、科学化水平，使全面从严治党各项工作更好体现时代性、把握规律性、富于创造性，为党和国家事业健康发展提供政治、思想、组织保证。

后 记

在党的十九大上，习近平总书记郑重提出，经过长期努力，中国特色社会主义进入新时代，这是我国发展新的历史方位。在党的二十大上，习近平总书记庄严宣告，全党全国各族人民已经迈上全面建设社会主义现代化国家新征程，从现在起，中国共产党的中心任务就是团结带领全国各族人民全面建成社会主义现代化强国、实现第二个百年奋斗目标，以中国式现代化全面推进中华民族伟大复兴。

新时代催生新思想，新征程带来新使命。习近平新时代中国特色社会主义思想是当代中国马克思主义、二十一世纪马克思主义，是中华文化和中国精神的时代精华，是党和人民实践经验和集体智慧的结晶，是中国特色社会主义理论体系的重要组成部分，是全党全国各族人民为实现中华民族伟大复兴而奋斗的行动指南，必须长期坚持并不断发展。新时代十多年伟大变革，是全党全国各族人民一道拼出来、干出来、奋斗出来的，最根本在于有习近平总书记掌舵领航，有习近平新时代中国特色社会主义思想科学指引。实践充分证明，“两个确立”是党在新时代取得的重大政治成果，是推动党和国家事业取得历史性成就、发生历史性变革的决定性因素，是战胜一切艰难险阻、应对一切不确定性的最大确定性、最大底气、最大保证。

为了更好地推动习近平新时代中国特色社会主义思想深入人心、落地生根，让党的创新理论“飞入寻常百姓家”，2018 年初，我们组织编写了《新时代热词》，帮助广大党员干部和读者整体把握习近平新时代中国特色社会主义思想的核心要义和实践要求。现在，本书的出版已经过去 6 年多了，党和国家各项事业都取得了历史性成就、发生了历史性变革，我们不仅在发展实践上有了日新月异的变化，而且在理论创新上也取得了重大丰硕的成果。为了更好展现党和国家事业发展伟大成就，及时体现党的理论创新最新成果，我们决定对《新时代热词》进行修订。

修订版以学懂弄通做实习近平新时代中国特色社会主义思想为

出发点，梳理了构成习近平新时代中国特色社会主义思想四梁八柱的“1+6+1+N”的理论体系（其中，“1”为习近平新时代中国特色社会主义思想，“6”为习近平强军思想、习近平经济思想、习近平外交思想、习近平生态文明思想、习近平法治思想、习近平文化思想，“1”为总体国家安全观，“N”为习近平总书记关于党的建设的重要思想、习近平总书记关于网络强国的重要思想、习近平总书记关于做好新时代党的统一战线工作的重要思想、习近平总书记关于加强和改进人民政协工作的重要思想、习近平总书记关于加强和改进民族工作的重要思想、习近平总书记关于加强和改进人民信访工作的重要思想、习近平总书记关于青年工作的重要思想等），精选了“十个明确”“十四个坚持”“十三个方面成就”“六个必须坚持”“两个确立”“两个维护”“两个结合”“三个务必”“新时代党的建设总要求”“新时代党的组织路线”“全过程人民民主”“新时代新的文化使命”等党员干部应知应会、不可不学的一百余个新时代热词、理论关键词、党建核心词，并对这些反映新时代特色、体现新时代精神、记录新时代进程的核心关键热词的内涵出处、背景意义进行简明扼要、通俗易懂的解读分析，对广大党员干部和读者深刻理解习近平新时代中国特色社会主义思想的内涵实质，全面把握习近平新时代中国特色社会主义思想的体系要求，深入学习党中央的理论创新成果和重大决策部署，切实推动习近平新时代中国特色社会主义思想深入人心、落地生根，具有较好的帮助辅导作用。

本次修订主要由中宣部全国宣传干部学院教研部主任秦强博士负责。本书编写过程中参考了诸多专家学者的观点、论述，限于本书体例没有一一列出，在此表示感谢和致歉。需要指出的是，由于编者理论水平有限，实践经验不足，本书的错误纰漏之处在所难免，特别是核心关键热词选择中的遗珠弃璧之憾在所难免，对此，恳请广大读者批评指正。

编者

2024 年 4 月 8 日